ものと人間の文化史 139

河《か》岸《し》

川名登

法政大学出版局

東京・両国河岸出船の蒸気船・通運丸（明治時代　物流博物館蔵）

通運丸や多くの和船が行き交う小名木川
（「小名木川の眺望」『新撰東京名所』明治 42 年　物流博物館蔵）

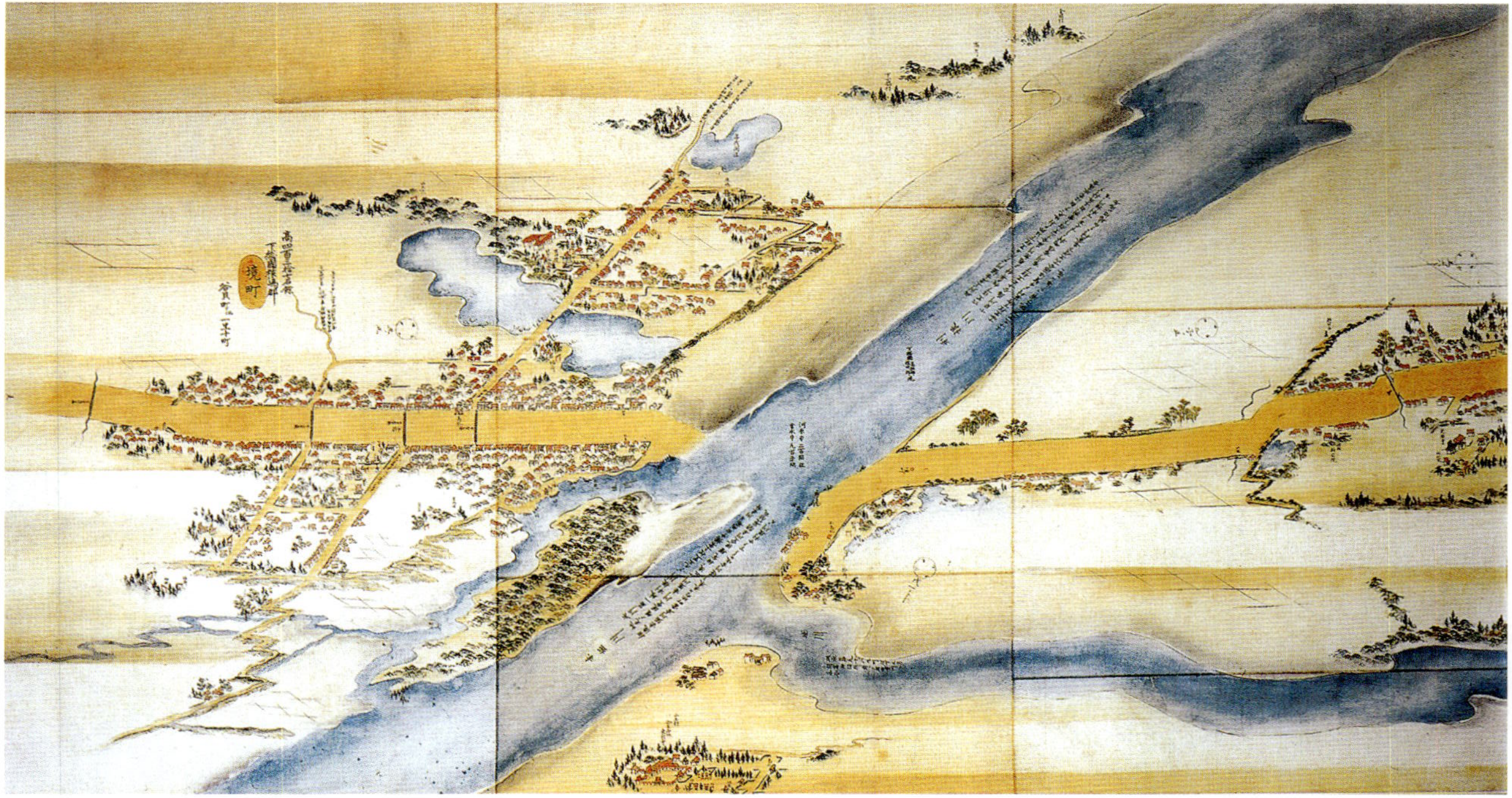

近世中期の境町（東京国立博物館蔵「関宿通多功道」より）

はじめに

かつて私は、某国立大学で百数十人の学生にアンケートをとったことがある。最初の講義で用紙を配ると、最初からテストをするのかと困った顔をされたが、これから話す講義のためのアンケートだと説明して安心してもらった。まず黒板に大きく「河岸」と書き、第一問、なんと読むか。第二問、なんの事か、と尋ねた。その答えは非常に多岐にわたり、読み方だけでも「かわぎし」「かがん」「かぎし」をはじめ十数種類にもなり、「かし」と書いた者は約一割に過ぎなかった。「かし」と読んだ者の内には「市場のこと」と答えた者も多く、「川の湊」のようなものと書いた者は、全体の五％にも満たなかった。「かし」と読み、「川の湊」と書いた者に、どうして知っていたのかと個別に尋ねたところ、家が利根川に近く、小学校の時、郷土学習で先生に教えてもらったというのがほとんどだった。「河岸《かし》」は、日常生活の中では知ることのできない、死語となっていることが明らかである。もう、「河岸《かし》を変えて飲みなおそう」というのは通じないのであろうか。

それは、現代の日本では河川水運・内陸水運がほとんど消えてしまい、その拠点であった「河岸」もまったく見ることがなくなってしまったからであろう。

しかし最近、再び水運復活の兆しがある。それは、「船」の持つ低公害、低燃費性と大地震等災害時での強さが見直されてきたからである。あるいは近い将来、河川水運がそして「河岸」が、姿を変えて現れてくるかもしれない。

そのような時に、かつて繁栄を誇りながらも忘れ去られてしまった「河岸」を、再び思いおこしてみることも、無駄ではないのではなかろうか。

目次

第四章　江戸の河岸　77

利根川・荒川流域河岸一覧

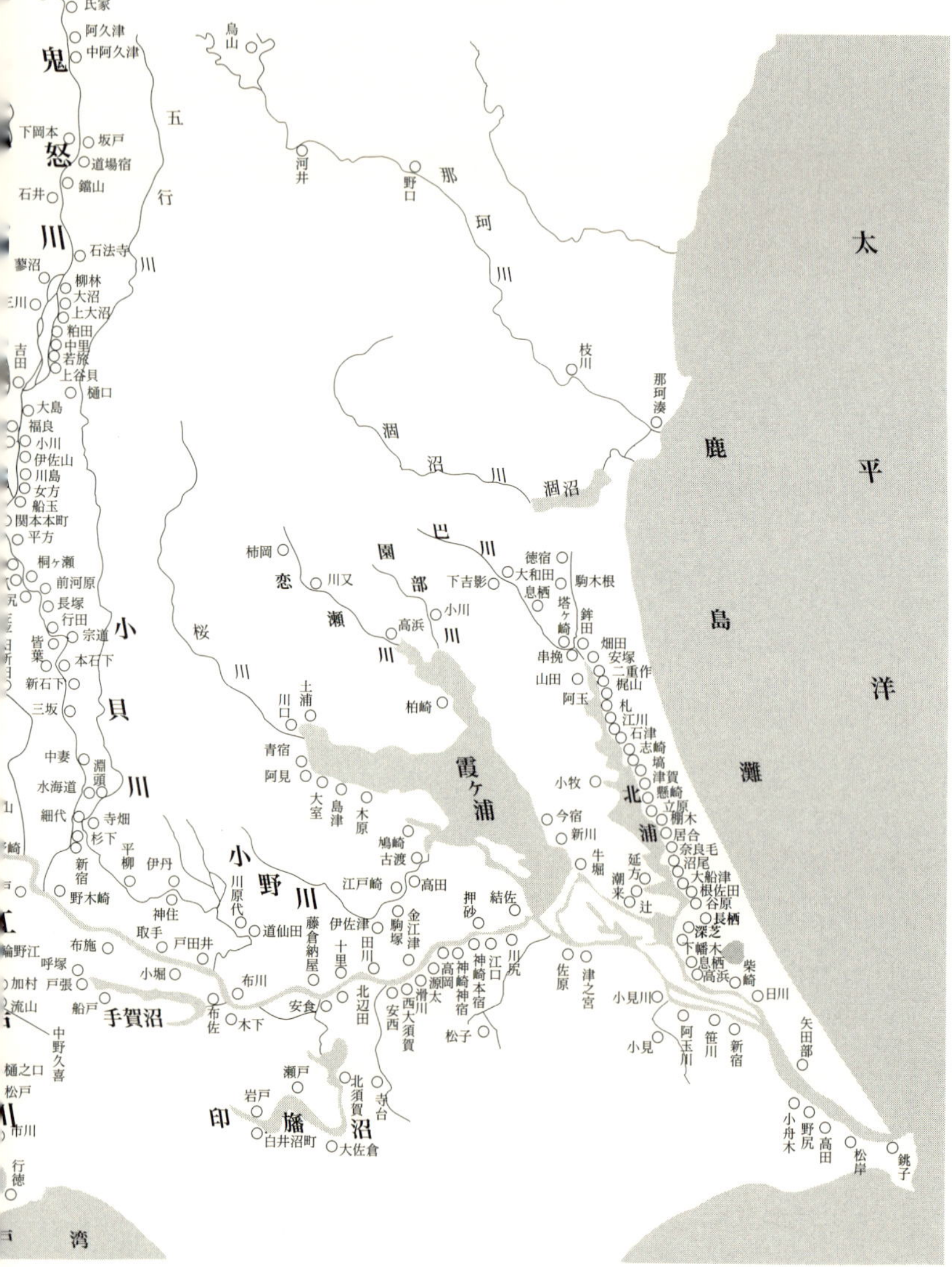

利根川
神流川
鏑川
渡良瀬川
秋山川
永野川
巴波川
黒川
思川
荒川
都幾川
越辺川
高麗川
入間川
元荒川
古利根川
庄内古川
西
銚子
真庭
恩田
竹之下
戸鹿野
宮田
樽
山田
原町
岩井
中村
関根
前橋
広瀬
三川
伊勢崎
高崎
倉賀野
川井
五料
靭負
中島
国領
島
平塚
下仁田
福島
森新田
伊勢島
藤ノ木
八町
三友
山王堂
一本木
中瀬
徳川
前島
堀口
高島
出来島
妻沼
小島
高林
古戸
古海
舞木
赤石
葛和田
俵瀬
酒巻
川俣
千津井
飯野
海老瀬
下中条
須賀
上新郷
上川俣
本川俣(長宮)
稲子
下村君
大越
北猿田
川崎
奥戸
南猿田
小生川
梁田
高橋
船津川
馬門
越名
沼尻
大谷田
羽田
野田
小曽根
日向
早川田
部屋
新波
高取
底谷
緑川
友沼
生良
網戸
乙女
片柳
平柳
栃木
沼和田
島田
壬生
惣社
野渡
古河
鷺宮
前林
八幡
喜五郎
栗橋
境
関宿向
権現堂
関宿向下
谷畑
堀口
西宝珠花
西金野井
上山王
末野
竹鼻
贄川
久下
新川
榎戸
大芦
五反田
糠田
滝馬室
高尾
荒井
菖蒲
鳥羽井
早俣
長楽
新ヶ谷
今宿
赤尾
吉田
小沼
横沼
下井草
川田谷(太郎右衛門)
畔吉
平方
紺屋
古市場
牛子
下新
扇
大仙波
上新
寺尾
福岡
伊佐島
本(鶴間)
引又(志木)
蛇木
宗岡
鶉
山下(水子)
前
浜崎
羽根倉
道場
宮戸
道満
早瀬
戸田
川口
新倉
根岸(目黒)
芝宮
新曲輪
妙見
喜蔵(粕壁)
末田須賀
縄手(大門)
渡井
銀蔵
(根岸)
小谷島
瓦曽根
藤助
半七
勘左
草加
魚屋
北千
花川戸

第一章 「河岸」とは何か

河岸＝かし

「河岸《かし》」と聞くと、多くの人は東京築地にある魚河岸（魚市場）を思い出す。しかし、近世に使われた「河岸」という言葉は、「魚市場」を指すものではない。本来の「河岸」とは、川に面して船より荷物や人を揚げ下しする場所で、いわば「川の湊」である。

江戸は市中を運河が縦横に走り、各地より荷物を満載した船が入り込んで、各所で荷揚げが行われた。米穀を荷揚げする場所が「米河岸」であり、塩を揚げる所が「塩河岸」、石材を揚げる所が「石河岸」、材木の揚げ場が「材木河岸」、薪《まき》が着くのが「薪河岸」であり、魚類を水揚げする場所が「魚河岸」なのである。

江戸日本橋にあった魚河岸は、たまたまそこに魚市場が併設され、それが盛んとなったため、「魚河岸」は魚市場の代名詞となってしまった。しかし、江戸には魚河岸ばかりでなく、「米河岸」・「塩

図 1　日本橋魚市場（『江戸名所図会』）

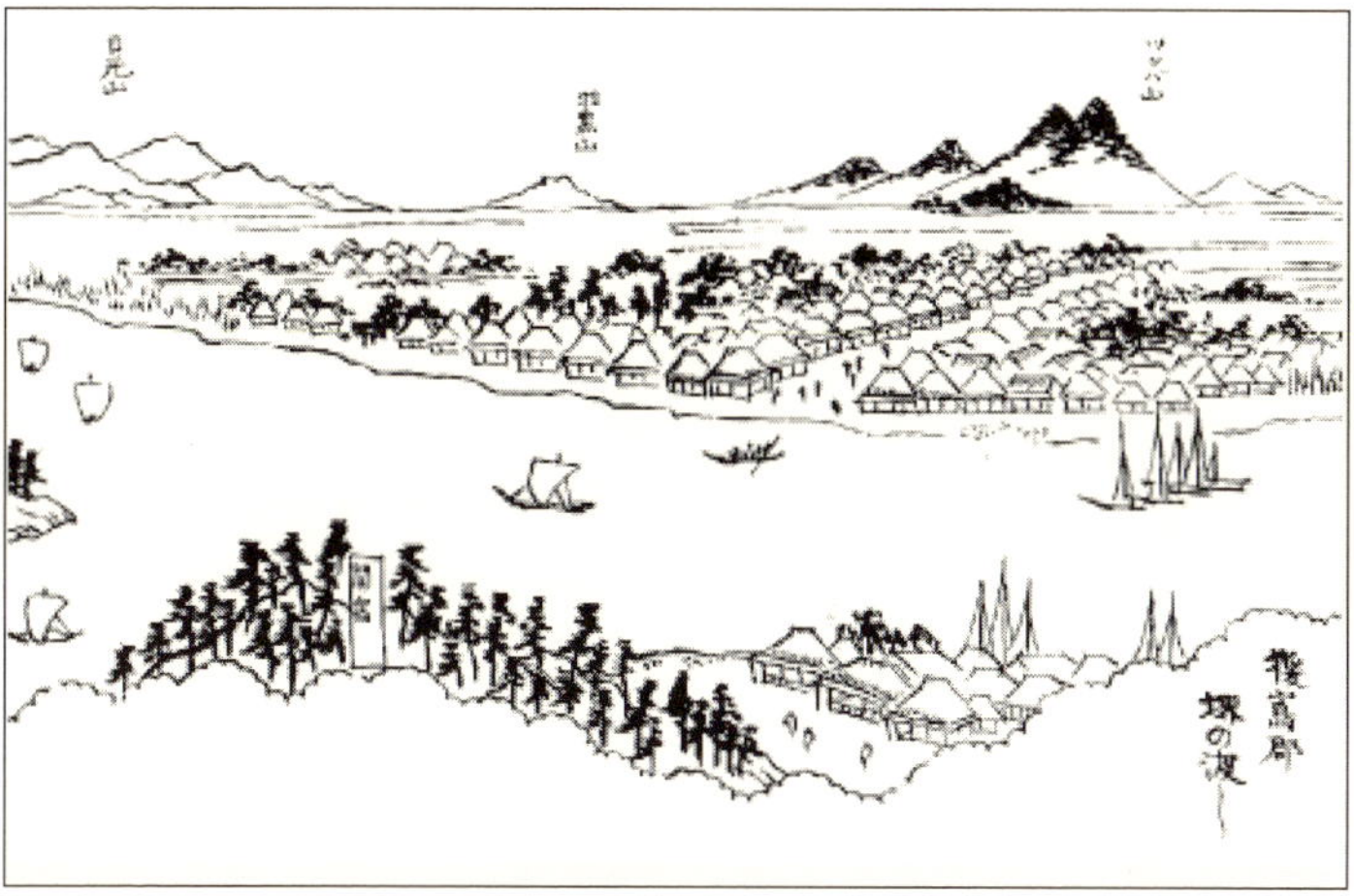

図 2　利根川・境河岸（『下総名所図絵』）

河岸」・「材木河岸」をはじめ、数多くの「河岸」があった。一九世紀初めの文政期には、「町内河岸地」・「物揚場《ものあげば》」を含めると二〇〇に近い河岸があったことが知られている。現在、JR飯田橋駅の東側に「揚場町」があり、線路に沿った堀端に「神楽《かぐら》河岸」の表示が立っている。これらも江戸に多くあった河岸の名残りである。

しかし「河岸」は単なる船着場の場所を指すだけの名称ではなかった。一般的には河岸問屋などの運輸機構をも含め、またその機能を持つ集落を含めての呼び名であった。この「河岸」に似た言葉に、「河岸地」・「河岸場」がある。これはまさに船着場・荷揚場それ自体を指すものであるが、当時の人々はこれも「河岸」と呼ぶことがあった。江戸の河岸などは、正確に言えばすべてが「河岸場」であり、江戸という巨大な一つの「河岸」の内のそれぞれの船着場にすぎない。しかし、これも「河岸」と呼んだ。

当時「河岸」という言葉は、それほど厳密には使われていなかった。

各地の河岸

河岸が多くあったのは江戸ばかりではない。関東各地にも、多くの河岸があった。一七世紀終わりの元禄期には、利根川水系を中心にして八〇余の「河岸」の所在が知られ、幕末には三〇〇余の「河岸」があったと推定されている。全国的にみれば数千の「河岸」があったろう。

全国各地に多くあった「河岸」は、江戸のように積荷別の機能分化はなく、どんな荷物でも一緒に発着する所なので、主にその場所の地名を付けて呼ばれた。たとえば下総関宿城下の境町《さかいまち》は「境河岸」、下総国佐原村《さわらむら》は「佐原河岸」などと呼ぶ。しかし、それは単に船が着岸する船付場のみを指すのではなく、物資輸送の機構とそれに関係する人々の住む集落を含めて、「村」や「町」と同義に呼ぶ場合が多かった。河川における「河岸」は、ちょうど陸上の宿駅・宿場町、海上の港湾、湊町と同じものであった。

「河岸」と同じ機能を持つ場所は、全国の多くの河川にあったが、その呼び方は多少異なるものもあった。たとえば、「船場」(雄物川・遠賀川)、「河戸《ごうど》」(信濃川)、「湊」(岩木川・木曽川・長良川・揖斐川)、「波戸場」(庄川・小矢部川)、「浜」(淀川・大和川)などと、種々の名称で呼ばれた。

図 3　大舟津河岸（『利根川図志』）

津と河岸

「河岸」は、徳川幕府のお膝元・関東で生まれた言葉のようで、幕府の影響力の大きな最上川や阿武隈川、幕府代官の派遣される場所、九州日田などで盛んに使われた。それも、近世初期に生まれた新しい言葉で、中世にはまったくなかった。中世では同じような場所を「津」と呼んだ。利根川下流の下総国野尻、小見川などは、応安年間（一三六八－一三七五）頃（南北朝期）の「海夫《かいぶ》注文《ちゅうもん》」（香取文書）に、「野しりの津」「おみかわの津」とあるが、近世には「野尻河岸」「小見川河岸」と呼ばれた。

現在までに知られているところでは、確実な文書の上に「かし」という言葉の現れる最初は、近世初期の寛永十一年（一六三四）の「鬼怒川河岸

図 4　「橋の下（しも）には、魚舟槙舟数百艘こぎつどひて、日毎に市をたつる」
（『江戸名所記』日本橋より）

はた」で、承応三年（一六五四）には、「舟運上」と並んで「借《かし》運上」が現れる（「仙波家文書」）。後の「河岸運上」である。

　中世の「津」という名称は、近世に入るとまったく使われなくなる。中世に北浦の「津」であった「大ふな津」（「香取文書」）は、近世には「大舟津河岸」となる。「津」が付いていても、もう中世「津」の意味は持っていない。「津」は地名の一部となっている。

　「津」が「河岸」へと変わったことは、単に呼び方が変わったというのではなく、その性格が大きく変化したことを暗示するものであろう。「津から河岸へ」という連続性を見るのではなく、むしろ「河岸」は、近世初期に新しく生まれたものとして考えた方が良いようだ。

第二章　河岸のなりたち

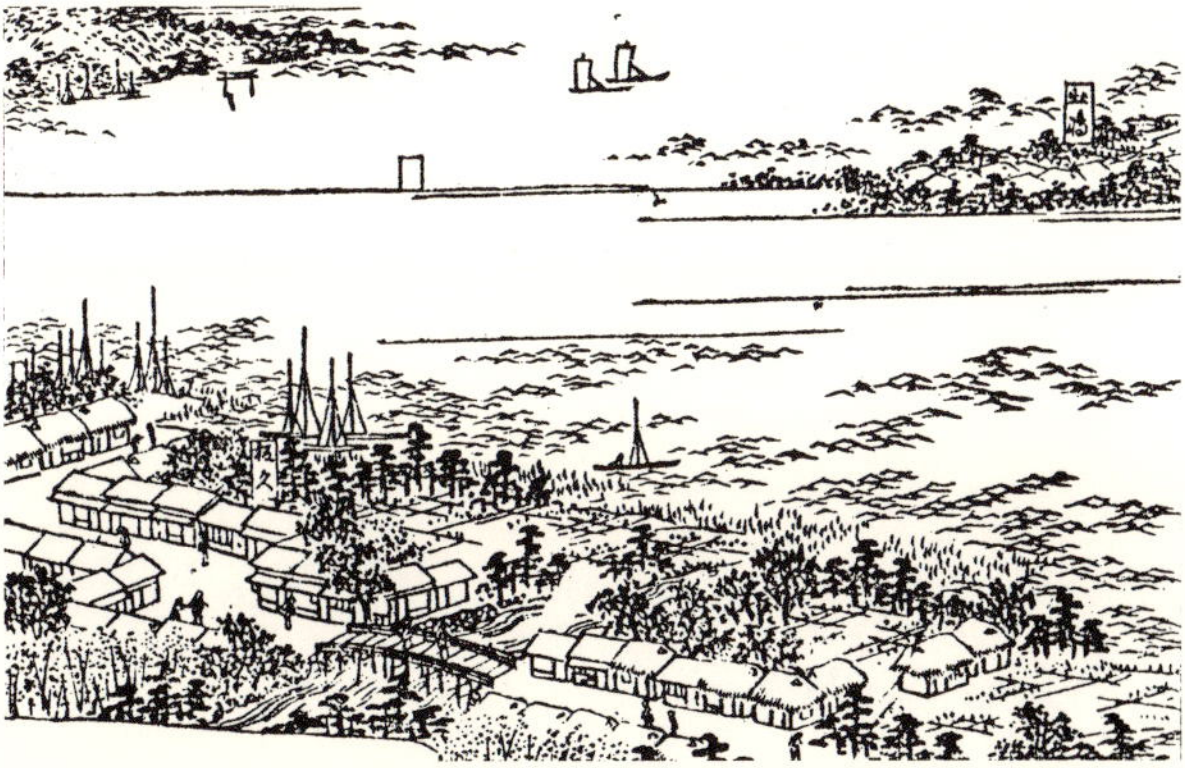

大量輸送の発生

近世「河岸」の生まれる最大の契機は、近世初期の太閤検地、兵農分離などを経て成立する石高制の経済構造に由来する。それは年貢が主として米に集中し、年貢を米で収納した領主は、これを武器をはじめ種々の品物に替えなければならなかった。そのため、大名は城下町を建設し、そこに米市場を設けて年貢米を換金したが、城下町市場だけでは膨大な年貢米は消化できず、全国市場である江戸・大坂に送らなければならなかった。その上、江戸城手伝普請等の課役や、参勤交代による江戸での経費の増大は、いよいよ江戸廻米を必要とした。そこに、年貢米の大量輸送という構造的需要が生まれたのである。では実際に、大量の年貢米をどのようにして送ったのであろうか。

当時の公的交通機関は「宿駅制」である。これを簡単に言えば「街道」と「宿場」で、幕府直轄の五街道等とそこに設けられた宿場である。宿場には荷物輸送のための人・馬の常備が義務付けられて

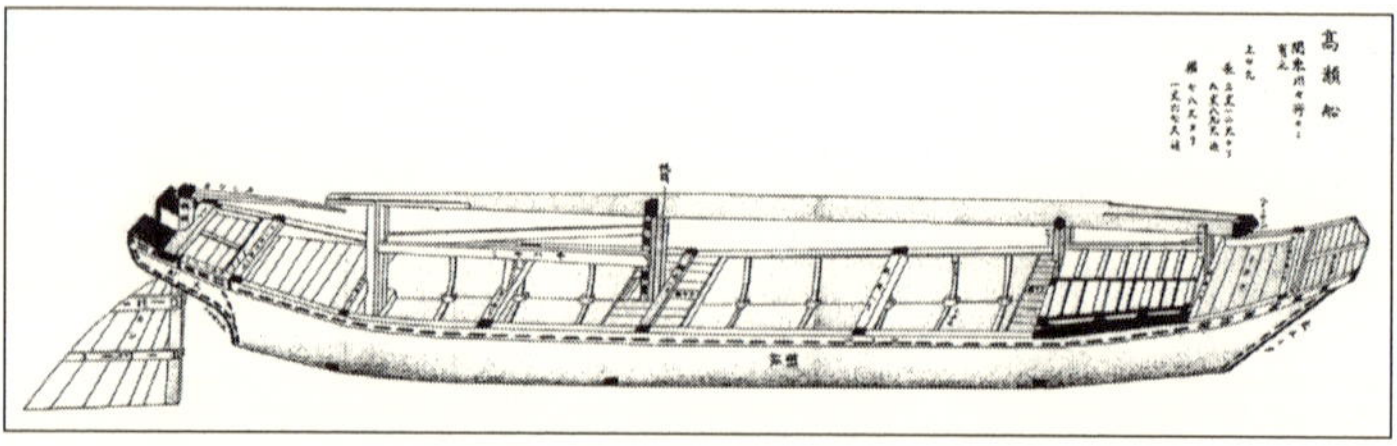

図５　利根川・高瀬船（『船鑑』）

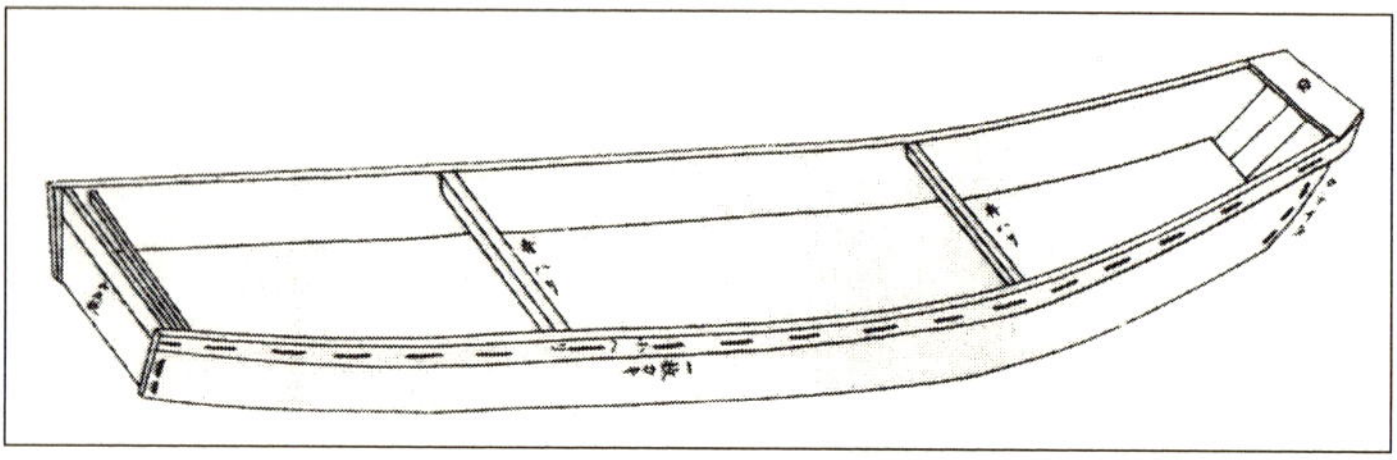

図６　川下小船（『船鑑』）

いた。その数は街道の重要度等によって異なり、最大の東海道で人足一〇〇人・馬一〇〇疋、中山道で五〇人・五〇疋などとなっていた。ここでの輸送機関は「人足」と「馬」であり、その輸送能力を考えてみると、米俵にして「馬」で二俵、「人足」で一俵が平均的な輸送能力であった。

これで年貢米を運ぶとしよう。江戸に近い佐倉には土井利勝が近世初期に入封し、所領は一四万五〇〇〇石となった。この年貢を「四公六民」（年貢率四〇％）として、すべてが米ではなかったであろうが、一〇万石分を米で収納して江戸に送るとしよう。この年貢量は四万石、四斗―一俵で俵に詰めると一〇万俵となる。これを馬で運ぶとのべ五万疋が必要となり、人足だとのべ一〇万人が必要となる。江戸―佐倉道の常備人馬は二五人・二

表1　川船の積載米俵数（1俵＝4斗，風袋とも約64kg）

利根川筋				淀川筋	
高瀬船		艜船	300～500	過書船	75～375
下利根川 霞ヶ浦 北浦	900～1200俵	上州艜	100～300	淀二十石船	50
		川越艜	100～300	伏見船	37.5
		艀船	50～100	上荷船	50
中利根川	300～550	川下小船	25	茶船	25～75
上利根川	100～300	茶船	60～100	堀江上荷船	50～75
渡良瀬川	500	木下茶船は乗客5～8人乗		大和川筋	
巴波川	350	部賀船	30～150	剣先船	75～100
思川	300～500	小鵜飼船		柏原船	50
鬼怒川	250～500	鬼怒川	25～28	井路川船	25
那珂川	500～600	那珂川	30		

五疋であり、これでは逆立ちしても運べない。運ばないでおけば藩財政は破綻してしまうのである。佐倉藩はまだ江戸に近いので良いが、奥州仙台藩六二万石、南部藩一〇万石、米沢藩四〇万石などはどうするのであろうか。

　宿駅制による年貢米の大量輸送が不可能であることは明らかであるが、この時代にただ一つそれを可能にするものがあった。それは「船」である。「船」には大きく分けて海の船と川・湖沼の船がある。海の船の代表的なものは「千石船」である。これはその名の通り米千石を積める船である。俵にすると二五〇〇俵が積める。馬の輸送能力の一二五〇倍である。比較にならない輸送能力だ。この海船に比べると川の船は小さいだろうと思われる。川船にも種々の船があるが、代表的なものは「高瀬船」である。これは全国の多くの河川にあって大小さまざまだが、利根川にあった高瀬船の最大のものは全長二九メートル余、米一〇〇〇俵を積んだ。逆に利根川で最も小さな荷船は「川下《かわさげ》小船《こぶね》」と言い、船頭一人で米二五俵を積んだ。それでも馬の一二倍の輸送能力を持っている。この比較にならぬほど大きな輸送

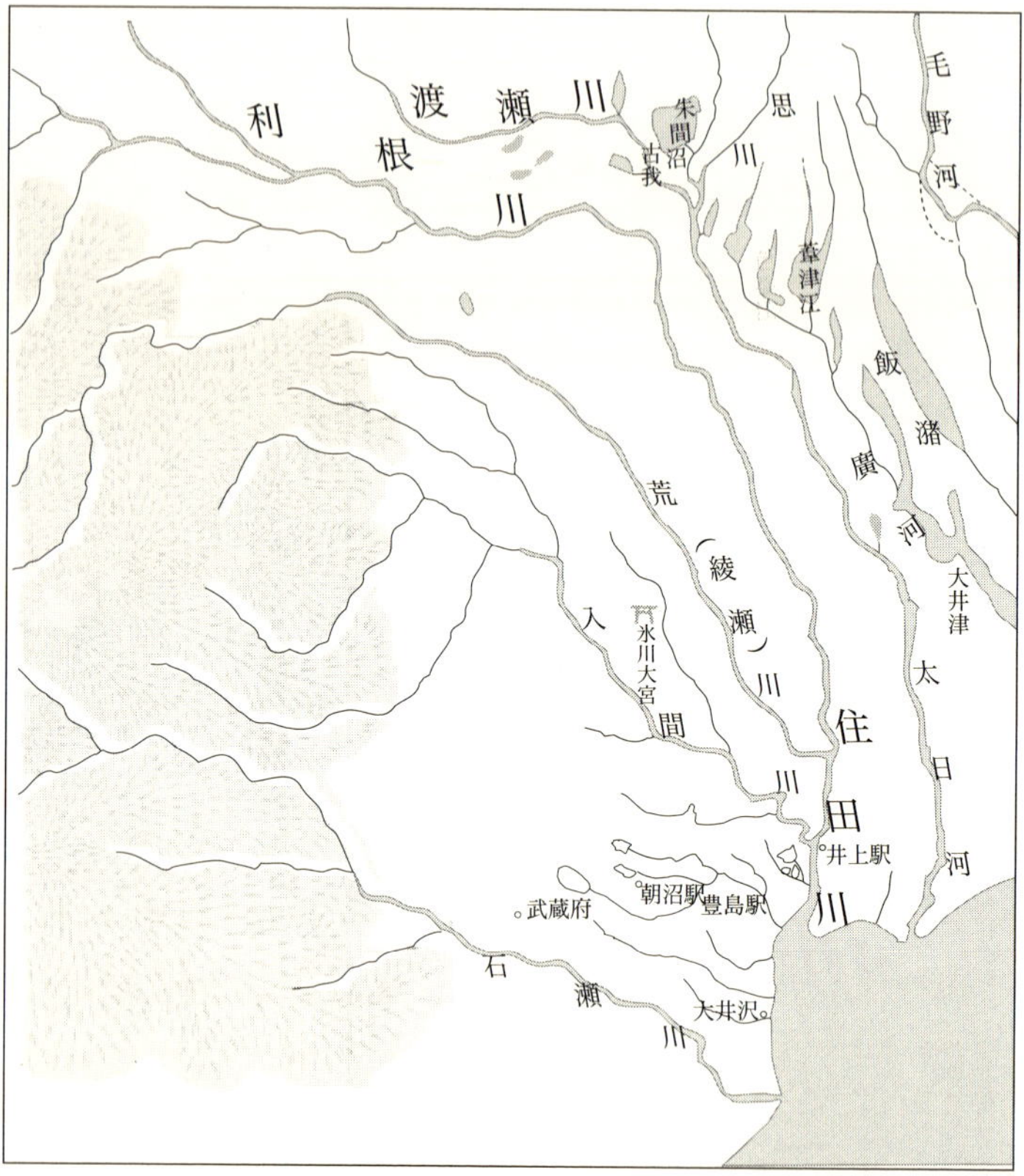

図 7　古代関東水脈想定図（吉田東伍『利根治水論考』）

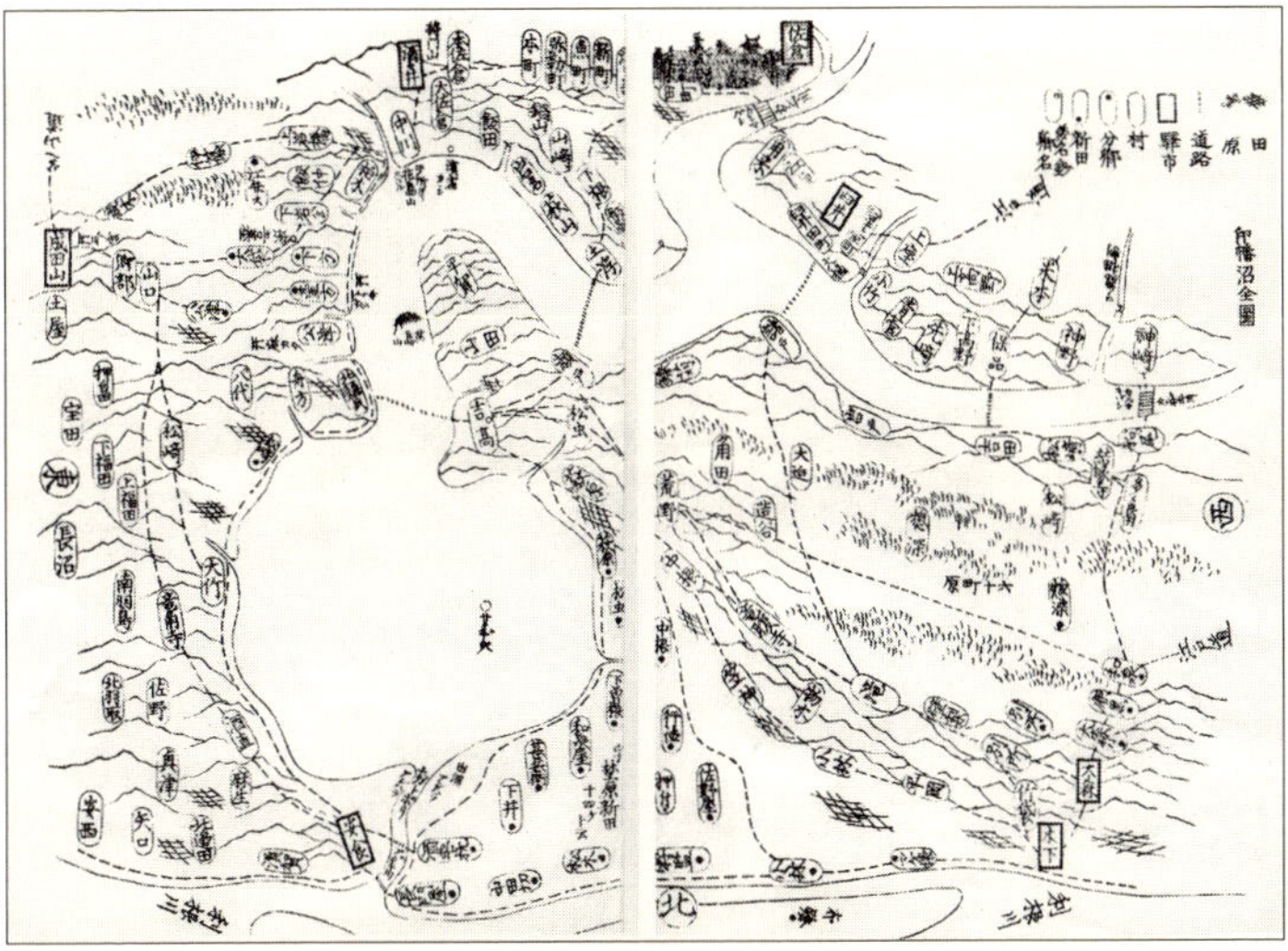

図8　印旛沼・下が利根川（『利根川図志』）

送能力を持つ「船」を使用しなくては、年貢米の大量輸送はまったく不可能なのである（表1参照）。

この大きな輸送能力を持つ「船」にも、「泣き所」が一つあった。それは、水がないと走れないということである。日本列島は周囲を海に囲まれていて、自然の良港が多くあり、海船を使うには便利である。しかしそれでも海のない地域も少なくない。内陸地域ではどこに水があるのだろう。それは川か、沼か、湖である。その内、川が最も多く、いたる所にある。これを利用しなくては船は走らないのである。しかし、自然の川は人間の思惑とは関係なく流れている。船を走らせたい方向には必ずしも流れていない。そこで川を曲げて流れを変える、これが改流工事である。川のない部分には川を掘る、それが開削であり、運河の造成である。こうして自然

図9　球磨川下り

の川を、人工の水運路に変えてゆくのである。

　近世初期に、諸大名はこぞって領内の河川を水運路に変える大土木工事を行なった。仙台の伊達政宗は、北上川を改流して迫川・江合川と結び付け、川口に石巻湊を造るという大工事を実施した。もちろん領内の年貢米を川船で石巻に集め、海船に積み替えて江戸に送るためであった。南部藩も盛岡から川船で下し、これを利用した。福岡の黒田長政は遠賀川の下流から洞海湾へ山を開削して船の通る堀川を掘った。この時は成功しなかったが、その後開通する。このような諸大名の行なった土木工事の中で、その最大のものが幕府による利根川を中心とした、関東諸河川改流の大土木工事である。

　これは、江戸湾（東京湾）に流れ落ちていた利根川の流れを、途中から東に変えて渡良瀬川（当時太日《おおい》川）に結びつけ、さらに赤堀川を開削して常陸川（現・利根川下流部）の流頭に結び、それより南に江戸川を掘って小名木川経由で江戸日本橋に結んだ。利根川本流はさらに東に向けて流し、手賀沼・印旛沼と結びつけ、鬼怒川・小貝川を支流とし、霞ヶ浦、北浦の水を入れて、銚子湊より太平洋に流出させた。

また関東平野を乱流していた荒川を綾瀬川等と切り離してまとめ、西に移して入間川筋に入れ、江戸市中を流れる隅田川に結びつけた。

これらによって、関東各地から江戸に「船」で直航できる水運路網が成立する。

河岸が生まれる

この水運路に、運輸機構として川の「湊」である「河岸」が設けられる。近世の「河岸」の多くは、まず領主・代官によって設けられた。利根川右岸の武州権現堂河岸は、慶長四年（一五九九）に関東郡代伊奈忠次によって河岸場として取り立てられ、近郷七ヶ領村々の年貢米等の津出場とされたという し、上利根川の武州賀美郡八町《はっちょう》河岸は、代官嶋田治兵衛によって場所割がなされ、「河岸」として取り立てられた。奥州北上川や秋田雄物川のような大名領内を流れる河川では、もちろん藩領主の取り立てによって河岸が生まれてくる。

このようにして、全国の多くの河川が水運路となり、「河岸」が設けられて、年貢米の大量輸送を担った。では、前述の佐倉藩は、具体的にはどのようにして年貢米を江戸に運んだのであろうか。

佐倉藩は城下に近い印旛沼の岸の北須賀に御蔵を設け、各村より農民の手によって年貢米をここに集めた。この河岸より高瀬船に積んで印旛沼―利根川―江戸川を経由して江戸に送ったのである。もう一ヶ所、江戸湾に面した千葉町の外港・寒川《さんがわ》湊にも御蔵を設けて、こちらに近い村々の年貢米を集め、渡海船に積んで波静かな江戸湾から大川（隅田川）に入って江戸深川に着いている。

出羽国の山中にある米沢藩では、どうしたのであろうか。江戸に送る年貢米は、まず江戸とは反対方向の北に向かって艜《ひらた》船に積み、北に流れる最上川を下って川口の酒田湊に送る。ここで海船に積み替えてさらに北へ向かい、津軽海峡を通って太平洋岸に出、沿岸を南下して江戸に向かっている。

しかし、水運路の造成は河川改流ばかりではない。急流で知られる九州球磨川では、寛文五年（一六六五）に林藤左衛門の開発により、人吉より河口の八代まで平田船による通船が可能となり、相良藩領の年貢米輸送路として重要な役割を果たした。また、熊本の北方を流れる菊池川には、隈府から河口近くの高瀬まで平田船が往来して年貢米を運んだ。

北九州の遠賀川では、年貢米輸送に始まった「川艜《かわひらた》」船が、後には焚石《たきいし》（石炭）を積んで上流の彦山川や嘉麻川から堀川運河を通って洞海湾に下り、瀬戸内海製塩業の燃料輸送に大きな役割を果たした。

中国地方の高梁川《たかはし》では、中国山地で産する鉄鉱石の輸送機関として中世から水運が発達したが、近世になると上流の新見《にいみ》や支流の成羽《なりわ》などから年貢米・鉄荷物等を積み下げ、返り荷として塩や生活必需品を積み上がった。

岡山三大河川の一つである吉井川でも、中世より水運はあったが、近世初期に上流の津山に大名・森氏が入って城下町を建設すると、吉井川の高瀬船水運は藩領内の年貢米移出と諸物資輸入のなくてはならない輸送機関となり、津山藩の経済を支える生命線ともなった。

年貢米・廻米の輸送を主とする北上川や最上川、あるいは信濃川・阿賀野川など、日本全国の大河川はすべて水運路であったと言える。

しかし、このような大河川のみが水運路であったのではない。今では思いもよらぬ小河川にも船が走った。

小川にも船が

群馬県の西方、上信国境の山中に源流を持つ鏑《かぶら》川は、こんにゃく生産で有名な下仁田《しもにだ》の町を通り、藤岡市の北で烏《からす》川・利根川に合流する。今、この川を見ると、岩石のあい間を水が流れるような急流で、とても船の通れそうな川ではない。ところが、この川に関する近世の古文書には、明らかに藤岡から下仁田まで船が上下した記録がある。もちろん、船が上る時は綱で引いているし、岩や石を除くなど船道の整備にも非常な努力をしている。それにしても、このような苦労をしてまで、なぜこんな川に船を通したのであろうか。

当時、信州の荷物を江戸に運ぶとき、普通に考えられる道は、五街道の一つ中山道を通ることである。しかし、この街道を通ると宿々継立や武家荷物優先など、種々の制約があり、時間と費用が多くかかる。その上、この区間には厳重な碓氷《うすい》の関所もある。そこで、一般の商荷物は中山道を通らずに、上信国境の香坂峠・和美峠・志賀越といった間道を通って国境の山々を越え、下仁田に集まってくる。ここから普通は馬で利根川水運の終点である倉賀野河岸や藤ノ木河岸・八丁河岸まで運び、そこから高瀬船に積んで江戸に直行する。ところが、できうる限り陸送部分を少なくして、輸送力の大きい、それゆえに輸送費の安い「川船」を利用したいので、苦労して下仁田まで船を通したのである(図10・図11)。

もう一つの例を述べよう。JR総武線の幕張駅と新検見川駅との間で、電車は乗客も気付かぬような小さな川を渡る。この川は、印旛沼の水を江戸湾に落とし、沼を干拓しようとして掘られた掘割・花見川である。この有名な印旛沼干拓工事は、近世に幕府によって三度行われたが、すべて失敗に終わった。しかしこの工事は、掘割沿岸の住民や遠方から連れてこられて働かされた農民に、多くの犠牲を出した。そのことについて調査している過程で、思いがけずもこの完成しなかった掘割・花見川に、通船のあった記録を発見したのである。それは、大和田橋から川口の検見川湊まで、米や雑穀、薩摩芋・薪などを積んだ川船が上下していた記録であった。このような小さな川まで、船が通っていたことは驚きであった。

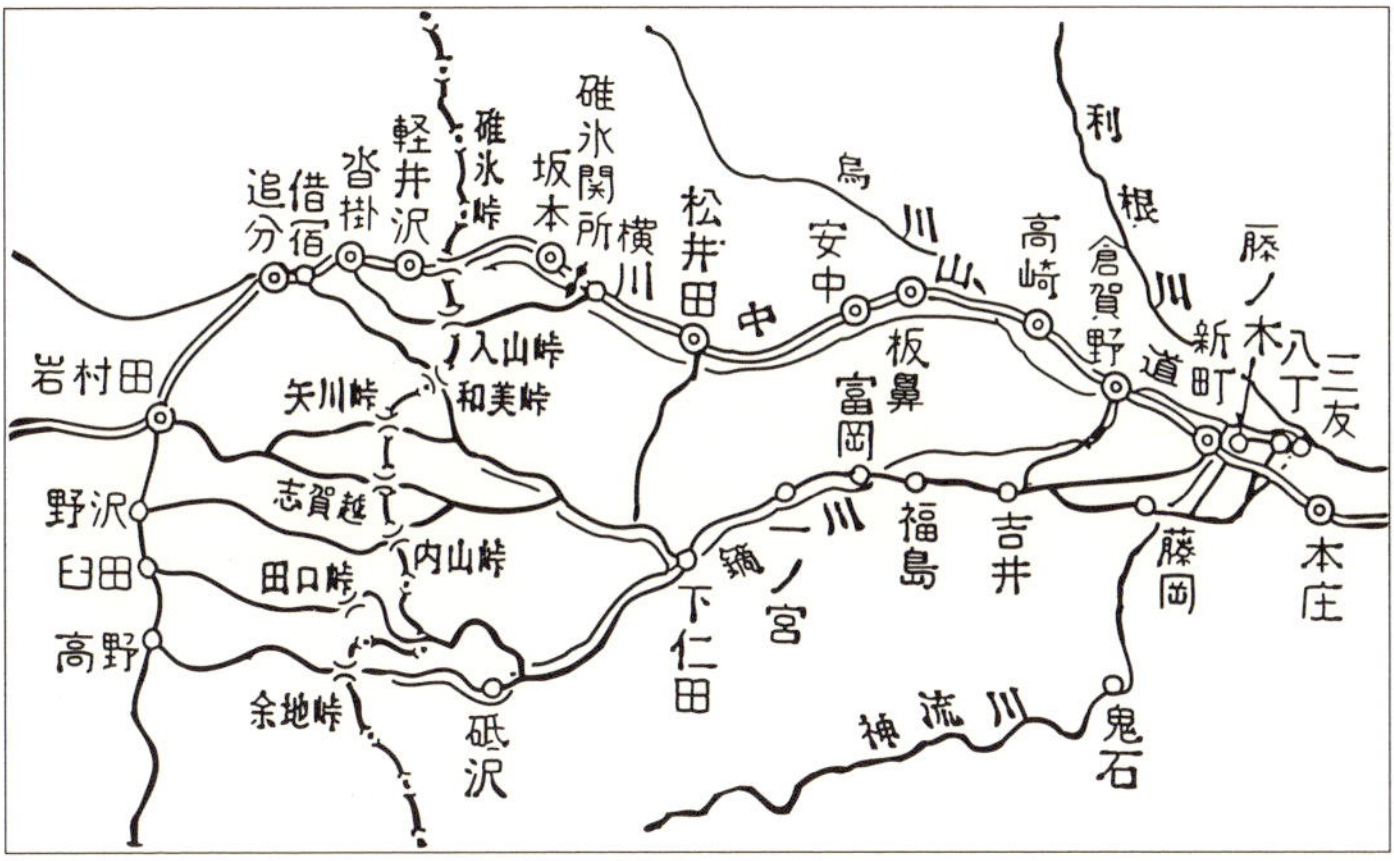

図 10　上信国境付近交通図

図 11　下仁田河岸の跡

図 12　花見川

年貢米の江戸集中策

徳川家康の逸話を書いた『駿河土産』という書に、次のような話が載っている。

権現様（家康）御代、江戸御蔵に納米多過候故、欠米も多く、其上諸国の御代官所より御当地まて運送の御失却も有レ之、旁以御費に御座候間、江戸御蔵米之棟数を御へらし被レ遊候ハヽ、大分の御徳用たるべき旨、御勘定方にて被二相考一、其趣を御勘定頭衆より被二申上一候得者、以の外御機嫌宜しからずして、被レ仰候ハ、蔵数多く候へハ欠米等も多く、我等損と有事ハ兼て知りたるなれ共、万一の義も出来、遠国の新穀当地え運送の成り兼候ことくの義も有レ之時ハ、当時米の直段なとも高直に成、諸方より集り居たる江戸中の諸人の食物に難義いたす様成事もなくてハ不レ叶、左様の節ハ入用の為を考へ思ふに付て、米蔵を多く詰置する義也、平勘定の者なとハ其通り、最早天下の勘定頭とも言はるゝ者抔ハ、ケ様の義を我等の為也と言聞することくの義が有ものか、との上意にて、殊の外、御しかり被レ遊候と也

このエピソードが、事実であったかどうかは明らかではない。しかし、家康が損失を承知の上で年貢米を江戸に集中しようとしたということは、大変示唆に富んだ話である。

天正十八年（一五九〇）に江戸に入った家康は、関東五ヶ国に家臣を配置したが、江戸城の近辺には家康自身の直轄領（天領）を配置したといわれる。それは、収納した年貢米の江戸への輸送の便も考えてのことであろう。

しかし、慶長五年（一六〇〇）の関ヶ原の戦以後は、関東内に居た大名を全国に移封し、徳川氏の直轄領も広がった。関東入国当時の徳川氏の領地は伊豆・相模・武蔵・下総・上総・上野の六ヶ国で総高二四〇万石余、そのうち直轄領は約一二〇万石で、全体の約五〇%を占めていたといわれている。ここから上がる年貢は、仮に年貢率を「四公六民」（四〇%）としても、約五〇万石となる。もちろん近世初期にあっては年貢のすべてが米ではなく、銭、棉、荏、漆、雑穀等もあったが、やはり多くは米であったので、その量は大変なものであったろう。

これを仮にすべて江戸に運ぶとしよう。陸上の駄送によるとすれば、単純に計算してすべてを運ぶ

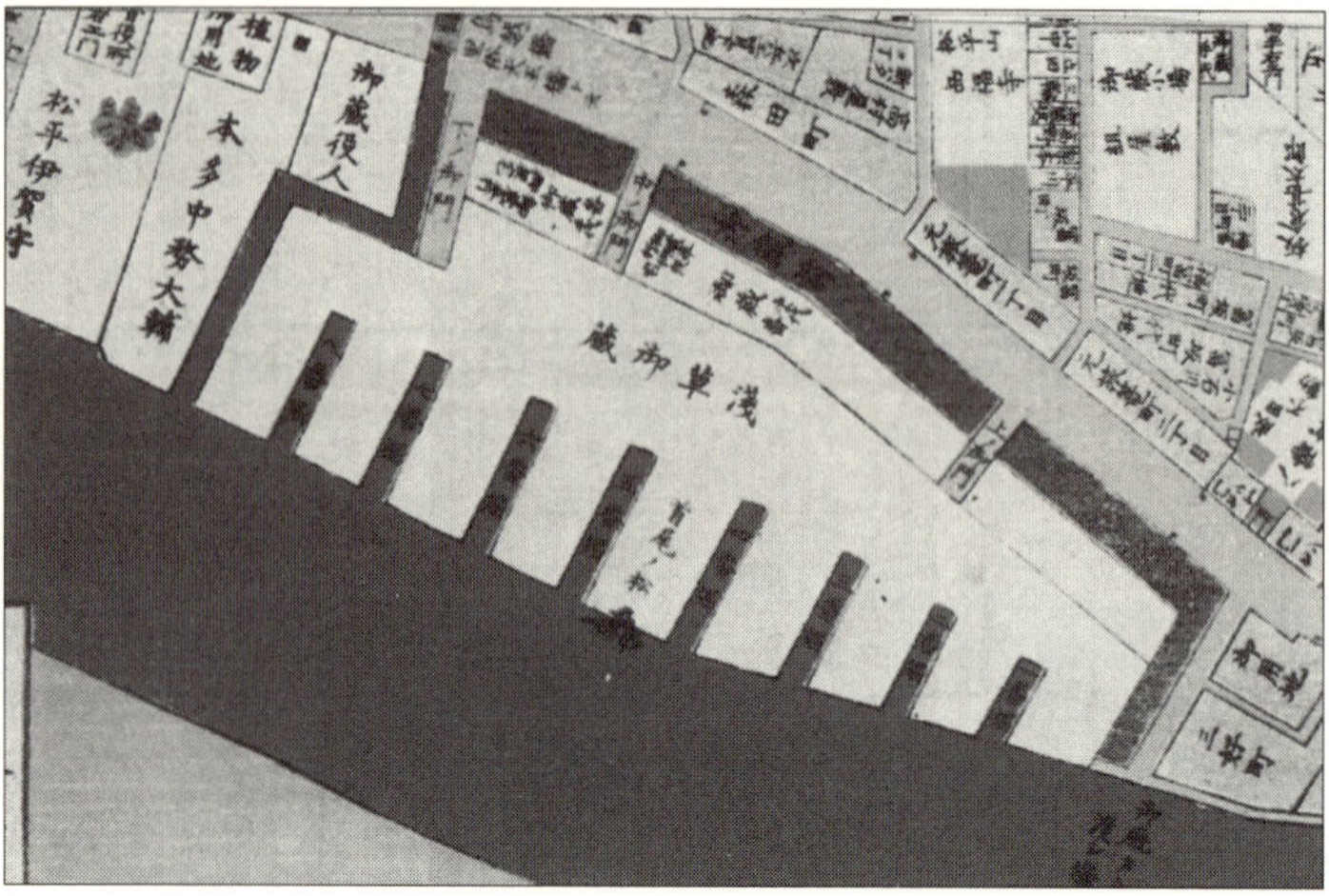

図 13　浅草御蔵（『東都浅草絵図』）

のにのべ六二万五〇〇〇疋の馬が必要となる。これはほとんど調達不可能な数字である。これに比べると格段に効率の良いものが「船」であったが、それにしても、一艘四〇〇俵（一六〇石）積の高瀬船にしてのべ三一二五艘が必要となる。家康入国当時、関東の中にこのような数の高瀬船の存在はほとんど考えられない。また仮に、年貢のすべてを江戸に運べたとしても、それを収納する米蔵がないのである。

　江戸の米蔵は、はじめ江戸城の郭内にあり、三の丸、代官町、和田倉、竹橋などの米蔵であった。しかし、だんだんこれでは収納できなくなり、元和六年（一六二〇）に浅草橋から北へ通ずる大道の東側、大川に沿った場所に、二万七九〇〇坪の地を選んで米蔵が新設された。これが有名な「浅草御米蔵」であるが、これは水上輸送の便を考えて、隅田川より幾筋かの船堀が掘られ、それに面して米蔵が建てられた。この米蔵の建坪は、梁間五間に桁行五間ないし七間で、一つの蔵に平均一一〇〇石から一四〇〇石の米を収納できたという。

この後、隅田川対岸の本所にも米蔵が設けられて、これらが幕府の二大米蔵となるのであるが、浅草御蔵開設当時、その米蔵の数は五四棟であり、それが大川に面して立ち並んだ光景は、壮観であったという（図13）。それでもその収納能力は、大きく見積っても七万五、六〇〇〇石余であり、直轄領の年貢米をすべて収納する能力には遠く及ばなかった。

このような状況からみて、直轄領のすべての年貢米を江戸に集中することはほとんど不可能であったと思われ、各地の譜代藩の城にも預けた。それでもなお前述の逸話にみられるように、徳川氏は年貢米の江戸集中の意図を捨てなかった。

一般の大名や旗本の年貢米が「御年貢米」と呼ばれたのに対して、幕府天領の年貢米は、近世を通して「御城米」と呼ばれた。それは、これが江戸城に入る城詰米、すなわち江戸に集中すべき米であるという意識が強く残っていたためであろう。

関東入国と同時に各地に配属された幕府代官は、支配地から収納した幕府年貢米をできるだけ江戸に廻送しようとした。大量の年貢米の輸送は、陸上の駄送だけでは間に合わず、格段に大きな輸送能力を持つ「船」にたよらざるを得なかった。しかし当時の関東には、まだそのような船も舟運組織も存在しなかった。

そこで代官がまずしなければならなかった仕事は、内陸水運路の整備と、川船の湊である「河岸」

の創設であった。関東の各地から川船で江戸に直航できる内陸水運路網の整備は、利根川水系・荒川水系の河川の改流工事を中心として、元和期（一六一五〜二四）より承応年間（一六五二〜五四）までの約三〇年余の歳月をかけて行なわれた。しかし「河岸」の創設は、その完成を待たずにただちに行なわれた。前述のごとく武州権現堂河岸は、関東郡代・伊奈忠次によって取り立てられ、八町河岸は、代官・嶋田治兵衛によって取り立てられた。

このように、領主層によって創設された河岸からの年貢米輸送は、まず最初は領主層自身の手によって行なわれたと思われる。

下総国境河岸の記録には、

最初之程者相知不レ申候得共、慶長之頃者御用船等茂相勤候由、申伝候

とあって、この河岸の始まった慶長期には、河岸問屋が請負う輸送ではなく、「御用船」として船が徴発される領主直営の輸送形態であったことを伝えている。

また、天正二〇年（一五九二）に武州忍城より下利根川（当時・常陸川）に近い下総国上代《かじろ》に移封になった松平家忠の日記には、江戸での諸経費や飯米のために、自領の年貢米を自分の手で小見川より江戸に送っている記事がしばしば見られる。

図 14　小見川出発の兵糧舟（『家忠日記』）

（天正二十年八月）
五日壬辰（中略）上代より俵子六十表、舟にて越候。
十九日丙午村雨、上代へ帰候、江戸兵粮舟小見川より昨日出し候由候。
（同年九月）
二　日己未雨降、江戸へ兵粮舟小見川よりこし候。
三　日庚申（中略）舟作候。
（翌年三月）
十四日己巳江戸へ兵粮出し候、手舟。
十六日辛未夜入むら雨、（中略）江戸へ兵粮ふね小見川より出し候。
十八日癸酉（中略）又江戸へ兵粮舟出し候。

江戸へ頻繁に兵粮米を送らなければならなかった松平家忠は、「船作候」と自分で船を建造し、それ以後はこの手船をも使って輸送している。おそらく小見川での年貢米積船調達が十分にできなかったゆ

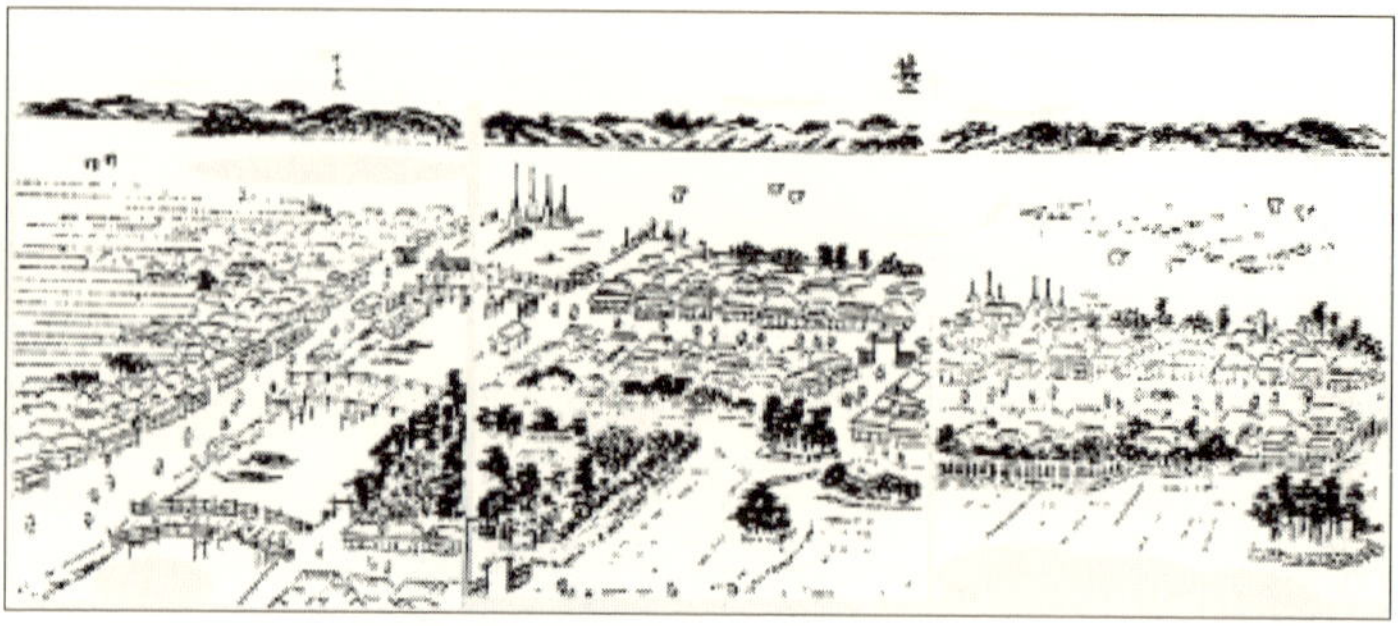

図 15　小見川の河岸と町（『下総名勝図絵』）

えであろう。

　小見川は、家忠によってはじめて取り立てられた河岸ではない。すでに室町期以前から舟着場「津」として成立しており、応安頃の香取社領海夫注文にも「おみかわの津」とみえ、家忠自身も「小見川宿」と日記に記しているように、この地方の一中心地となっていた。それゆえ、上代に着いた家忠が、兵粮米をここから江戸へ送ることのできた「船」もあり、船乗として専業化した「舟方」も存在していたのである。

　しかしこのような中世の「津」では、近世領主の持つ膨大な年貢米輸送の要求に、十分にこたえることができなかった。

　このように、文禄・慶長期には、船着場（後に河岸となる）はあっても、水運による物資輸送の機構は、まだ十分に整備されてはいなかった。それゆえ、領主・代官は、自から船を建造し、船乗に百姓を徴発して、年貢米輸送をしなければならなかったのである。

図16　年貢米の荷揚げ（『江戸図屛風』）

河岸問屋の誕生

　こうした状況に変化がおこってくるのは、寛永期（一六二四～四三）に入ってからである。前述のように慶長期に代官によって取り立てられた八町河岸は、

　　寛永十五寅年、岡登甚右衛門様御支配之砌、御蔵御建被レ遊、御本丸御城米幷信州上州御大名様方、御給所様方御廻米、其外商人荷物等迄引請、舟積運送仕候、

とあるように、寛永十五年（一六三八）には河岸に「御蔵」が建てられ、幕領の年貢米ばかりではなく、信州・上州の大名・旗本の廻米から商人荷物まで引き請けて、船積み運送している。ここには、明らか

に廻米や商荷物輸送を引き請ける「河岸問屋」が成立していることが読みとれよう。

上利根川の武州毘沙吐《びさど》村では、寛永元年（一六二四）に隣村黛《まゆずみ》村の者が同村内に「河岸場取立」を領主に願い出て許され、黛村百姓の中から河岸問屋四軒が申し付けられて、藤ノ木河岸が成立した。山王堂《さんのうどう》河岸は、問屋九十郎が寛永年間に上州高崎城内御廻米その他荷物の運送を申し付けられた時に始まるといわれている。

寛永期は、また多くの河岸が成立したと伝えられる時期でもある。上利根川右岸の一本木《いっぽんぎ》河岸は、「寛永年中にはじまれりと云」とあり、少し下流の葛和田《くずわだ》河岸も、寛永の頃より江戸運送の河岸場となったといい、上流の五料《ごりょう》河岸も寛永年中より諸荷物請払方をはじめ、近くの新河岸も寛永元子年に取り立てられたと伝えられている。また、渡良瀬川の北猿田《きたやえんだ》河岸でも、問屋の先祖忠兵衛が寛永元年に初めて小舟五艘を作り、足利・桐生より出る諸荷物をこの舟で古河まで運び、そこで大船に積み替えて江戸に送ったのが河岸の始まりであったという。

関東各地に続々と誕生する河岸に対応して、江戸でも元和年間（一六一五～二三）の末から寛永期の初め頃、深川海辺大工町に「奥川船《おくかわぶね》」（関東各地から江戸に来る川船をそう呼んだ）の着岸する湊町取立の願いが代官・伊奈氏に出されて許可されている。また、奥川船の積荷を積み替えて、江戸市中の各所送り先まで届ける「茶船稼《ちゃぶね》」や「艀下《はしけ》宿渡世」が始まり、各地の積問屋や荷主を得意先として貨物輸送の営業を始めたのは、寛永年間であったといわれている。

このように寛永期は、各地に河岸が数多く誕生した時期であり、また河岸が船着場に問屋や倉庫などの運輸機能を備えた「近世の河岸」として成立した時期でもあった。そしてこの「河岸」が、年貢米や廻米ばかりでなく、一般の商荷物も扱うようになり、河岸の問屋は営業として成り立ち、利益が上がるようになる。河岸問屋はこの利益を守るために領主権力と結びつき、或いはその利益を対象に領主が運上金を賦課するようにもなってくる。

前述の八町河岸は、慶長期に代官によって取り立てられ、寛永期に河岸問屋や蔵が設けられたが、

寛文五巳年、御代官近山五郎右衛門様御支配之節ゟ、河岸屋敷御運上被二仰付一

図 17　藤ノ木河岸跡

と、寛文五年（一六六五）より「河岸屋敷運上」を賦課されることとなった。

また、下利根川の木下《きおろし》河岸は、寛永年中以後に成立した河岸であるが、明暦年中より「河岸場年貢」を時の領主に上納し、寛文年中より「問屋運上永二貫文」を支配代官に上納し始めている。鬼怒川上流の石法寺《いしほうじ》河岸でも、寛文元年（一六六一）から「河岸運上」を宇都宮藩領川岸役人であ

る板戸《いたど》河岸平右衛門を通して領主に上納することになった。

このように、「河岸」が年貢・運上を負担できるようになるのは、一般的には寛永期に続く明暦・寛文期以後であった。

運上金をしのぐ荷物の輸送

鬼怒川に舟運を開こうという試みは、慶長十四年（一六〇九）に大坂庄兵衛・金子次兵衛が江戸への通船を意図して、鬼怒川に船を入れたことに始まるという。しかし、これは成功しなかった。そして、それより一二年後の元和七年（一六二一）に、のちに板戸河岸の河岸問屋となる平右衛門らの努力によって河岸が成立したという。すなわち鬼怒川通船が成功したのである。その七年後の寛永五年（一六二八）に柳林《やなぎばやし》河岸が成立し、翌寛永六年には上阿久津《かみあくつ》河岸ができ、その後、道場宿《どうじょうじゅく》河岸・石井河岸・鐺山《こてやま》河岸・粕田河岸などが続いてできたという。

では、慶長十四年（一六〇九）に失敗した鬼怒川の通船が、どうして元和七年（一六二一）以後に成功したのであろうか。最初に通船を試みたという大坂庄兵衛・金子次兵衛は、おそらく板戸村の領主であった宇都宮藩の関係者であったと思われる。すなわち、領主の手による通船の試みであったのだろう。それが失敗したという。この失敗とは、単なる地形的条件とか河道の不整備とかによるものではなく、永続的な通船組織が作れなかったということではなかろうか。この後に成立する板戸河岸、上阿久津《かみあくつ》河岸等の河岸は、五街道の一つ日光道中が鬼怒川を渡る地点のすぐ下流にあり、宇都宮の外港となる石井河岸を除いては、すべて川の左岸に位置している。この河岸の立地は、明らかに東北方面からの荷物を引き請けるための河岸であることを示している。おそらく、東北諸藩の廻米や特産物、商人荷物等が継続的に現われるようになってはじめて、河岸問屋や船持という通船組織が成立する、それが元和年間末から寛永期であったのではなかろうか。それから二五年ばかりたった承応三年（一六五四）に、これらの河岸に課された運上金の対象は、「奥州其外所々より参候商荷物」と、明記されているのである。

この河岸の成立から間もない寛永八年（一六三一）には、早くも上三川《かみのかわ》領三間在家《さんげんざいけ》村がこの通船に参加しようとして、既成の河岸との間で訴訟事件となり、板戸・阿久津河岸の河岸問屋は江戸まで出て争い、二年間を費してようやく三間在家村の進出を阻止し、通船の独占権を保持することができた。しかし、その代償として藩より鬼怒川通船に対する運上金が課せられることとなってしまった。

寛永十一年（一六三四）には、「鬼怒川鵜飼《うかい》舟運上」として、米穀を積む船一艘・一往復につき七文、米穀以外の荷物を積んだ場合は一〇文ずつの運上金を舟主より取り上げて、藩に納めることとなっており、積荷物を基準とする課税であった。ところが寛永十六年には、「鬼怒川舟役」として、一艘につき年間五〇〇文という、船を対象とする運上金も課せられるようになった。

この両課税は、承応三年（一六五四）に改訂されて、舟役は一ヶ年・一艘につき金一分二朱、奥州方面その他から来て鬼怒川を下る商荷物の河岸運上（のち「河岸荷口銭」という）は、一駄につき鐚《びた》一

図 18　鬼怒川・阿久津河岸（「諸街道延絵図」）

銭を徴収すると通告された。これに対して、板戸河岸の惣船持は反対して立ち上がり、運上金の増額は迷惑であると訴えたが、結局は認められなかった。

その訴状の中に、当時の鬼怒川の船経営の様子が、次のように記されている。

> 川船（「鵜飼《うかい》船」と呼ばれる荷船。鵜飼をする船ではない・図19）一艘の建造費は金三両二分で、耐用年数は二〜三年、特に夏期は水が減少して石川となるので、船が壊れることが多く、一年に二〜三度も修理をしなければならない。舟一往復の舟賃は金二朱ずつ取るが、その内の三〇〇文は、川を上る時の曳舟の綱引賃に出し、また一往復に二日かかるので、その宿泊賃が五〇文、天候が悪く風雨となれば二泊するので一〇〇文が消える。その上、この川筋には船が多いので、一年間に二四〜二五往復しか積荷物が廻ってこない。

もし仮に、船の建造費金三両二分、耐用年数三年、年間三度修

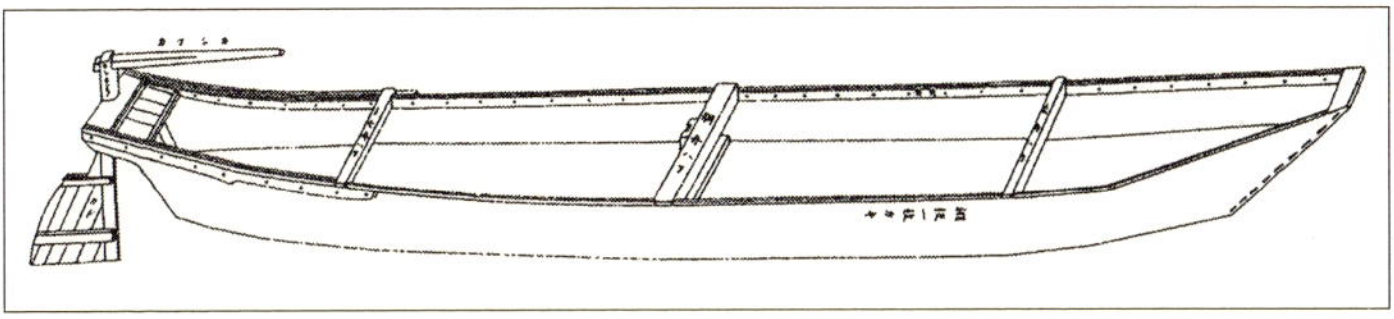

図 19　鬼怒川・小鵜飼船（『船鑑』）

理するとして修理費を建造費の一割と仮定して計算してみると（なお、金一両＝四分、一分＝四朱、金一両は銭四〇〇〇文とする）、収入である船賃は、年間に二五往復したとして金三両二朱、支出は綱引賃・宿泊賃合計三五〇文の二五回分で銭八貫七五〇文（金二両三朱）と、修理費金一分二朱で、差引金二分一朱が残るが、そこからさらにまた舟運上金一分二朱を引かれたら、残りの三朱のみが、舟主の労賃と利益ということになる。これを三年間すべて積み立てたとしても、船一艘の建造費に不足するのである。それゆえ、年間に金一分二朱の船運上金課税は迷惑であると訴えたのであろう。

　この訴えは認められなかったが、それでもなお、鬼怒川の舟運は絶えなかったということは、前述の費用に水増しがなければ、年間二五往復以上の積荷物が河岸に着いたということであろう。そのような輸送荷物の増大が、河岸成立の一般的契機であったのである。

　この河岸の成立を支えた輸送荷物とは何であったろうか。それは、最初は領主荷物である年貢米・廻米であることは当然だが、続いて遠隔地間商業の進展にともなう商人荷物となり、次に周辺農村の中で農民の手によって商品化された零細な商荷物となってくる。近世中期以降の時期になると、商人らによる河岸の設立も現われてくるのである。

第三章　河岸と湊

東廻り海運と利根川水運

河川水運と同じく、近世には海上沿岸航路の発達も著しかった。江戸と大坂を結ぶ有名な「菱垣《ひがき》廻船」「樽廻船」をはじめ、多くの廻船が沿岸航路を走った。この「廻船」の出入りする主要な「湊」は、ほとんど大・小河川の河口に発達し、海運と河川舟運とを結びつけていた。

たとえば、東北の山形船町から下る最上川舟運と西廻り海運の接点となる酒田湊、阿賀野川・信濃川舟運と結ぶ新潟湊、福島から下る阿武隈川舟運と東廻り海運が結ぶ荒浜湊などがそれである。また、東廻り海運の主要な積出港である石巻湊は、寛永三年（一六二六）に伊達政宗が家臣川村孫兵衛に命じて北上川の河口を付け替え、北上川水運と結ぶことによって発達した湊であった。

このような「湊」を、その立地からみると、海の湊でありながらほとんど海に面しておらず、河口を少し入った川の岸に位置している。これは、当時の築港技術の水準とも関係があるが、むしろ河川

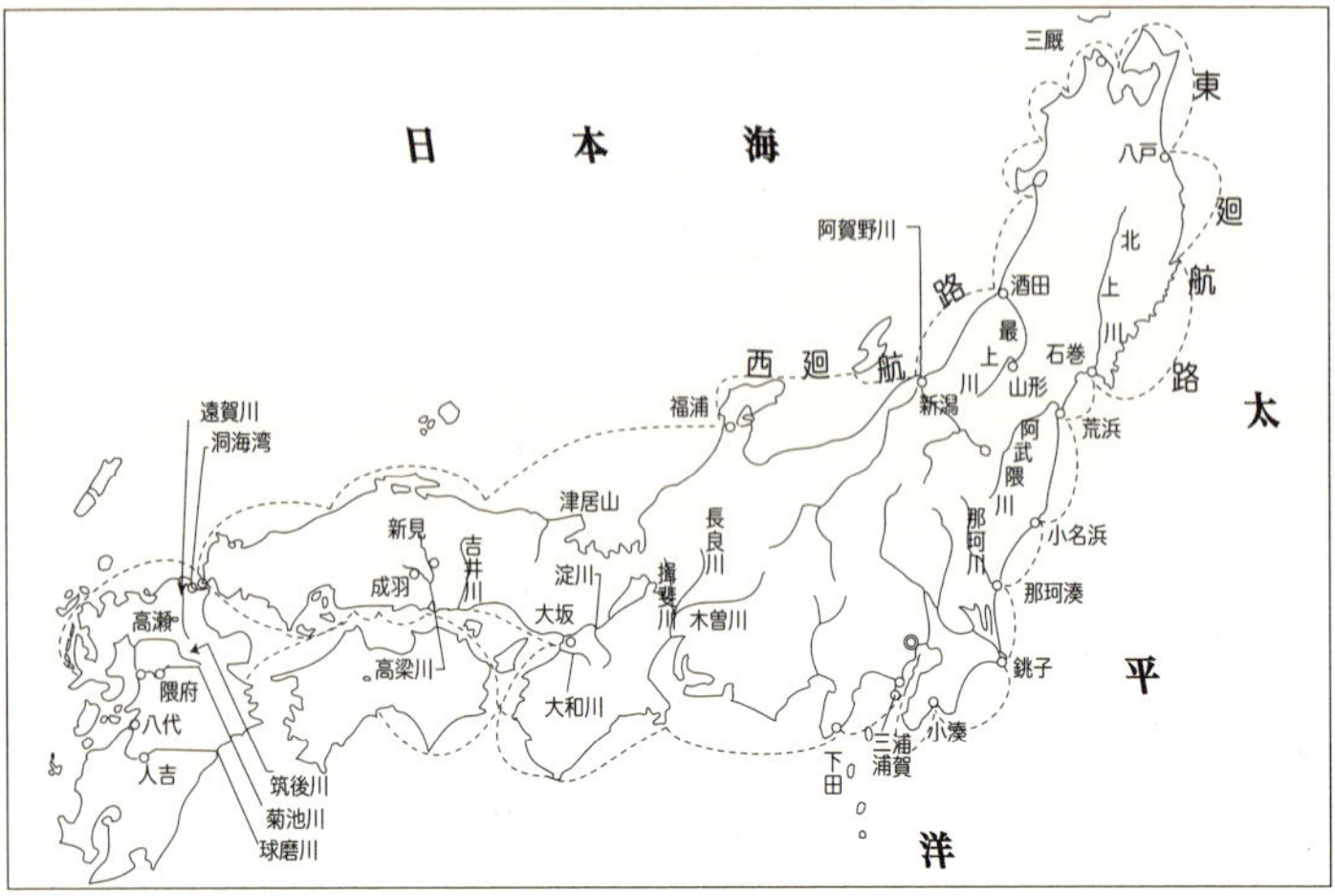

図 20　近世水運図

舟運への積替えの便といった積極的な意味を持っていた。

東廻り海運が、近世初期から東北諸藩の江戸への廻米によって始まったことは周知のところである。これは、東北諸藩の藩財政上の問題であり、領内の市場構造のあり方にかかわる問題でもあった。すなわち、年貢として収納した米穀を領内で換金できるだけの市場がまだなく、一方では幕府鋳造の全国貨幣を入手する必要があった。ここに、諸藩が年貢米を江戸に廻漕して換金する必要性があったのである。

そのような視点からみれば、東北諸藩の江戸廻米は、諸藩が徳川氏の下に立って、軍役その他を負担しなければならなくなった時点から、必然的なこととなっていたといえよう。しかし、初期の頃の江戸廻漕は、江戸での藩主あるいは家臣たちの兵粮米・給米や飯米、味噌・大豆・油等の日常生活に必要な物資が主で、換金のための払米は、飯米・給米として廻漕されたものの一部であったという。
この東北諸藩の江戸廻米の要求に押されて始まる東廻り海運は、海運史の古典とも言うべき『日本海運史概説』（古田良一著・一九五五年刊）によると、次のように記されている。

諸藩によって発遣せられた廻船が悉く直接江戸に廻航されたのではなく、最初は常陸の那珂湊まで、稍々《しばしば》遅れては下総の銚子まで行き、それより川船または陸運を用いたものらしい。（中略）それ故江戸時代初期にあっては勿論《もちろん》那珂湊以南に廻船の航行することはなかった。那珂湊以南銚子までの海路の開かれたのは恐らく正保年中であり、（中略）銚子以南の海路の通じた年代は明らかではないが、正保以後寛文に至る間であることは疑ない。

これを見ると最初は那珂湊まで、次に銚子湊まで、そして房総半島を廻って江戸に直航するのは正保～寛文期以後であり、その後の寛文十一年（一六七一）に、有名な河村瑞賢による航路の改良となるというのが、ほぼ現在までの定説となっている。
しかし、果たしてそうであったのだろうか。常陸国那珂湊に入港した場合、廻米はここで川船に積替えられて涸沼《ひぬま》に入り、海老沢で陸揚げして鉾田あるいは小川まで陸送し、そこで再び川船に積んで北浦・霞ヶ浦を通って利根川（当時、常陸川）を遡って江戸に至るのであり、銚子湊に入港した場合も、川船に積替えて利根川を遡り、関宿《せきやど》を廻って江戸に到達するというように、共に利根川―江戸川を利用することが当然のこととして想定されている。

古くより江戸湾に流入していた利根川を改流し、今見るように銚子口より太平洋に流出させたのが、有名な近世初期の利根川改流工事であるが、小出博氏の研究によると、これに最初に着手したのは元和七年（一六二一）であり、赤堀川を開削・拡張して利根川を旧常陸川筋（現、利根川中・下流筋）に流入させ、銚子・霞ヶ浦等から関宿を廻って江戸に到達する舟運路を完成するのは承応三年（一六五四）であったという。

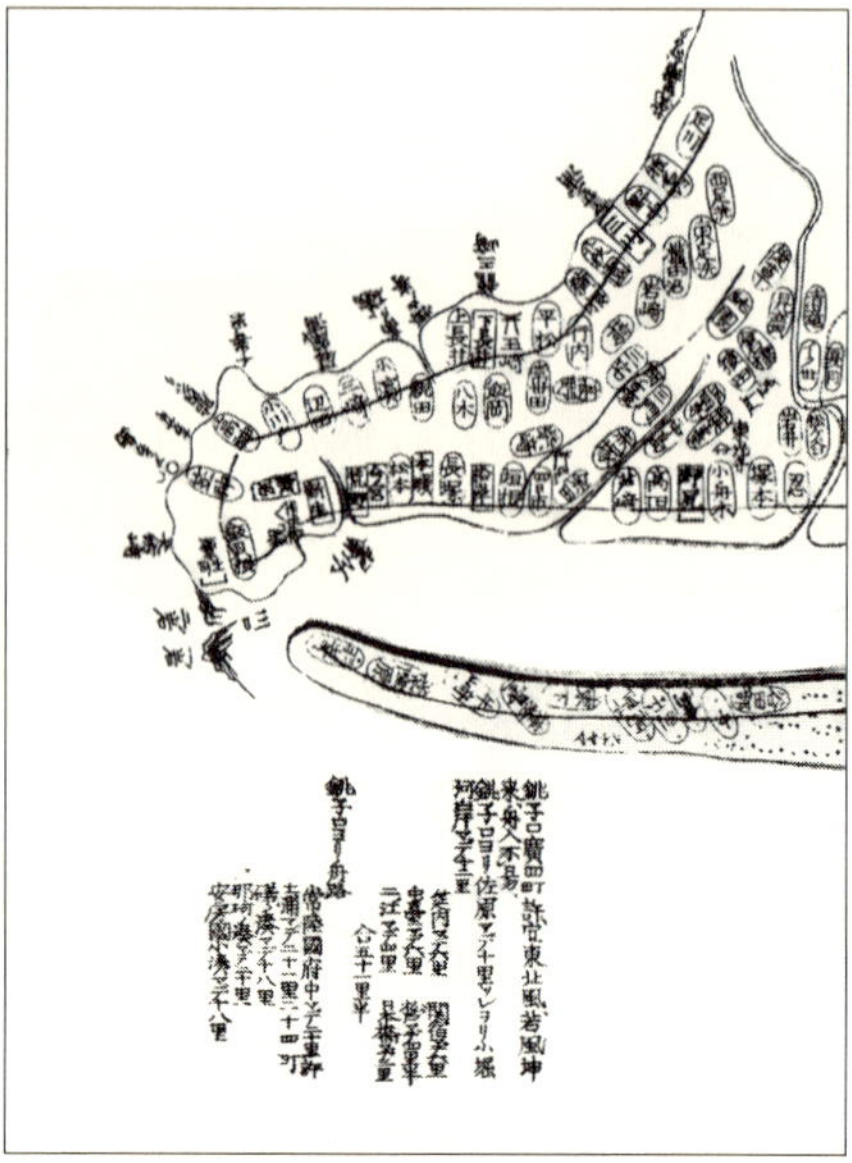

図21 銚子川口（『利根川図志』）

これが正しければ、東廻り海運が那珂湊止りであった時期、そして銚子湊まで延長された正保年中には、まだ利根川を遡り江戸川を下って江戸に達する舟運路は完成していなかったのである。この矛盾をどう考えたらよいであろうか。そこでまず東廻り海運の出発点となった東北諸藩廻米の問題に立ち返って、考えなおしてみよう。

銚子に築港

東廻り海運の必要性がほとんどなかった近世以前の状況を考えると、東北沿岸には漁船はあっても廻船はなかったと思われる。そこで東北諸藩は江戸への廻米の必要に迫られた時、まず自分の手で廻船を建造しなければならなかった。南部藩では元和七年（一六二一）から同八年にかけて四艘の廻船を建造し、慶安三年（一六五〇）には江戸より船大工を呼び寄せて五百石積と三百石積の廻船二艘を藩の手で建造している。

このように藩営で建造された廻船をもって、まず誰でもが考えるのは江戸への直航であろう。現在のところ、それを裏付ける史料は発見されていないが、おそらく太平洋沿岸を南下して房総半島を廻り、江戸に入る航海を藩船の何艘かが試みたと思われる。しかし、この航路に熟練した船頭は少なく、非常に大きな危険がともなっており、また風待ちなどのために多くの日数を要したことは間違いなかった。

たとえば、すでに東廻り海運が確立したといわれる延宝三年（一六七五）に、津軽藩の材木を江戸に送った廻船の場合をみてみよう。この船は、閏四月十六日の昼九ッ時（正午頃）に津軽半島の北端御厩《みんまや》湊を出航した。そして津軽海峡を経て八戸のかぶ島、仙台領小淵に寄港して風待ちをしたのち、銚子の河口に着いたのは六月一日であった。しかし、波が荒くて銚子湊に入港できず、風波にもまれて船は破損し、夜五ッ時（午後八時頃）には碇《いかり》二丁、大綱二本を波浪にもぎとられて破船寸前となったので、ついに銚子入港をあきらめ、そのまま南下して翌二日の晩七ッ時（午後四時頃）、ようやく安房国の小湊《こみなと》に入港できた。ここで八日間の日和《ひより》待ちののち出航し、六月十二日の夜九ッ時（午前零時頃）ようやくにして江戸品川沖に着船した。御厩湊を出航してから江戸品川沖に着くまで五六日間を費したが、そのうち海上を航行した期間はわずかに二〇日、残りの三六日は湊の内で天候待ちをしていたのである。そして銚子沖では沈没寸前となって最初の予定の銚子入港はできなかった。これでも、河村瑞賢による東廻り航路の改良があったといわれる以後のことである。これ以前の東廻り海運が、いかに多くの時日を要し、大きな危険をともなったかが想像されよう。

このような状況の中で、初期の江戸直航廻船がまず必要としたのは、安全な寄港地であり、避難港であったにちがいない。こうした要求が背景にあって始まった避難港築造の一つが、銚子湊の築港であった。

慶長十四年（一六〇九）四月、幕府は東北の諸大名に命じて下総銚子湊の築港を助けさせた。米沢藩はこの時三人の奉行に数千の人夫を付けて普請に参加させている。『上杉年譜』によると、

夏四月上旬、諸国ノ人夫ヲ以テ常州（下総ノ誤）海上《うなかみ》船入ノ普請有ヘキ由御触アリ、米府ヨリモ役夫出サル、総監トシテ秋山伊賀守・大瀧土佐守ニ命セラル、然ル処ニ、不届ノ儀コレアリ、公ノ御旨ニ背キ、重テ大峡太郎右衛門、石坂新左衛門、尻高左京、此三士ニ命セラレ、数千ノ人夫

ヲ下知シ、普請ノ場所ヲ請トリ、コレヲ勤ム

とあって、十月下旬には担当の場所の普請が終わり、三人の奉行は江戸を経て米沢に帰り、藩主に報告して褒賞を受けている。また、『佐竹氏記録』には、

慶長十四己酉、此年、海上御普請御手伝、六月廿二日ヨリ御取掛、奉行山方能登重泰、霜月五日成就

とあって、秋田佐竹藩もこの普請に参加したことが知られる。また相馬中村藩でも、

大膳大夫利胤御代、慶長十四己酉年、海上郡御普請、関東銚子辺築出（『奥相秘鑑』）

とあって、銚子築港に助力している。

この時の築港工事が、具体的にどのようなものであったか、まったくわからない。米沢藩では前述のように四月上旬より十月下旬まで約七ヶ月をこの普請に費やしており、秋田藩では六月二十二日より十一月五日まで、足かけ五ヶ月をかけて完成させている。工事期間の長さからみると、相当の規模の工事であったと想像されるが、それ以上のことは不明である。

図 22　銚子湊　(『下総名勝図絵』)

しかし、この築港が、当時の常陸川舟運とまったく無関係であったとは思えない。戦国末期から常陸川上流の沼沢地をぬって小舟で太日《おおい》川・利根川筋に入り、江戸に行くルートが存在した。だがこの銚子築港が後の利根川舟運と密接な関係になかったことは確かである。それは、まだ幕府は利根川改流という、銚子湊と江戸を結ぶ舟運路工事にまったく着手していない段階だからである。おそらくこの段階では、東廻り海運の寄港地としての築港が、主たる目的であったのであろう。

慶長十四年の築港が、「銚子湊」の名が歴史上に現われる最初であるが、それは東廻り海運の要請に支えられたものであった。しかし、このような寄港地の築港だけでは、まだ東廻り海運の持つ難問は解決できなかった。銚子湊にしても、前述の津軽廻船の例のように、天候によって入港に危険があった。それゆえ、次に、より安全な廻漕路を求めて、常陸那珂湊より「内川廻し」のコースが考えられるようになるのであろう。

本格化する江戸廻米

元和八年（一六二二）、三河以来の譜代である内藤氏が上総佐貫から磐城《いわき》平に入封したが、この内藤藩は入封直後から江戸藩邸での飯米、日常生活物資の江戸への廻漕を必要とした。特に寛永十三年（一六三六）の江戸城外郭工事の普請役負担、寛永十七年の日光御手伝普請、寛永二十年の江戸城三の丸御手伝普請等、寛永期の城普請の課役は、江戸への廻米の必要性を一層強くした。事実、わずかに廻米量のわかる史料だけをみても、寛永十六年は十一月までに二万俵を廻送し、正保二年（一六四五）十月から翌三年三月までの五ヶ月間に三万八四九〇俵を江戸に送っている。「こうしたところをみると、年間の廻米総量は約四万俵程度とみることができる」と、神崎彰利氏は指摘しているが、このうちの大部分が江戸藩邸で消費され、江戸での売米は一部分にすぎなかった。万治三年（一六六〇）の例をみると、廻米総量のうち、二万七六〇三俵が藩邸で消費され、八一〇三俵が江戸売米分となっている。

しかし、これでもなお江戸廻米量は不足であった。江戸藩邸では、常に「御米無二御座一」「家中困窮」という状況であったといわれている。この廻米量不足の主たる原因は、磐城—江戸間の輸送手段の不安定さにあった。寛永末年には藩の手船による廻米と、領内四倉《よつくら》・植田《うえだ》に在住する商人の請負による廻米との、二方法での江戸廻米が行われていたが、正保三年（一六四六）の「案詞《あんじ》」に「仙台・相馬ノ荷物二上下仕候間、此方一度ようよう上下仕」とあって、仙台藩や相馬藩の廻船が江戸へ二度往復する間に、内藤藩の廻船はようやく一往復するにすぎないという状態にあった。そこで内藤藩にとって磐城—江戸間の輸送を安全にし、かつ輸送量を増大させることが急務となったのである。

この要請をうけた内藤藩の家臣今村仁兵衛は、領内小名浜から常陸国那珂湊《なかみなと》に入港し、内川廻しをするコースに目をつけた。慶安四年（一六五一）より今村仁兵衛は水戸藩の許可を得て、常陸国内の水路を調査し、翌年、北浦に流れ込む巴川《ともえがわ》の中流、下吉影村から川口の串挽《くしびき》まで川船を通す舟運路を開いた。これによって江戸への廻米は那珂湊より涸沼《ひぬま》に入り、涸沼の西岸海老沢《えびさわ》に陸揚げして、最も近い下吉影まで陸送し、それより巴川の舟運によって串挽に着き、北浦を南下して潮来《いたこ》に至り、利根川を通って江戸に向かうコースが開発された。これはまさに、当時進行中であった幕府による利根川改流工事の完成をにらんでいたにちがいない。承応三年（一六五四）といわれる利根川水系水運路の完成の二年前なのである。

今村仁兵衛が開いた内川廻しコースと似た輸送路を、最初に用いたのはおそらく水戸藩であったろう。しかし、水戸藩では慶安以前には、主に霞ヶ浦北端の小川から霞ヶ浦経由の舟運によっていた。すでに水戸藩では寛永元年（一六二四）に小川から江戸へ米積船二艘を送ったという記録がある。ついで寛永十二年には、江戸藩邸の扶持米二〇〇〇石を水戸から那珂川—涸沼経由で宮ヶ崎まで船で運び、それより小川まで陸送して、再び霞ヶ浦の舟運によっている。寛永十四年には、江戸藩邸台所で使う醤油麹を水戸城で造り、小川まで陸送しており、また江戸用の炭を海老沢より小川まで陸送している。このように寛永期の水戸藩では、水戸―小川、海老沢―小川間を陸送によることが一般的であった。このうちでも陸送距離の短い海老沢―小川間に比べ、海老沢―下吉影間はなんとその半分の距離にすぎない。これをみても、今村仁兵衛による巴川船道の開通が、いかに大きな意義を持っていたか明らかであろう。水戸藩でも慶安以後はこのルートを主に利用するようになるのである。

江戸への廻米の安全な廻漕路を確保しようという要求は、ひとり磐城平藩のみのものではなかった。そこで、このルートができると相馬・仙台・棚倉《たなくら》・三春《みはる》などの東北諸藩は競ってこれを利用しようとした。水戸藩ではこれに目をつけて、明暦元年(一六五五)に海老沢に「海老沢津役所」を設けて、ここを通る他藩の諸荷物から「津役」(通行税)を徴収することにしたのである。

寛永期は、諸藩の江戸廻米が本格化した時期である。寛永十二年(一六三五)の諸大名の参勤交代制の確立や、前述の磐城平内藤藩にみるような江戸城普請等の課役は、江戸への飯米・日常生活物資の廻漕と江戸での出費をまかなうための売払米の廻漕とを必要とした。それはまた、藩財政の上からみても有利なことであった。東北諸藩が初めて東廻りの海運を使って江戸に廻米する時期は、南部藩では慶長十九年(一六一四)、仙台藩は慶長末年か元和初年、津軽藩は寛永二年(一六二五)、磐城平藩は寛永五年といわれているが、これらは現在史料的に確認できる上限を示したものであって、むしろこの頃から江戸廻米が本格化してくるとみることもできよう。伊達政宗が家臣川村孫兵衛重吉をして、北上川の河流を石巻に付け替えさせ、江戸への海運の出発点としようとした大土木工事に着手したのが元和九年（一六二三）、完成したのが寛永三年（一六二六）であったし、津軽藩が廻米の積出地として青森の港を開いたのは寛永二年（一六二五）であったといわれるように、東北諸藩の江戸廻米が本格化するのは寛永期であったと思われる。

安全航路を求めて

この盛んになってくる江戸への廻米や諸物資輸送が、より安全な航路を求めて、那珂湊から内陸水路を利用するコースに目を向けてくる。しかし、この時期の「内川廻し」は、その期待にこたえるには、まだ十分ではなかった。それは、涸沼《ひぬま》―串挽あるいは小川間の陸送という問題ばかりではなく、まだ利根川は江戸湾にそそいでおり、のちに下利根川になる常陸川はまだ利根川や渡良瀬川、あるいは江戸川と十分には連絡しておらず、北浦・霞ヶ浦と江戸を結ぶ水運路は確立していなかったからである。

その頃、江戸幕府は利根川改流という一大事業に着手する。しかし、この利根川の改流・東遷が完成したといわれる承応三年（一六五四）より以前にも、のちの下利根川筋（当時は常陸川）から川船で江戸へ直航することはまったく不可能だったわけではない。

武州忍城《おし》にいた松平家忠は、天正二十年（一五九二）に下総上代《かじろ》に領地替になるが、彼の書き残した日記をみると、二月十九日に忍城を出発し、忍新郷から船に乗って下総に向かっている。この時どこを通ったか不明だが、おそらく利根川・渡良瀬川から常陸川筋に入ったのだろう。しかし、この間にまったく陸上を通らなかったとはいえない。翌二十日には当時常陸川上流に面していたと思われる「矢はき」に着き、二十一日には「かないと」まで行き、二十二日に小見川に着いて上陸し、上代《かじろ》の館に入っている。武州忍新郷から下総小見川まで四日間の船旅であった。

下総上代に居を構えた家忠は、まもなく江戸城普請などのために江戸に出る。そして八月五日には小見川より兵粮米六〇俵を川船で江戸に送り、続いて八月十八日、九月二日にも兵粮米を小見川から船で江戸へ送っている。この兵粮米六〇俵を、一艘の船に積んだと仮定すると、この時の積船はその積載量からみて、のちのち水運が盛んな時期の「艀下船《はしけ》」程度の小船である。しかし、実際には数艘に分散したことも考えられ、もっと小さな船であったのではなかろうか。幕府が利根川改流工事に着手する以前においても、常陸川下流から江戸へ、この程度の小船なら直航することが可能であった。おそらく、常陸川上流と利根川・渡良瀬川流域に点在する沼沢地をぬって進んだのであろう。

このような状況がすでに中世末から存在していたからこそ、那珂湊から内川廻しのルートが考えられ、幕府もまた利根川改流を考えることができたのであろう。しかし、東北諸藩の本格化する江戸廻米を担うには、あまりにもその輸送能力は貧弱であった。そこで、串挽・小川から北浦・霞ヶ浦を航行して常陸川筋に入った川船は、常陸川の上流から江戸川（当時は太日川）の左岸流山付近までを陸送によって結んだという。陸揚げ地点と思われる常陸川右岸の大室《おおむろ》村が、境河岸と争った貞享四年（一六八七）の返答書の中で、

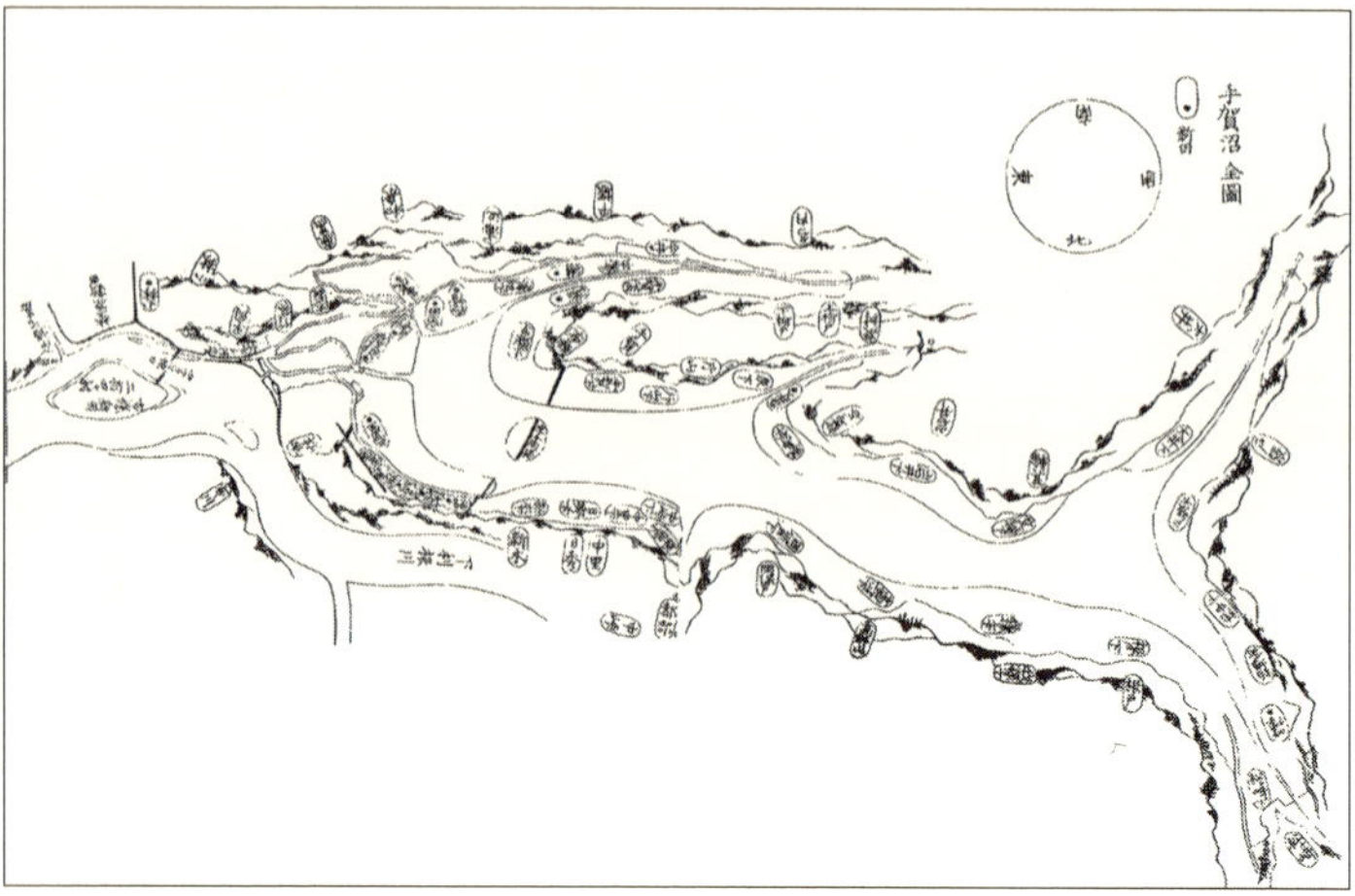

図 23　手賀沼，左下が利根川（『利根川図志』）

> 水戸宰相様、内藤能登守様（磐城平藩）、南部大膳大夫様（南部藩）御荷物、細川豊前守様（谷田部藩）、由良信濃守様（下総海上・相馬郡）、石川美作守様（常陸筑波郡）、菅谷左右衛門様（常陸筑波郡）御急之御年貢米付送来申候

と、奥州・常陸・下総の領主荷物・年貢米をこの村に陸揚げし、江戸川左岸の花輪村まで馬継ぎで陸送するのは、慶長末年からのことであると主張している。この主張は結局認められず、大室村は敗訴となるのであるが、これがまったく架空の話であったとは思えず、おそらく慶長・元和から寛永期にかけて東北諸藩の荷物が、この村を盛んに通った時の記憶があったからにちがいない。

また、当時の常陸川はそのまま手賀沼に広く接続していたらしく、木下《きおろし》河岸の問屋日記に、「寛永年中ハ手賀沼え船乗込ニ付、木下河岸往来少く」と

あって、川船は常陸川から手賀沼へ乗り込み、手賀沼の西端船戸付近で荷揚げし、江戸川左岸の流山・加村辺へ陸送して再び川船に積むというルートが、寛永期には存在していたことを示唆している。

しかし、この常陸川上流と江戸川（当時、太日川《おおい》）を陸送によって結ぶルートの難点は、陸送区間での多数の駄馬の確保とともに、江戸川側での多数の川船調達の困難さにあった。当時関東の河川において、のちに活躍する「高瀬船」のような荷物輸送用川船は、ほんのわずかしか存在しなかったであろう。水戸藩では小川から江戸への物資輸送のために、寛永十四年（一六三七）に水戸で造った新造船を、わざわざ海老沢から馬の背によって小川まで運んで使用している。これは霞ヶ浦の要津である小川でさえも、江戸廻漕のための川船調達が困難であったことを示している。近世初期に利根川・常陸川筋に川船があったとすれば、それは小漁船かあるいは農耕用田舟の類であったはずである。このような船が最も多くあったと思われるのは、古くより淡水漁業の発達した霞ヶ浦・北浦の沿岸や、のちに水郷と呼ばれるようになる地方であった。北浦と霞ヶ浦の結節点にある潮来《いたこ》に、水戸藩をはじめ仙台藩等東北諸藩の蔵屋敷が置かれていたということは、川船調達の便利さを考えなければ、十分に理解することはできない。

江戸廻漕用川船の不足は、常陸川の要津であった小見川においても同じで、前述の松平家忠は兵粮米の江戸廻漕のために自ら船を新造して使用している。

このような状況の中では、常陸川上流または手賀沼西岸で陸揚げし、江戸川筋で再び新たに川船を調達することが、いかに困難であったかが察せられよう。そこで、どうにかして同じ船で江戸まで直航したいという要請が強くなってくるのは当然のことであった。

こうした要請を背景にして、幕府は常陸川と江戸川を結ぶ運河開削を計画する。寛永八年（一六三一）の春、大御所秀忠は土木工事の巧者であり、江戸神田堀の開削も行なった阿部正之にこれを命じた。『徳川実紀』は次のように記している。

この春、大御所阿部四郎五郎正之に、七月よりして、下総小金の野山を掘割、下総、常陸、下野、陸奥より運漕の水路を開くべしと面命ありしが、御不豫によて停廃あり。

また、

寛永八年阿倍四郎五郎正之に命ぜられ、その七月より下総国小金の山野を掘通し、下総・常陸・奥州の舟路をちかくし、水漕の便をよからしめむと思しめされて、かく命ぜられしが、世の人みな口おしき事に思ひしとぞ。

とも記されている。

「下総小金の野山を掘割」るとは、おそらく手賀沼の西端と江戸川の東岸流山付近を結ぶ開削であったろう。これによって常陸川下流から江戸への直航が可能となるのである。しかしこれは、計画のみでついに実現しなかった。

この頃、幕府は関東全域に目を向けて、利根川改流をはじめ、渡良瀬川・鬼怒川・小貝川等の改流から荒川・入間川の改流に及ぶ関東主要河川の一大改流工事に着手する。

関東河川の改流

関東平野を北から南に流れくだる大河は、何と言っても利根川と荒川であろう。徳川幕府はこの二大大河に大小の河川を接続し、本・支流を改流して、関東各地から江戸に集中する水運路網の形成を考えた。その中心となる川は、やはり利根川であった。

近世前の利根川は、佐波《ざわ》（現、埼玉県大利根町）の少し上流から南流し、合の川・浅間川等の支派川となって分散し、どれが幹川とも決め難い状態となって、江戸湾に流れていたという。また、渡良瀬川も、利根川の東を南流し、下流は太日《おおい》川と呼ばれて江戸湾に流入していた。この利根川を渡良瀬川と結び、のちに利根川下流部分となる東方の常陸川筋と結ぶのが、有名な利根川改流工事だが、小出博氏はこの工事の出発点を、通説にいう文禄三年（一五九四）の合の川の締切ではなく、元和七年（一六二一）の「新川通り」および「赤堀《あかほり》川」の開削にあったとする。この開削は、おそらく付近に散在していた湖沼・沼沢地の遊水を集めて一本の河川にまとめる低水工事で、舟運路を目的とするものであったろうとされている。

寛永十七年（一六四〇）には、太日川の中流・金野井辺から北方の関宿に向かって河道の開削に着手している。これがのちの江戸川であるが、正保四年（一六四七）には竣工している。

これとほぼ期を同じくして、利根川と渡良瀬川が合流して太日川に落ちていた流路を、権現堂の北で直角に東に曲げて関宿で江戸川の流頭と結び（権現堂川という）、その結節点から北に逆川《さかさ》を拡幅して関宿の北で常陸川の上流と結んだ。この完成が、寛永十八年（一六四一）といわれている。しかし、逆川の拡幅は当事者の意図と期待に反し、常時権現堂川の水を常陸川上流に落としえなかったばかりでなく、逆川と常陸川の平水《へいすい》の涸渇が起こりはじめたのではないかと、小出氏は推定している。

また、利根川と流域を異にする鬼怒川は、ほぼ平行に流れる小貝川と合流し、竜ヶ崎を経て藤蔵《とうぞう》付近で常陸川に流入していた。この鬼怒川と小貝川を分離し、小絹村と大井沢村の間の丘陵を掘割って常陸川上流に合流させたのは、寛永六年（一六二九）であったという。これによって、鬼怒川の常陸川への落口は約三〇キロばかり上流に移り、常陸川上流の水量は増加して、大船の上流までの航行が可能となった。

そこで最後に残る問題は、この鬼怒川合流点から関宿まで、常陸川最上流部での水量不足である。これは承応三年（一六五四）の赤堀川三番堀工事によって、利根川の水が初めて赤堀川を通って常陸川流頭に流入することで解決された。ここにはじめて、常陸川下流の銚子方面から高瀬船・艜《ひらた》船のような大型船の江戸直航が可能となった。

赤堀川の開削は、利根川本流を東に移すためのものではなく、常陸川へ舟運に必要な水量を送るこ

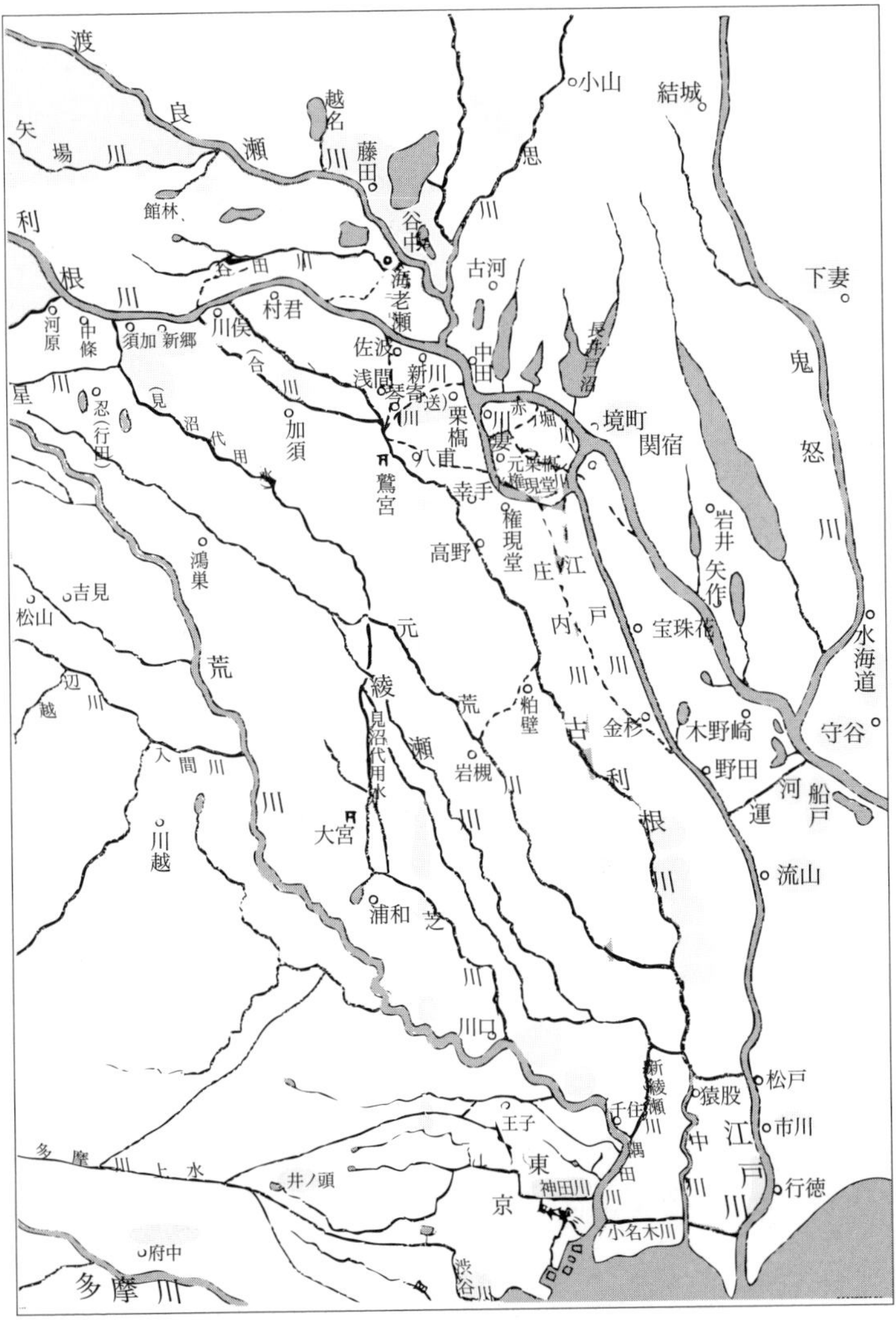

図 **24**　関東河川図（『利根治水論考』を修正）

とが目的であったのである。

このように、利根川を中心とする関東平野の河川改流工事をみてくると、元和七年（一六二一）頃に始まり、ほとんど寛永期に集中して行なわれたことが知られる。また前述のように、東北・北関東諸藩の江戸廻米が本格化するのも、この寛永期からであった。これは単なる偶然の一致であろうか。近世初期の関東河川の改流工事の問題を考えるとき、東廻り海運の発展、特に東北および北関東諸藩の江戸廻米の強い要請を抜きにしては論じられないことは明らかであろう。

銚子の川口テンデンしのぎ

このような幕府の改流工事によって、利根川と常陸川筋とが結びつけられて、江戸への川船航路が成立すると、新しく利根川の川口となった銚子湊の地位が俄然重要となってくる。これまで常陸国那珂湊に入港して、内陸水運と陸上路とを組み合わせたルートを使っていた東北諸藩は、今度は直接に銚子湊に入港するようになってくる。しかし、はじめは銚子川口を入った廻船は、北浦と霞ヶ浦の接点にある潮来《いたこ》まで遡行して、ここで川船に荷を積み替えていたといわれている。それは、潮来に東北諸藩の蔵屋敷が設けられていたことにもよるが、最大の理由は、川船の調達の便利さにあったと思われる。しかし、その後、下利根川付近の村々に川船が増加し、銚子湊で積み替えの川船が調達できるようになると、各藩の蔵屋敷は次第に銚子に移っていく。

図 25　銚子湊付近図（『利根川図志』）

『銚子港沿革調』によると、「正保年中より銚子廻米次第に多く、承応年中荒野村ニ陣屋を置」とあって、仙台藩の廻米船は、正保年中から銚子に入港するものが多くなり、承応年中には、銚子荒野村に蔵屋敷をおいて常に役人を派駐させていたという。

また、相馬藩も寛文八年（一六六八）には銚子に廻漕するようになり、寛文十年には、河村瑞賢によって銚子に「務場《つとめ》」（役人出張所）の一つが設置され、東北地方の天領から江戸へ送る幕府城米輸送船が必ず寄らなければならない寄港地の一つに指定された。

こうして銚子湊は、東北地方から江戸への廻船の寄港地として、また利根川高瀬船への積替え地、いわゆる「内川廻し」ルートの中継点として、東廻り海運の「湊」であると同時に、利根川水運の「河岸」としての機能を備えて発展するのである。

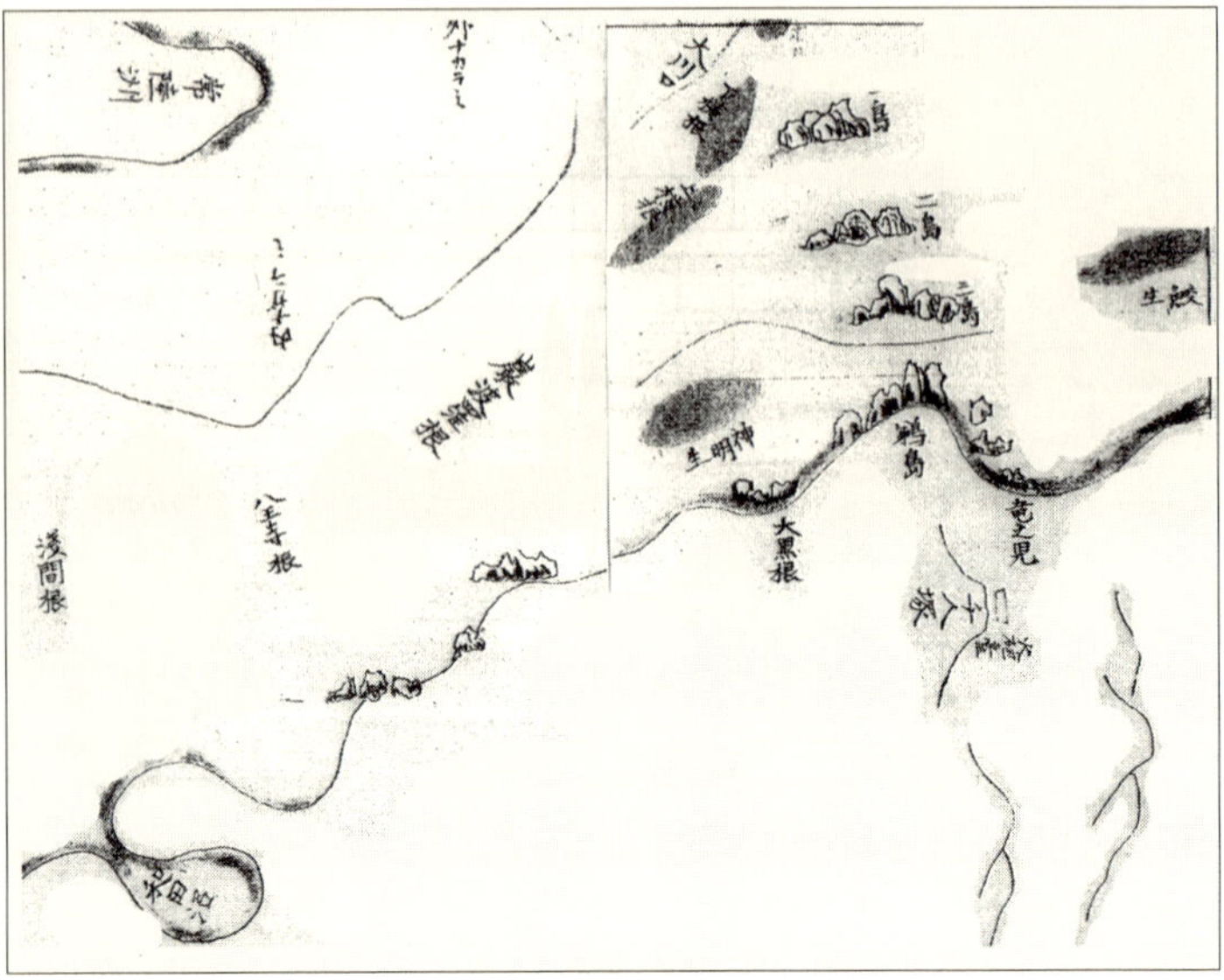

図 26　銚子湊暗礁図（『匪海探奇』　国立国会図書館蔵）

「銚子」という名称は、近世の村名・郡名でもなく、ただこの地方の漠然とした呼称であった。すでに近世から「銚子」の範囲はどこまでかという議論があり、諸説が出されたが、利根川に面した飯沼《いいぬま》・新生《あらおい》・荒野《こうや》・今宮《いまみや》の四ヶ村がその中心であることには異論はなかった。そして、ここがまた「銚子湊」の中心でもあった。

湊の入口は、利根川の川口であるが、その先の海中には「一の島」「二の島」「三の島」などという岩礁や、「鮫《さめ》生」「神明生」「下横根」「上横根」などの暗礁があり、川口に入ってからも「岩はら根」「八王寺根」「浅間根」「鯨根」などという暗洲があった。

銚子の対岸波崎の先には、港口に向かって曲折した「ナガラミ」という砂堤があり、長さは二〇〇間（三六〇メートル）余もあって八手網五、六張も晒すことのできる網干場であった。台風や洪水などの時は一部流失欠損することもあったが、またしばらくすると河中の土砂が溜って元通りとなった。「ナガラミ」に沿った所は、水底が非常に深く、千石積以上の大船でも容易に通航することができたという。文化四年（一八〇七）に清国の商船が銚子沖に漂着し、乗組員を救助した事件があった。破船を港内に引き入れて焼き棄てたが、余材が水中に残り、蠣《かき》貝や流砂が付着して浅瀬となり、これを「唐人瀬《とうじんせ》」といった。また、飯沼村地先の河中には「段原《だんばら》」という蠣貝と土砂からなる暗洲も広がっていた。

このように、銚子湊の川口には岩礁や暗洲が広がり、それがまた波浪や洪水などによって変化していたので、廻船の入港は容易ではなく、天候によっては大きな危険さえともなった。この地方で言われている俚言に、「銚子の川口テンデンしのぎ」という言葉がある。これは川口を通る時は自分の船をあやつるだけが精一杯で、他人のことなど構っていられないという意味である。

この川口の危険を避けるため、いくつかの安全施設が考えられていた。その一つに「汐時袋《しおどきぶくろ》」があった。これは幡ノ台という川口千人塚の東南に当たる丘陵の上に、長さ一〇間（約一八メートル）ばかりの木の竿を立て、この上に「吹流し」（汐時袋）を揚げて、入港しようとする廻船に潮時を知らせるものであった。ここには常時番人を置いて、湊口の安全な満潮時には袋を高く揚げ、潮の時期がまだ到来しない時は竿の半ばに揚げ、干潮で危険なときは袋を下した。「汐時袋」の恩恵に浴する船には、仙台藩の廻船が多かったので、番人の給料（年間御米三人扶持と金五両）と、「汐時袋」の施設費用は仙台藩が負担していた。

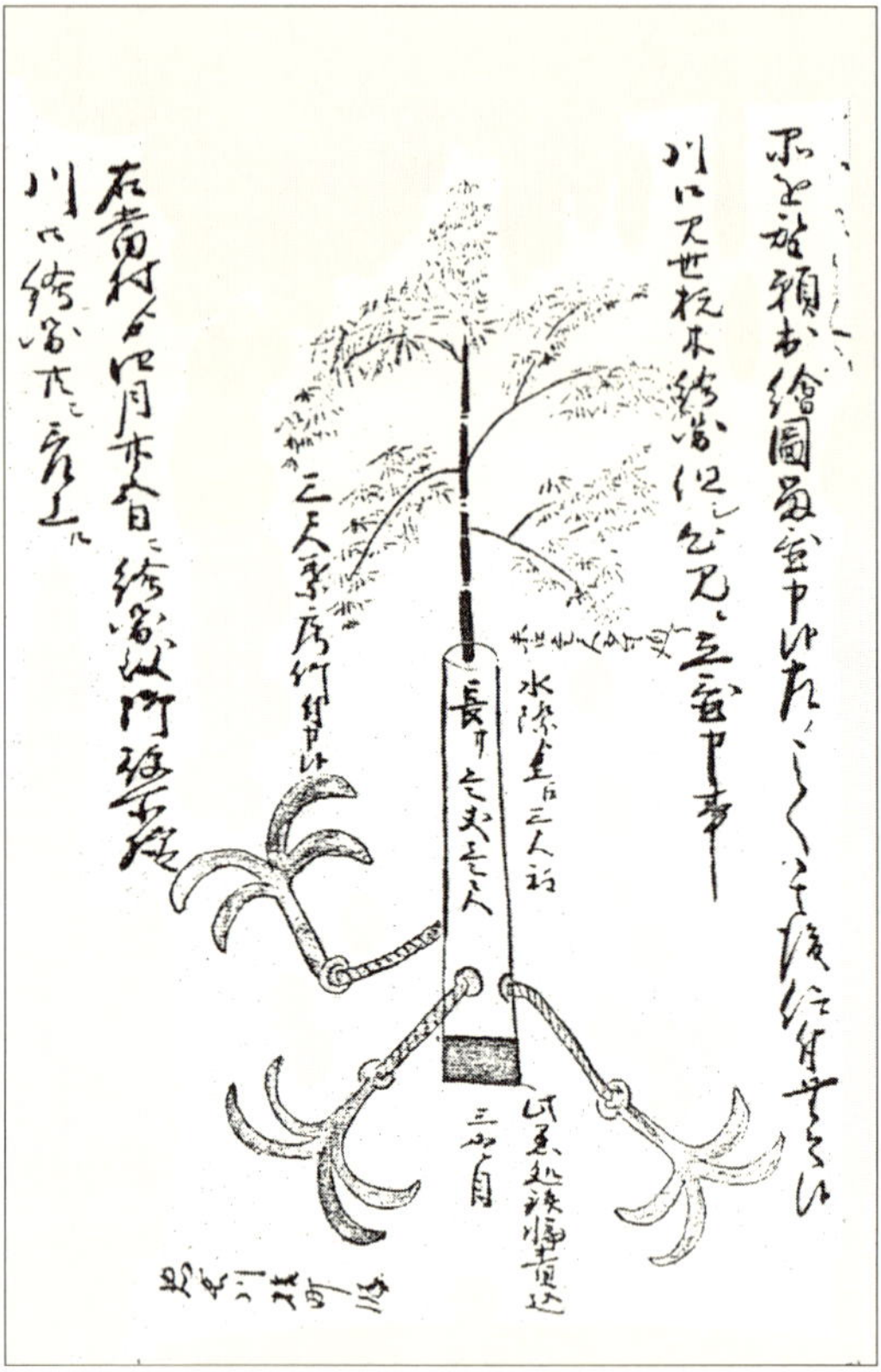

図27 「見世杭木」(『後代集』)

また宝暦三年（一七五三）には、五味藤四郎という人が江戸の幕府勘定所へ願い出て、銚子川口の浅瀬や暗礁を知らせる標識として「見世《みせ》杭木《くいぎ》」（図27参照）を立て、その費用として入港する廻船より帆一端につき三二文の役銭を取り立てたいと申し出た。

幕府勘定所は、これが安全施設として有効であるかどうかと、銚子荒野《こうや》村の御城米役所および問屋中に諮問した。しかし、問屋連中はあまり乗り気ではなく、これは廻船の入港の役には立たないと回答したので、この願いは許可されなかった。このように常設許可にはならなかったが、試みに「見世杭木」を一時は立てておいたこともあったという。文化年間から浅瀬となった「唐人瀬」へは枝葉の付いたままの松木を立てて、目標としたこともあった。

しかし、このような不完全な安全施設では、慣れない沖船頭では銚子入港は困難であった。そこで、川口の水先案内をする「引船」が生まれた。「引船」がいつ頃から始まったかは明らかでないが、幕末には仲間を結成しており、嘉永年間には引船仲間二五人がいた。この仲間は「引船分一」と称して藩船一艘に一〇〇文、商船よりは一一五文を取り立てて、領主に運上として納めていた。引船賃は、諸藩の廻船の場合は一艘につき銭二貫三〇〇文、商船の場合は季節により差があり、四月から九月までの夏期は一艘につき銭二貫三〇〇文、十月より三月までの冬期は銭二貫六〇〇文の定めであったという。

湊の機構——御穀宿から小宿まで

御穀宿

東北諸藩廻米を取扱う問屋を「御穀宿《おこくやど》」と称した。「御穀宿」は、廻米の陸揚げや御蔵への出し入れ、あるいは高瀬船に積み替えて江戸へ廻漕するなど、藩の廻米に関する一切の業務を取りしきった。「御穀宿」は倉庫を持ち、蔵を持たない藩の廻米を収納して蔵敷料を受け取った。幕末期、荒野村には藩所属の御蔵が、仙台藩二棟、米沢藩一棟、磐城平藩三棟、笠間藩一棟あり、この他の藩は穀宿の倉庫を借り上げて使ったという。

銚子湊までの廻漕の途中でできた濡米《ぬれまい》の売り払いも、穀宿の仕事であった。濡米ばかりでなく、米相場によっては銚子で払米《はらいまい》になる場合もあり、その時は出張して来ている藩の役人と相談し、穀宿より通知を出して仲買を呼び集め、入札をして売り払った。払米の手数料は「波米」と称して、売払代金一両に付き米一升の割で穀宿が受け取った。このような「御穀宿」は、幕末には荒野《こうや》村に信太清左衛門、信太権右衛門、鵜月庄蔵、大里庄次郎、寺井市郎兵衛、今宮村に宮内与惣左衛門の六軒があり、それぞれ諸藩より手当として四、五人扶持あるいは二、三人扶持を与えられていた。

幕府領からの廻米を「御城米《ごじょうまい》」といい、荒野《こうや》村の大野喜惣太が一手にこれを扱い、幕府より五人扶持を給与されていた。

「御穀宿」の仕事の詳細を、文政元年(一八一八)に「御穀宿」行方屋茂兵衛が奥州棚倉藩の役人の質問に答えて書き上げた「覚」によってみてみよう。

藩の廻米船が銚子湊に入港すると、「入船賃」として一艘につき銭二貫三〇〇文を廻船から取り立てた。これは前述の「引船賃」等で、同時に入港する船数の多少や、その時々の天候・風向などにより多少の増減があった。廻船が無事着岸すると、いよいよ廻米の陸揚げとなる。「陸揚賃」は米一俵につき銭三文ずつであった。陸揚げされた廻米は穀宿が請け取って「升廻《ますまわ》し」を行った。これは送られて来た廻米が、確かに送状に記された量だけあるかどうかを検査するもので、一斗枡《ます》を用いて量られた。大俵は一俵三斗九升入り、小俵は一俵三斗二升三合五勺入りが規定量とされ、不足した場合は、

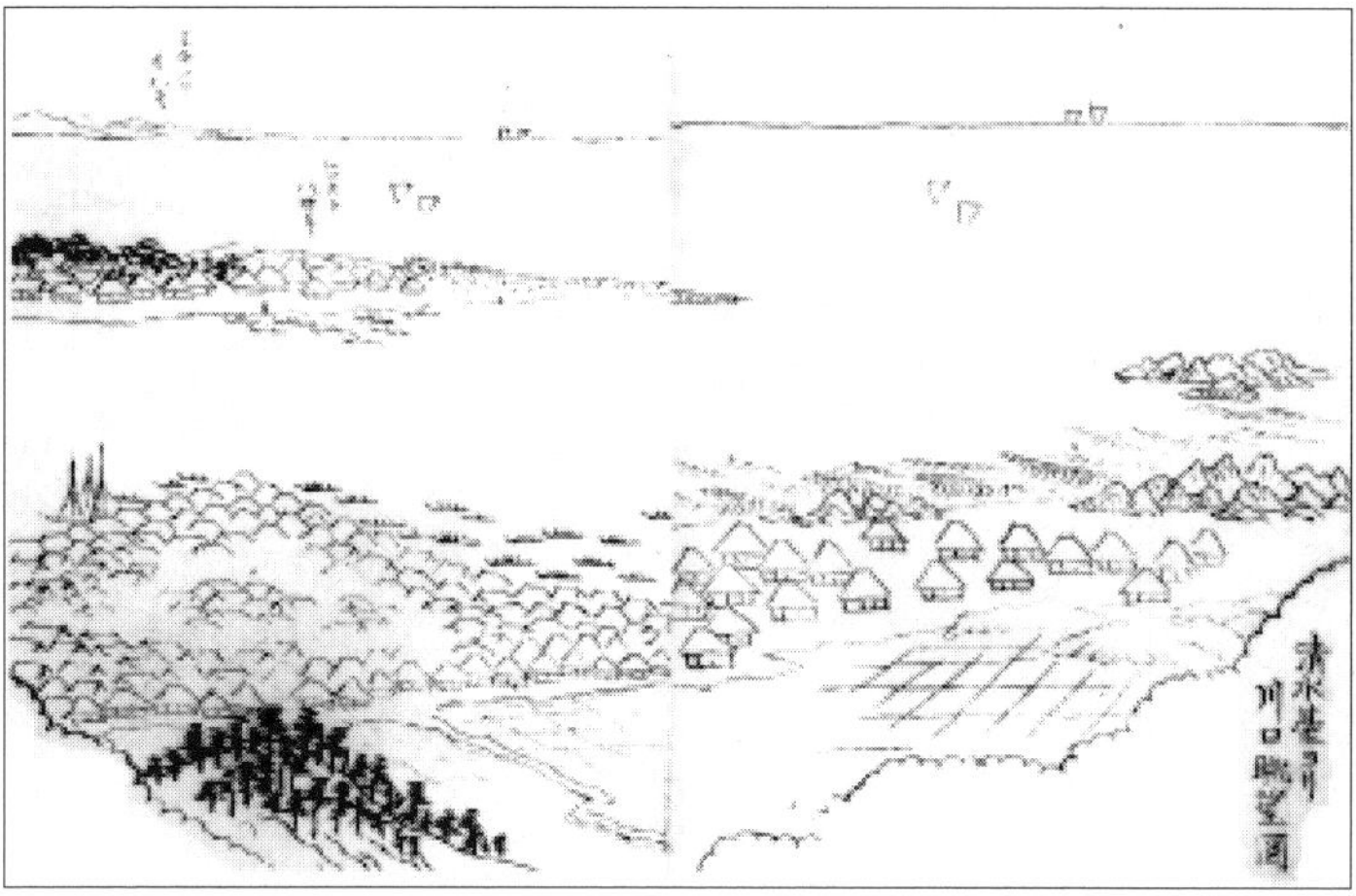

図28　銚子・利根川河口（『下総名勝図絵』）

廻船から弁米あるいは弁金を取り立てて、藩に上納した。米俵の目方も検査し、四〇〇目一升より軽い「軽俵《かるだわら》」のできた場合は、「差米《さしまい》」といって差額を米で取り立てて上納した。

また、海上輸送中に水濡れなどでできた「濡沢手《ぬれさわて》」米は、一〇〇俵につき一〇俵、すなわち一割までは免除となったが、それ以上の分は廻船の船頭から弁償させた。しかし、海路は無事に湊の沖合まで着いたが、入港のときに風波などによって濡れるなど、事実が明白の場合は、弁償についても多少寛大な処置がとられた。

廻米の船賃は、一部が出港時に支払われ、残りの大部分は帰船してから出港地で支払われることになっていたので、種々の弁金・弁米がある場合、船頭が万一支払わずに帰船してしまっても、御穀宿の出す廻米請取証文がなければ残りの船賃を請け取ることができなかった。

廻船の船頭・水主《かこ》等乗組員に故障のあった場合は、別に「船宿」（後述）があって、この船宿の者が出て処理することとなっていた。

陸揚げされた廻米は、「升廻し」（量の検査）をされてから一時蔵に入れられる。「蔵入賃」は一俵につき銭二文、蔵敷（倉庫料）は、一ヶ月に大俵一俵につき四文、小俵一俵につき三文であった。数日の短期間であるため倉庫に入れず、河岸に積んで囲っておく場合は、昼夜番人を付けておくので、番人への酒代として一人につき銭一〇〇文、昼夜の場合は二〇〇文、その他に薪代として一夜につき銭五〇文、また、夜は藩の紋章入りの高張提灯を立てておくので、蠟燭代一夜銭一〇〇文という費用がかかった。

こうして一時倉庫に入れられ、あるいは河岸に積んでおかれた廻米は、高瀬船が調達できると、倉庫より出され、船積みされて利根川を遡り江戸に送られる。「蔵出し賃」は米一俵につき銭一文、高瀬船に船積みするための「陸下賃」は米一俵につき銭一文五分であった。船積みされた高瀬船の運賃は、川船の航行が利根川の水量等によって左右されるので季節によって多少の差があり、十月より二月までの冬期は米一〇〇石につき金五両三分、三月より九月までの夏期は米一〇〇石につき金五両一分の割合であった。高瀬船の運賃はすべて銚子払いとなっており、江戸納めの時は「枡回し」をして、前述と同じく大俵三斗九升、小俵三斗二升三合五勺に不足の生じた場合は高瀬船の船頭が弁米することとなっていた。

また、銚子に藩役人が出張していないときに、廻船や高瀬船の難船などがあった場合は、「御穀宿」

はさっそく江戸表の藩邸へ飛脚を立てて報告し、藩役人が到着するまでは適宜処理をした。そして、利根川中流の小堀《おほり》河岸までの区間でおきた事故は、銚子湊の「御穀宿」が処理するが、それより江戸までの間は、その場所場所の問屋が出て処理することとなっている。このような難船等の時、その場所の領主役人や村役人などに世話になった場合は、程度に応じて藩より謝礼を出すことが常であった。

新米廻漕の時期になると毎年銚子湊に出張してくる諸藩の役人は、着任するとすぐに銚子の領主である高崎藩陣屋に「御見舞」に参上し、「郡方・津方兼帯御奉行」と「御代官」、「村名主」にそれぞれ鼻紙一〇〇〇枚、「組頭」一人につき六〇〇枚ずつの贈物をすることが慣例であったという。

廻船問屋・気仙問屋

「御穀宿」が、諸藩の廻米を一手に扱っていたのに対して、東北地方から廻漕されて銚子に入港する一般商荷物を引き請けて扱う問屋を、「廻船問屋」といった。この「廻船問屋」は、銚子では「気仙問屋」とも呼ばれたという。おそらく気仙沼辺からの荷物が多かったためであろう。この問屋がいつごろ成立したか明らかではないが、はやくとも東北からの廻船が銚子湊に多く入港するようになる承応・寛文期以後であったろう。安永期には問屋仲間を結成しており、安永五年（一七七六）からは問屋冥加として毎年金十五両を領主に納めていた。その数は文化文政期には荒野村に三軒、新生村に一軒の合計四軒であったが、天保九年（一八三八）には一軒減って三軒となった。

廻船問屋の扱う主な商品は、蝦夷松前産の鮭、鯡数子《にしんかずのこ》、仙台・南部産の鰯〆粕《いわししめかす》、小アカ粕、生鮪、鰹節、骨粕、干鯣《ほしするめ》、魚油、昆布等の海産物で、米・雑穀、材木等がこれに次いだ。また松前藩・水戸藩等の諸藩の国産物も、廻米を除いては「御用荷物」と称して、この問屋が取り扱った。

廻船問屋は、このような商荷物を積んだ商船が入港すると、「御穀宿」と同じように積荷に関する一切の世話をした。特に荷主が銚子で売り払うことを希望する場合は、仲買を集めて入札や相対《あいたい》で売買値段を決め、問屋立会の上商品を引き渡した。荷主と仲買の間で値段が折り合わない時は、再び高瀬船に積んで江戸に送るか、蔵敷を払って倉庫に入れておき、相場を見合わせて売り払った。この時に問屋が受け取る口銭は、「五十集物《いさば》」と呼ばれる海産物は価格の四分（四％）、穀類は二分五厘（二・五％）で、高瀬船によって江戸に廻漕される場合は運賃の一割（一〇％）を受け取った。

穀仲買と干鰯買次宿

売払い荷物を買い請ける「仲買」は、また、「穀屋仲間」ともいった。入港した諸藩の廻米を銚子で払い下げるとき、穀物商人を呼んで入札させ、あるいは濡米などを売り払ったので、元禄・宝永頃から穀商人が増加し、自然と「穀仲買」の名が生まれたのである。その後、正徳年中（一七一一～一五頃）、高崎藩主間部越前守の領地のときに仲間を結成し、安永四年（一七七五）より冥加金として毎年金一五両を領主に上納することとした。この時に仲間株数も定め、飯沼村二〇人、新生村一三人、荒野村八二人、今宮村三九人で総株数一五四株とした。これらはまたいくつかの組に分かれていたが、その内の八組四〇株（組の名は角十組、山工組、山三組、山中組、山木組、角星組、金小組、金虫組）は米穀をはじめ五十集物《いさば》などすべての商品を扱った。残りの一一四株は、米穀のみを扱う仲買であった。これらは、諸藩の廻船や商船が入港すると、「御穀宿」や「廻船問屋」から通知のあり次第出張して入札を行なった。入札には、荷物のすべてを陸揚げして点検した上で入札する場合と、見本として一部のみ陸揚げして行なう入札とがあり、どちらを選ぶかは荷主の意向で決まった。入札によって荷物を引き取った仲買は、これをまた江戸や各地の商人に送った。この時の仲買の口銭は、五十集物で五分、穀類は二分の割合であった。

ここに文化八年(一八一一)の二月、銚子今宮村の仲買山中弥七から、下野国芳賀郡高根沢村向戸の阿久津半之助に送った一通の手紙がある。これは阿久津半之助が〆粕・干鰯《ほしか》の買い付けを依頼したのに対して、山中弥七が銚子湊の仲買の様子や仕来《しきた》りを詳しく書き送ったものである。その内容を要約すると次のように書かれていた。

自分は南部・仙台の〆粕類、当地浜・鹿嶋浦・九十九里浜の干鰯買次宿をこれまでやってきた者である。さて、粕買入れのことだが、春はどこも干鰯〆粕の入用の時節なので諸方から買手が多く入り込み、旧年より値段が引締まる。買方は五月が過ぎて六月以後十一月までの間に買入れると、翌春になって相応の値が出ることが多い。今後多量に買付けられるならば、この時に買われると割が良いと思う。買次口銭は金一両につき銀一匁で、口銭の他は一切受取らない。次に、干鰯については粕と同様だが、相場は予測し難いもので旧年中に買入れた品でも、春になって却って値が下がることもあるが、まず旧冬に買入れた品は春に相場が出ることが多い。当地は浜方で漁があり、浜商人や網主がそれまで持っていた干鰯を損をしても売払うことがある。その時の買入れは特に安い。しかし浜方は金子が不足の場所なので、現金引替でなければ買えない。しかし、漁のない時は強気で、なかなか売らない。とかく浜商人の習いとして、江戸相場も聞き合せず、後の漁が見えれば安価に売払い、後の干鰯製造にとりかかるので、この時は思いの外の買物ができる。今後多く買入れるならば、前もって金子《きんす》をこちらに送られ、そのような折に買入れよう。当地の干鰯売買は一年中あり、江戸積も常にあって相場も変動するので、買方が一番大切である。干鰯買入れの浜方は、当地では飯貝根《いかいね》浦、外川《とがわ》浦、名洗《なあらい》浦、また常陸原、鹿嶋浦、九十九里浜、あるいは上総浦、房州浜があるが、房州・上総は遠方である。江戸への船積運賃は、「〆粕百俵ニ付銀百匁、干鰯百俵ニ付銀七拾五匁」と定められているが、船切れの時、天候悪く風浪の激しい時、あるいは急ぎ荷物などはこの運賃では積まず、それぞれ百拾匁、八拾五匁となる。積船は、高瀬船・房丁船で、五十石積から四百石積以上まで種々の種類がある。境・関宿積の運賃は、原則として江戸行運賃の割合だが、江戸積より割安である。また常州府中、高浜河岸までの運賃は、「〆粕百俵ニ付銀四拾匁、干鰯百俵ニ付銀三拾五匁位、米百俵ニ付銀四拾匁、其外大豆・小麦・小豆不二何寄一穀物四拾匁之割」で、高浜河岸から府中まで半里余の馬付駄賃は、一駄に付き銭五〇文である。境河岸より銚子までの米類の返り船賃は、一俵に付き銭三二文〜四〇文位、江戸までの穀類運賃は百石に付き金四両一、二分より五両一、二分位で、冬川は高値、その他は時の状況による。買宿口銭は一五両に付き銀一五匁ずつ、穀物売口銭は一両に付き二升で、別に宿への礼などはない。

これが手紙の大要だが、これによって穀仲買・買次宿などと言われた者が、得意先荷主から金子を預り、相場を見ながら粕・干鰯や米穀類を買い占め、荷主の指示によって江戸・関宿・高浜等の各地へ積み送っていた様子が知られよう。この業務によって、穀仲買は買次口銭《こうせん》を得ていたのである。

船宿・小宿

仲買の手に渡る海産物や穀物は、地元産のものもあったが、多くは蝦夷地・奥羽産のものであった。蝦夷松前や奥羽地方から商品を積んで、銚子湊に入港する廻船は秋期が多く、特に十一月以後に入港した廻船は、翌年の二月十五日以後でなければ出港しなかった。その間は海が荒れることが多く、風波の危険があったからである。廻船が銚子湊内に停泊している間、沖船頭・水主《かこ》等乗組員の宿舎となり、食事などから日常生活の一切の世話をするのが、「船宿」であった。

「船宿」は、また「小宿」とも呼ばれた。天保年間には荒野《こうや》村に三〇軒、安政年間には二五軒あり、仲間を結成して文化年中より冥加金として年々金三両を領主へ上納していた。安政・文久年間以前は湊内に停泊する廻船が多く、多い時には三〇艘以上、少なくとも一〇艘を下ることはなく、数ヶ月以上も停泊する廻船も多かった。その間、乗組員は「船宿」に宿泊し、日常生活用品の購入から船具の補充、船の修理まで、船宿が斡旋した。

しかし、船宿は仲買を兼業することを堅く禁止されていた。それは、廻船の乗組員が積荷の一部を抜き取って密売することがあり、船宿がその周旋をすることもあったからであるが、このような悪風はなかなか絶えなかったという。

冬を銚子湊で過ごした廻船は、春になって天候が安定すると、湊を出航して帰路についた。その時には、江戸からの下り荷である古着・砂糖・荒物などの日用雑貨を買い入れて積み帰るのが常であった。この帰り荷物の斡旋をしたのは廻船問屋であった。

海の船から川の船へ

以上のような銚子湊の廻船問屋・御穀宿・船宿の機能を一手に備え、その上に川船の船持でもあったのが利根川の河岸問屋であったともいえよう。しかし、銚子は海の湊と河岸とが一体となっていた所なので、それらの機能は分化して独立し、川船の船持もまた別にあった。

享保十一年（一七二六）に高崎藩が銚子領十七ヶ村の川船を調査したところによると、表2のように高瀬船一三九艘、艜《ひらた》船一六艘など合計二六三艘もの船があった。このうち、高瀬船、小高瀬船、艜船などが主な荷物積船であるが、これでもなお銚子湊に入港した廻船から荷を積み替える川船に不足する場合があり、近隣の河岸の高瀬船を呼び集めたり、銚子へ荷を運んで来た旅船を急きょ雇ったり

表2　享保11年高崎藩銚子領船数表

積荷船		二六三
	高瀬船	一三九
	伍大力船	七三
	ちょき船	二六
	艜船	一六
	茶船	五
	渡船	二
	小高瀬船	二
漁船		四九一
	八太船	三三六
	縄船	二一
	鰹船	一四

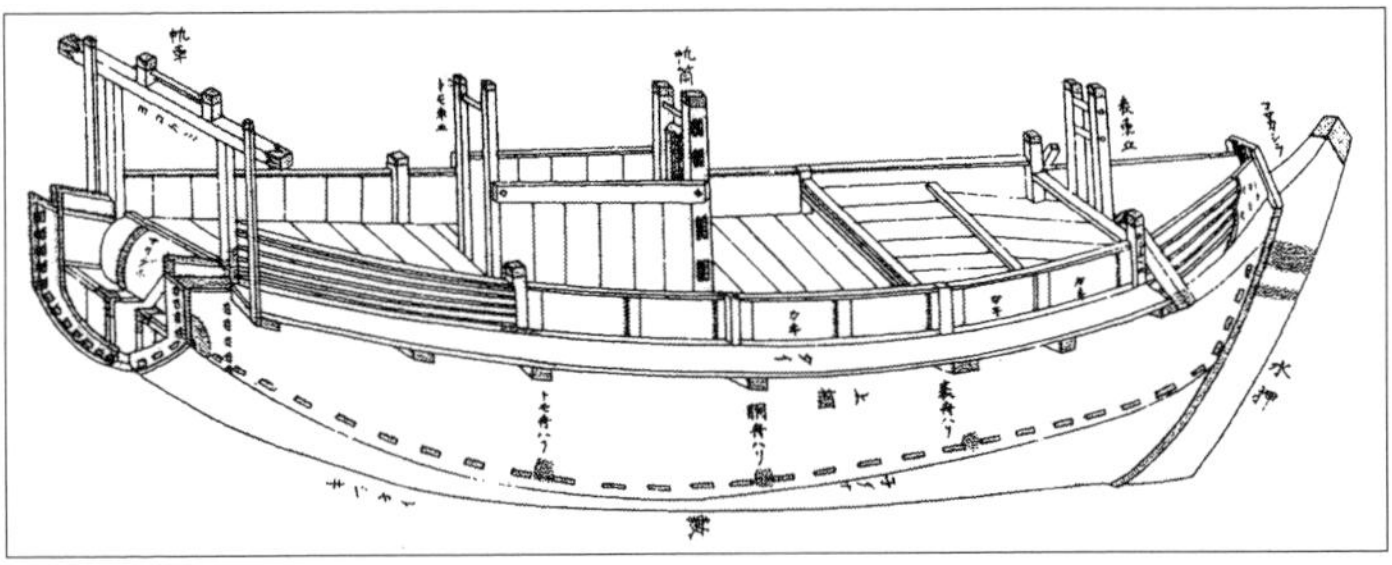

図29　五太力船（『船鑑』）

して間に合わせた。特に銚子より少し上流の野尻《のじり》河岸には、二六艘の高瀬船があり、銚子に下って廻船よりの荷物を積み請けた。

享保二年（一七一七）の暮、板倉出雲守領分奥州福島領の廻米が銚子湊に入港し、内川廻しで江戸に廻漕されることになった。これまではこの藩米の廻漕は銚子飯貝根《いかいね》の甚右衛門が一手に担当していたが、今回は銚子の川船が不足しており、どうしても高瀬船の調達ができなかった。このままでは廻米が年内の用には立たなくなり、江戸藩邸では非常に難儀するというので、上総東金村《とうがね》（当時、福島藩領）の清三郎の斡旋で銚子より少し上流の野尻河岸の問屋六兵衛に頼み込んだ。ちょうど野尻河岸に高瀬船が来ていたので、六兵衛は他の荷物を後廻しにして、船を銚子飯貝根に遣わして用立てた。これによって、廻米は

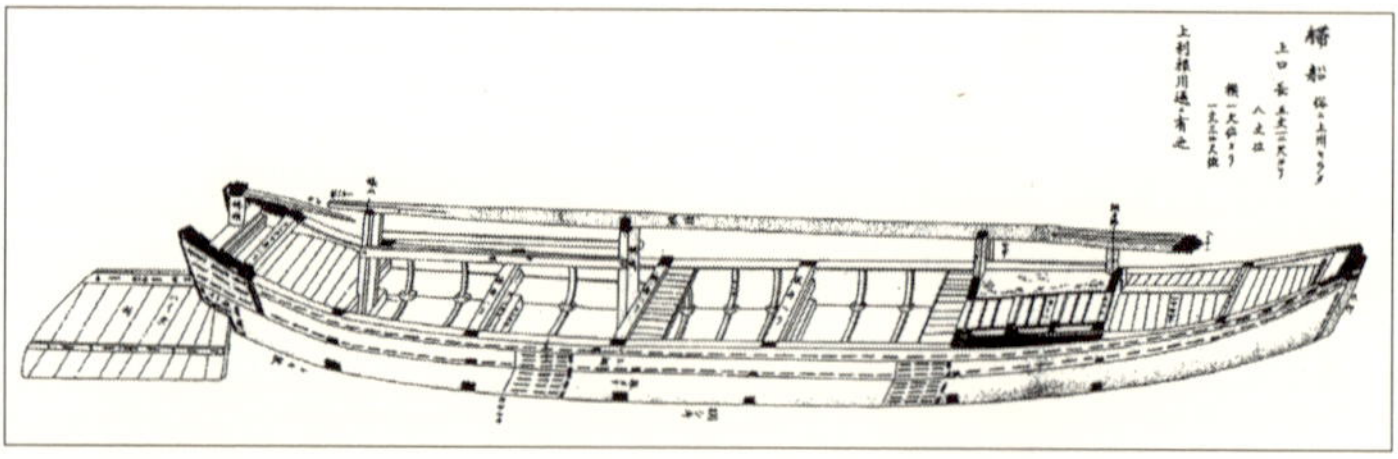

図 30　艜船《ひらた》（『船鑑』）

無事年内に江戸に廻漕されたので、福島藩の役人は大いに喜び、清三郎ともども問屋六兵衛を江戸に呼び寄せて褒美を与え、翌年から藩の廻米は一手に野尻河岸問屋六兵衛に取り扱わせることを申し渡した。

このように、銚子湊での川船不足は深刻な問題であった。福島藩の役人は、この高瀬船の調達難にはよほど困ったものか、その後、藩の費用で高瀬船一艘を建造して、その運営を問屋六兵衛に任せ、藩の荷物のない時は、一般の荷物を積んで稼ぐことを許可している。

幕末の文久三年（一八六三）、奥州筋幕府代官所からの城米を内川廻しで江戸へ回漕する川船運賃の値上げを願い出た書類に、銚子荒野《こうや》村の船差配人とともに、飯沼村、荒野村、そして野尻村の船持惣代が連名している。当時、奥州方面からの廻米の廻漕を、これら三ヶ村の船持が主として担当していたことを示すものであろう。

銚子は、付近の河岸をも含めて海の「湊」と「河岸」との機能を兼ね備え、東廻り海運と利根川水運とを結びつけて、一つの運輸体系をかたちづくる結節点となっていたのである。

第四章　江戸の河岸

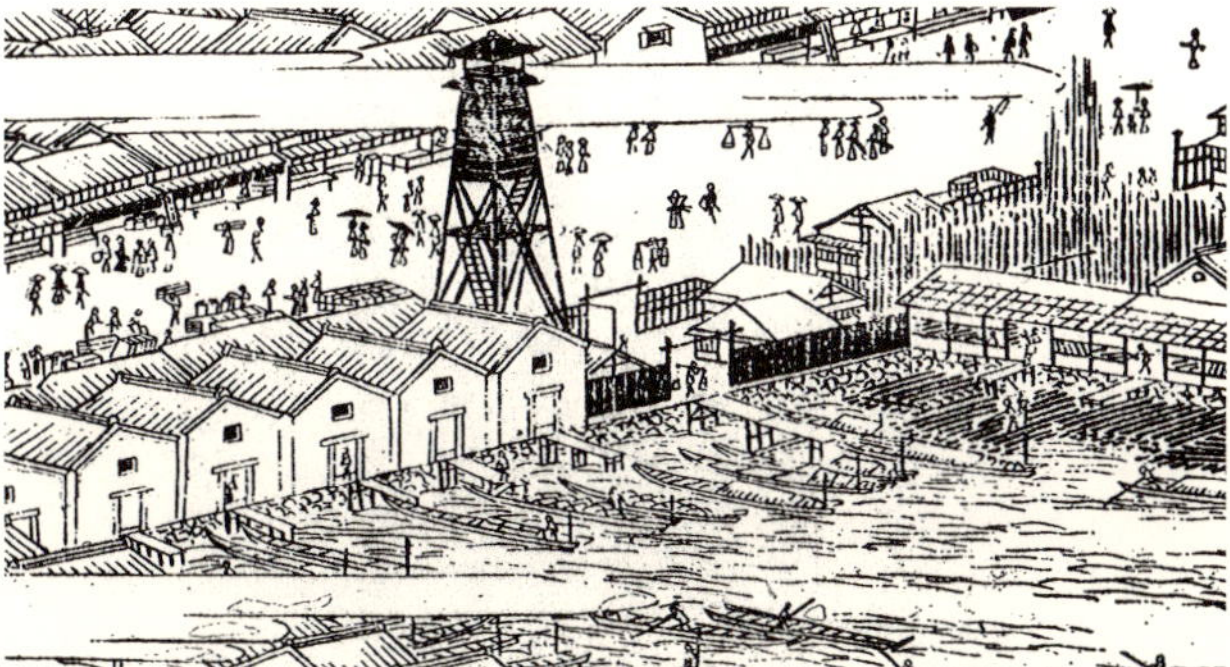

物流のターミナル

関東各地の河岸から多くの物資が送られてくる江戸にも、「河岸」があったはずである。近世後期の江戸切絵図を基本として書かれた『江戸・町づくし稿』（岸井良衛著、一九六五年刊）の目次から、河岸のつく地名を拾ってみると表3のようになる。

これをみると、江戸市中に総計七〇の河岸があったことが知られる。それも市中全域にあったわけではなく、特定の地域に偏在していることも知られよう。現在の区域でみると、最も多いのは中央区、それに次いで千代田区、江東区、台東区という順になっている。最も多い中央区の内の河岸をみると、日本橋から永代橋にかけての大川（隅田川）の出口に接続する堀川の岸に集中している。次に多い千代田区内の河岸も、日本橋から八重洲河岸へかけて、この延長である。次の江東区は小名木川・竪川が隅田川と接続する本所・深川であり、台東区は浅草蔵前を中心とする隅田川周辺であった。このよ

表 3　江戸の河岸（岸井良衛『江戸・町づくし稿』）

八重洲河岸	行徳河岸	山城河岸	（以上，文京区）
五合河岸	多葉粉河岸	薪河岸	石切河岸
道三河岸	竈河岸	蜊河岸	左衛門河岸
内河岸	浜町河岸	桜河岸	御厩河岸
さいかち河岸	東緑河岸	槇河岸	浅草河岸
小出河岸	西河岸町	大河岸	中河岸
ばんきの河岸	元柳河岸	山名河岸	（以上，台東区）
主水河岸	榑木河岸	山谷河岸	ざいもくがし
鎌倉河岸	木更津河岸	檜葉河岸	青物河岸
岩井河岸	塩物河岸	石川岸	（以上，墨田区）
宮様河岸	桐河岸	瓶河岸	芝翫河岸
（以上，千代田区）	竹河岸	解屋河岸	竹河岸
三日河岸	大根河岸	（以上，中央区）	仙台河岸
米河岸	槇河岸	棒屋河岸	稲荷橋河岸
塩河岸	桐河岸	薩摩河岸	入堀河岸
東河岸	日比谷河岸	赤羽ちょろ河岸	六地蔵河岸
鰹河岸	石河岸	（以上，港区）	（以上，江東区）
醤河岸	竹川町裏河岸	槇木河岸	
万河岸	出雲町裏河岸	お茶の水河岸	
末広河岸	数寄屋河岸	元町河岸	

うにみると、江戸の河岸は、大きく分けてこの三地域にあったことが知られよう。

しかし、なんといってもその中心は日本橋から永代橋へかけての地域であった。有名な魚河岸もここにあったが、その他に米河岸・塩河岸・鰹河岸・醤《あいもの》河岸・多葉粉《たばこ》河岸・桐河岸・竹河岸・薪河岸などという商品名を付けた河岸が多い。おそらく主に水揚げされる品名に由来するのであろう。また、行先の地名をつけた河岸もみられる。下総行徳への乗合船の発着所は「行徳河岸」であり、上総木更津湊への出船所は「木更津河岸」であった。

もちろん、これらの河岸には関東

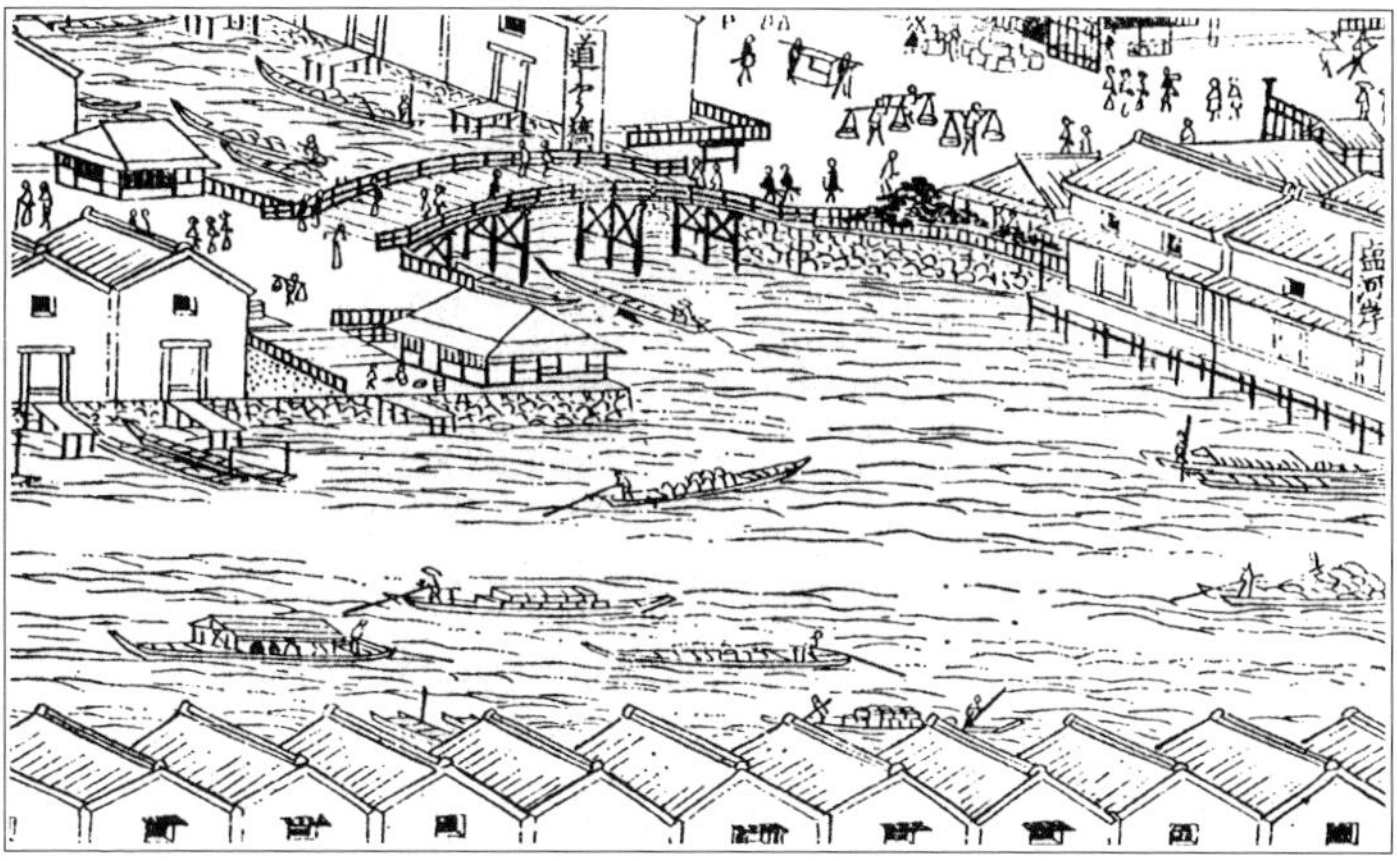

図 31 伊勢町河岸通・米河岸（左手対岸）, 塩河岸（右手）（『江戸名所図会』）

の河川水運路を通ってきた荷物だけが着くのではない。大川の川口や品川沖に停泊した廻船から積荷を下した艀下《はしけ》船や茶船も多く着くが、関東各地から江戸に入る水運の立場からみれば、やはり日本橋から永代橋へかけての河岸が重要だった。特にその中心は日本橋小網町であった。そこには、後に述べる「奥川筋船積問屋」と「奥川艀下《はしけ》宿」が軒を並べていたからである。

河岸地・物揚場と掘割

しかし、江戸に入った諸荷物は、このような「河岸」だけに水揚げされるのではなかった。文政年間に幕府が編纂した『御府内備考』をみると、各町内に「河岸地」「物揚場」と称する場所を持つ町が多くみられる。

「河岸地」と「物揚場」との区別は明らかではない

が、共に川船から諸荷物を揚げ下げする場所であることには変わりがない。これが前述の「河岸」の他にあるのである。これを現在の区域ごとに拾ったのが表4である。

これをみると、江東区・台東区に多いのは河岸と同じである。

文京区・新宿区は神田川に沿った町で、神田川はもと細流であったが、万治三年（一六六〇）に仙台藩主伊達綱宗が幕命によって開削し、通船が可能となった。特に新宿区の1は、神田川上流に沿った牛込揚場町で、ここには次のような二ヶ所の物揚場があった。

河岸　南の方　間口九間五尺 奥行十弐間
　　　北の方　間口十七間 奥行十弐間

ここが山の手方面への諸荷物運送の拠点となっていた。

また、港区で「河岸地」等のある町は、主に芝金杉で海に流入している金杉川に沿った地である。金杉川は赤羽橋から上流を新堀川ともいい、いつ開削されたか不明であるが、寛文七年（一六六七）にはこれを掘り広げ、また延宝三年（一六七五）には川浚《さら》いを行い、元禄十二年（一六九九）にはさらに川幅一間を掘り広げて一八間となり、川口から渋谷まで通船が可能となった。

このように、幕府は江戸を本拠と定めて以来、江戸湊の築港と共に市中の細流を開削し、掘割を四方八方に掘り、舟運の便をはかった。これらの掘割・運河に面した町には、ほとんど「河岸地」「物

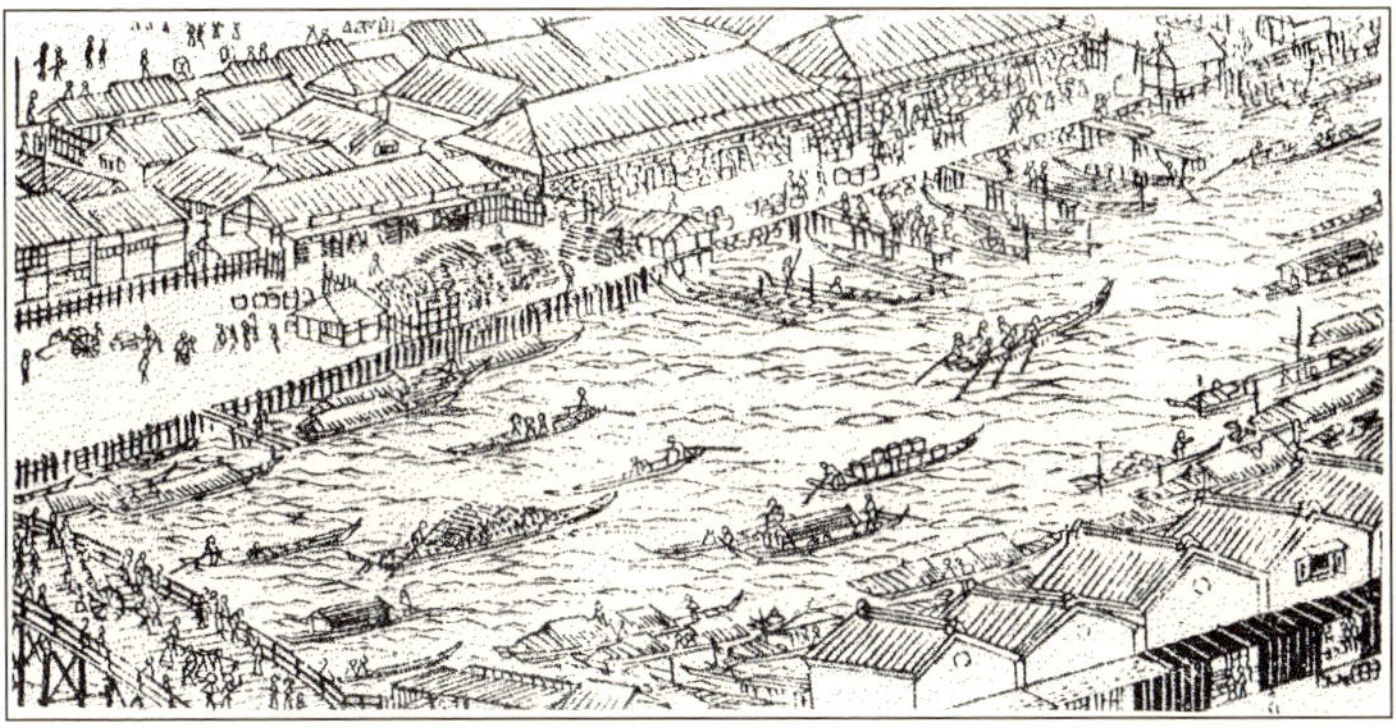

図 32　江戸の物揚場（『江戸名所図会』）

表 4　江戸の町内河岸地・物揚場（『御府内備考』）

	河　岸	河岸地	物揚場
千代田区	11	7	9
中 央 区	40		
港　　区	3	7	16
渋 谷 区	0		
新 宿 区	0	1	1
豊 島 区	0		
文 京 区	3	2	5
台 東 区	5	10	9
墨 田 区	2		
江 東 区	6	47	12
計	70	74	52

図 33　神田川（『江戸名所図会』）

揚場」があったといってもよいだろう。たまたま堀割に面しながら、河岸地がないと、大変不便に思われた。たとえば、深川伊勢崎町は、仙台堀に付いた地であったが、「町内河岸地無レ之、不弁ニ付地所借請候者無レ之、地主一同迷惑被レ致候」と、河岸地がないと不便なので土地の借り手がなく、地主一同は困っているという状態であった。ところが、たまたま正徳三年（一七一三）に大火で類焼したのを機に、地主たちが相談して屋敷の表通りを五間通り醵出《きょしゅつ》して道路とし、これまで掘割付の道路であった幅五間の地を河岸地にしたいと願い出て許可されている。

　このような「河岸地」「物揚場」「河岸」が、江戸の中でいつ頃から成立したかは明らかではないが、慶長八年（一六〇三）・同十七年（一六一二）に行われたと伝えられる江戸湊築港と共にできはじめたものであろう。「別本慶長江戸図」には、「荷物あげば」・「町人ものあげ所」の記載がみられ、「人見私記」寛永十二年（一六三五）の条には「ヤヨスガシ」（八代洲河岸）の名がみられる。また深川海辺大工町の河岸は、「元和之末、寛永之初」に奥川船の着岸地として取り立てられたという。

慶安元年（一六四八）の禁令では、河岸端に小屋や雪隠を作ってはならない、今あるものは取りこわすようにと命じ、河岸に薪を一間以上高く積んではならない、これらに違反する者は罰金一貫文を取るとしている。この頃になると河岸に簡単な倉庫が作られ、水揚げされた荷物が高く積まれるようになっていたことが知られる。明暦三年（一六五七）の江戸大火以後は、火災防止のための空地確保の目的で、河岸での小屋掛や荷積は厳しく禁止され、特に火災の後、河岸場に建てられた小屋は、早々に壊すようにと命ぜられている。

河岸によっては、倉庫を建てることを許可された所もあったが、そこでも軒の高さは四尺までとし、それ以上高い蔵は禁止された。しかしそれでも、近世後期になると立派な土蔵が軒を並べるようになってくる。文政七年（一八二四）には、拝領地・買請地を除いたすべての河岸地・物揚場に冥加銀が賦課されることとなり、河岸の広さに応じて一坪につき一ヶ月に銀一分の割合で上納することとなった。各町内の河岸地・物揚場が経済的負担にたえられるようになったのである。

「河岸」「河岸地」「物揚場」は、文字通り諸荷物の揚げ下しの場であり、船着場であったが、関東各地の水系にある「河岸」とは大分その様相を異にしていた。まず大きな相違は特定の河岸問屋がいないということである。そこには、広い空地か、物置場か、倉庫が建っているだけだった。そしてその先には普通の町屋が並んでいた。

船が江戸に入ると

では、関東各地の河岸から江戸に送られる荷物は、江戸に入ってからどのように送り先まで届けられたのであろうか。

まず近世初期から河川水運の主たる輸送荷物であった年貢米の内、「御城米」と呼ばれる幕府直轄領の村々から送られてきた年貢米は、高瀬船等に積まれたまま、隅田川に出て直接浅草御蔵の前に着岸した。また、各地の旗本領等からの年貢米は、それぞれ江戸の旗本屋敷あるいは指定の蔵まで運ばれた。たとえば享保六年（一七二一）、下総国匝瑳《そうさ》郡に領地を持つ旗本・池田帯刀の年貢米の場合、江戸に入ると艀下《はしけ》船に積み替えられて神田川に入り、水道橋で荷揚げし、それより屋敷のあった巣鴨まで荷車で運ばれた。この過程の輸送をすべて請け負っていたのは野尻河岸の河岸問屋であった。

これら年貢米以外の一般諸荷物は、江戸の入口中川番所辺より小網町までの間で艀下船に積み替えられ、市中の水路を通って届け先まで送られた。この関東各地から来た高瀬船等から積荷を艀下船等の小船に積み替えることを「附船《つけふね》」といったが、この業務を行なっていたのが「奥川筋艀下船宿」であった。「奥川筋」とは、江戸からみて利根川水系等を通して結ばれた関東各地から奥羽・信越方面

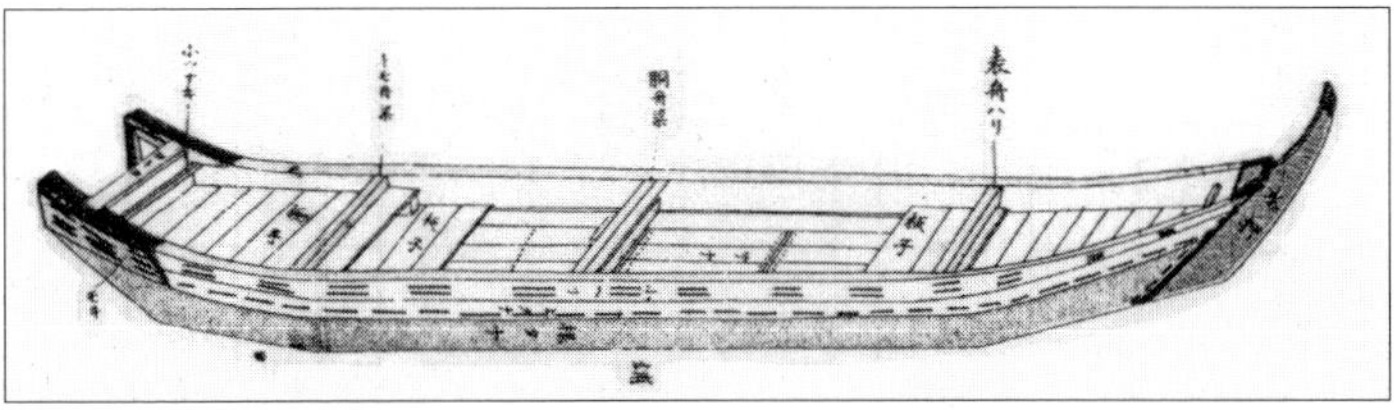

図 34　茶船（『船鑑』）

の荷出地を言うが、この「奥川筋艀下船宿」は、「川筋国々より御当地（江戸）江相廻り候武家方・町方荷物入津之節引受、荷品送り先江運送仕候業躰」で、茶船・艀下船等を所有し、明和七年（一七七〇）頃には江戸小網町を中心に百数十軒もあったという。

元禄九年（一六九六）、「附船」をめぐって一つの事件がおこった。この年の四月、下総佐原河岸の源左衛門船・久兵衛船が米を積んで江戸へ向かった。そして江戸川下流の行徳河岸から小名木川へ入った所で、江戸小網町の茶船が漕ぎ寄せてきて「附船」すなわち荷物の艀下をすると申し込んできたのである。この頃江戸小網町の艀下船宿の船は下総行徳辺まで進出し、江戸へ入る高瀬船の荷物を競って艀下《はしけ》積《づみ》していたので、これは普通のことだった。しかし、佐原の船頭はこれを断った。茶船の者は江戸へ入る御屋敷米・年貢米以外の商荷物はすべて自分たちが艀下することになっていると言ったので、佐原の両船頭はこれは御屋敷米だといって、日頃から佐原と関係の深い佐原屋庄兵衛の船に艀下させ、小網町一丁目河野市郎右衛門の蔵に水揚げさせた。これを知った茶船船頭は騙されたと思って怒り、佐原の両船頭を待ち伏せして大勢で襲いかかり、佐原船頭の一人久兵衛に傷を負わせた。そこで佐原船頭たちは襲撃の先頭に立った半四郎という者の五人組へ抗議を申し込み、五人組の組頭が一応詫言《わびごと》を述べて事済みとなろうとした。ところがちょうどそこへ来合わせた小倉治左衛門は、このような小網町茶船の者たちの理不尽な行為を内済ですますべきではない、公儀へ訴え出ようと言って内済を止めさせた。小網町茶船の者は、小倉治左衛門とは一体何者だと河野に問い合わせたところ、佐原村戸田山城守知行所の名主であるという返事で驚き、何とか訴訟にしないで欲しいと頼み込んだ。結局襲撃の主謀者半四郎の主人である小網町の艀下船宿・惣右衛門と家主八右衛門が連名で詫証文を書いて、事件は落着した。

この事件によって知られるのは、小網町の奥川筋艀下船宿が関東各地から江戸に入津する商荷物を引き受けて、所有する茶船・艀下船で送り先へ届けるのが一般的であったこと、しかも、同じ船宿や他の茶船持との競争の中で、全荷物の艀下稼ぎを独占しようとしていたこと、それに対して入津する高瀬船等の荷主・船頭は、自由に艀下船を選んで雇う権利を保持しようとしていたことである。

艀下宿の縄張争い

この後、小網町の船宿は「附船仲間」を結成して世話役三人を置き、目印の焼印を押した木札を作って銘々が所持し、関東各地から入ってくる高瀬船等を江戸の入口・中川辺で迎え、「中川其外御当地入口江出迎、売穀ニ候得ハ、右札を入、其船之穀物艀下積候筈ニ相極」と、積荷が商荷物であれば札を入れ、先に入れた者が艀下《はしけ》をするという、艀下船《はしけぶね》同士の競争を緩和し、艀下稼ぎの独占を強化しようとした。しかし、明和・安永期頃になると、小網町ばかりでなく深川海辺大工町などの艀下船も進出してくるのである。

深川の艀下船宿は、大川と呼ばれた隅田川にまだまったく橋がなかった頃、深川村と呼ばれていた地にあって大川の渡し船や諸荷物輸送に従事していたが、万治二年（一六五九）に両国橋が初めてできた時、時の代官伊奈半十郎より洪水や火災の時に両国橋の防御の役を命ぜられ、その代わりにこの橋の付近を「稼場《かせぎば》」として奥川筋や本所・深川への諸荷物の輸送を行なってきた。そして享保四年（一七一九）に両国橋東詰に役船会所を建て「両国橋御役舟艀下宿仲間」と称して小頭役三、四人を置いて仲間の取締りに当たってきたが、文化十一年（一八一四）には江戸町奉行に願い出て言上帳面に登載され、仲間として正式に公認された。その頃、本所竪川辺や神田川辺にできてきた小船宿も加入させて、惣仲間は七一人であったという。

これらの艀下船宿は、奥州筋からの荷物を引き受ける場合、特定の地域と深い関係を持つようになっていた。たとえば、海辺大工町の艀下船宿紋右衛門・文右衛門は、野州北猿田河岸・武州権現堂河岸等から送られてくる諸荷物を主として引き請けて艀下し、同五郎兵衛は武州幸手《さって》領・庄内領・越谷《こしがや》辺から出る諸荷物を引き受けるといった具合であった。明和七年（一七七〇）には深川艀下船宿が小網町辺まで進出し、小網町附船仲間と衝突する事件がおこり、訴訟となったが、その裁許では、「是迄之通り致し、荷物艀下方之儀ハ荷主並船頭上乗等、相対ニ而勝手次第」と、結局小網町附船仲間の独占権は認められなかった。

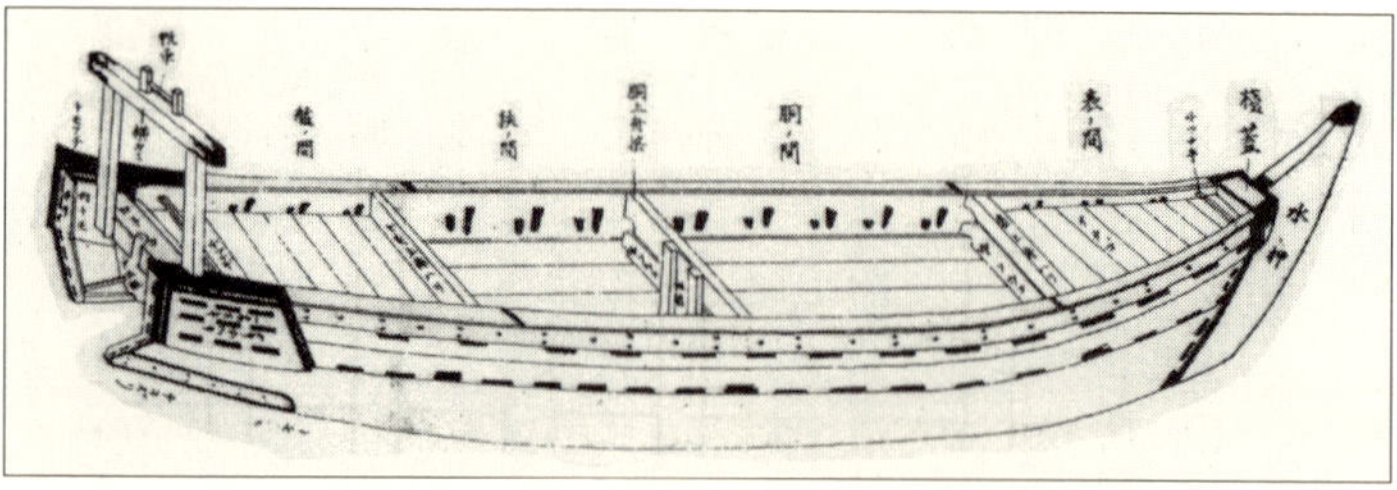

図 35　瀬取茶船（『船鑑』）

このように、利根川水系等の水運路を通って江戸に入津する諸荷物は、江戸市中にあって茶船・小船を所有する奥川筋艀下船宿・附船仲間等が引き受けて、送り先へ届けた。しかし、一部は高瀬船等で直接目的地に着岸し、あるいは荷主・船頭が直接艀下船を雇って届け先まで送る場合もあった。

奥川筋船積問屋

江戸へ諸荷物を積んできた高瀬船は、荷を下した後、帰りはどうしたのであろうか。なかには空船で帰るものもあったが、多くは「帰り荷」に再び関東・奥羽の各地へ行く荷物を積んだ。この積荷の世話をしてくれるのが「奥川筋船積問屋」であった。

この奥川筋船積問屋は、小網町を中心に、小船町・伊勢町・堀江町・箱崎町など、日本橋から隅田川にかかる永代橋にかけての地域にあり、寛延元年（一七四八）には三七軒、寛政十年（一七九八）には三九軒、嘉永四年（一八五一）には三六軒もあった。

江戸に入って荷物を水揚げし、空船になった高瀬船等は、それぞれ行きつけの奥川筋船積問屋に船を廻し、その近くの河岸に船を繋いだ。奥川筋船積問屋は、江戸の諸問屋・荷主等から関東・奥羽・信越へ送られる諸荷物を引き受け、これらの高瀬船に積み、関東各地の河岸問屋に宛てた送状を書いて送ることを業務としていた。しかし、自身では一艘の船も持たず、船賃の一割を「積口銭」といって積船より取り、これが収入であった。そして積船が江戸を出帆した後、関宿関所までの間で、もし破船・難船等があれば、報せの着き次第その場に急行し、諸事世話をする責任を持っていた。また、この船積問屋は、荷物送り先の地域・河岸がそれぞれにほぼ定まっていたのが特徴であった。たとえば、小船町一丁目の三河屋次郎右衛門は、「上州問屋」といい、上州倉賀野河岸・新河岸・藤ノ木河岸・八町河岸を送り荷の得意先としていたし、小網町二丁目の蔦谷宇八は、「野州問屋」といって、野州部屋河岸・新羽河岸・鹿沼・栃木町・今市並奥筋を得意先とし、小網町三丁目布川屋庄左衛門は「布川問屋」といって、下総布川・藤蔵河岸・十里・木下・田川・布佐・取手を得意先として持っていた。

奥川筋船積問屋がいつ頃から成立したかは明らかでない。ただ、寛政十年（一七九八）の訴状の中で、寛文三年（一六六三）と享保十三年（一七二八）の将軍日光社参の時、船積御用を勤めたといっているので、寛文期にはすでに存在していたと思われる。その後、元文元年（一七三六）に積問屋仲間議定書が作られているが、そこにはすでに三五軒の問屋があり、それぞれ積み送り先の地域が定められていて、ほぼ奥川筋を網羅する船積問屋機構が成立している。

一方では、この船積問屋を通さず、諸商問屋や荷主が直接に自分の船や雇船に積む「直積《じきづみ》」も多かったようで、寛延元年（一七四八）には奥川筋船積問屋仲間は「近年猥《みだり》ニ相成、諸問屋ゟ直積仕候ニ付、私共組合之もの共渡世薄く罷成、段々困窮」すると奉行所に訴え出た。そして江戸の諸問屋から奥川筋へ送る荷物をすべて引き受け、仲間問屋の印鑑を中川番所に届けておき、その印のある送状を持つ船の通行を保証してもらうようにしたいと願い出ている。この特権によって奥川筋行積荷の独占をはかろうとしたのである。

これに対して江戸十組問屋の意見は、十組問屋から出る荷物はほとんどこの積問屋に渡しているので奥川筋船積問屋の願いが通っても特に支障はないが、中川番所に手形を差し出すとなれば手形銭などを新たに取ることも予想され、運賃諸費用が多くなって困る。また奥川筋以外への積荷は直積《じきづみ》もしており、江戸市中の茶船・小舟で中川番所外まで運送することもあるので、これまで通りにして欲しいと、奥川筋船積問屋の独占権が拡大することを恐れている。この願いの結果は不明だが、おそらく認められなかったであろう。

しかし、この積問屋仲間はあきらめなかった。寛政十年（一七九八）にまた奉行所へ願い出て、町年寄役所へ問屋仲間の名前帳を差し上げておき、代替りや株の譲渡のたびに願い出て書き替えるという株仲間の公認を願った。これに対して十組問屋は、運賃・諸掛りを増すことをしないならばという条件付きで賛成したが、奥川筋附船仲間は強硬に反対した。それは、附船仲間は江戸へ入津する荷物を引き受けるのが本業だが、荷主に頼まれて日用品や商売物の買調《かいととのえ》・船積の世話もしていたからであった。このように附船仲間は入津荷物を扱うのみではなかったが、またその逆もあった。前述の元禄九年（一六九六）の佐原船一件で、小網町の附船を断って佐原船が艀下積をさせた佐原屋庄兵衛とは、奥川筋船積問屋の一人であった。船積問屋が入津荷物の艀下積の世話をしているのである。このように両者の業務は画然と分かれていたわけではなかった。それゆえに、船積問屋は一層独占を欲したのであろう。

そしてついに文化六年（一八〇九）、十組問屋付属として十組問屋仲間への加入が認められ、問屋株が公認された。この余勢をかって奥川筋行積荷物の独占をもくろみ、文化十一年（一八一四）には特に仲買問屋よりの直積の多い塩・糠荷物につき、「問屋ゟ直積并船頭相対積」は引き受けないで欲しいと、上利根川の倉賀野河岸から高嶋河岸までの河岸問屋に要請している。

しかし、これは聞き入れられなかったらしく、文政九年（一八二六）には十組問屋仲間の内の下り塩仲買問屋を相手どって奉行所へ訴え出た。訴えられた塩問屋は、塩は特別な商品で、下り塩を関東各地へ値段を決めて売り渡せば、買主がどのような輸送方法をとろうと勝手であり、上州方面の河岸問屋が手船で江戸へ荷物輸送の帰りに、塩荷を買って直積して帰るのが多いことは知っているが、文化五年（一八〇八）に小網町二丁目の船積問屋と上州筋河岸問屋との出入でも、塩荷は特別として直積が認められているので、奥川筋船積問屋の塩荷輸送の独占は不当である、と反論している。この時、高嶋河岸から倉賀野河岸までの河岸問屋は惣代を江戸に送って、塩仲買問屋を支援し、その費用を下り塩の俵数に割当てて徴収することを荷主に了承させている。

このように、奥川筋船積問屋は関東の水系を通して送られる輸送荷物を一手に握ろうと努めたが、天保改革の株仲間廃止で解散となり、嘉永四年（一八五一）の諸問屋再興の時には、船下船宿と共に江戸を中心とする物資流通の把握機関として仲間を公認しようという意見もあったが、結局は文化以前に株仲間として公認されていなかったという理由で、再興は認められなかった。しかし、実際には利根川水系等を通して奥川筋へ送られる諸荷物の大部分を扱う船積問屋として、幕末まで存在したのであった。

第五章　河岸の構成

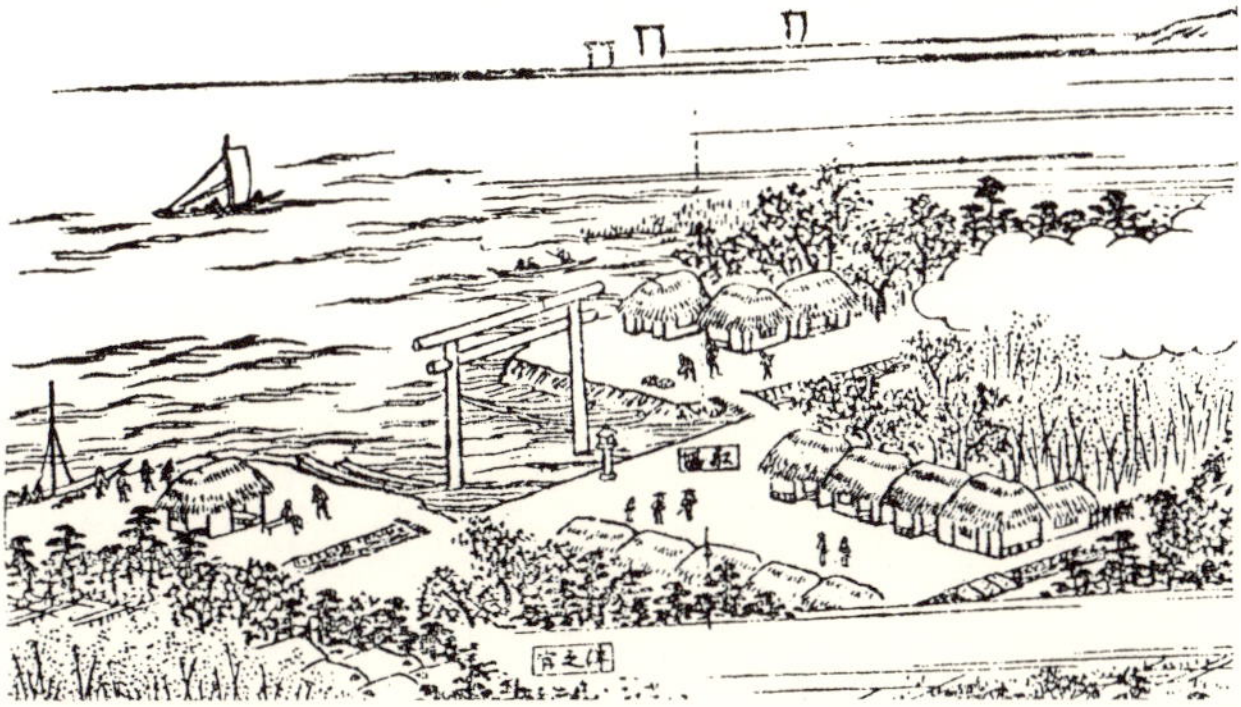

村の中の町

川の湊であった「河岸」は、当然ながら川の岸辺に位置していた。しかし、近世には「河岸」という行政区画はなく、「村」や「町」の一部であったり、また「村」や「町」そのものであった場合もある。それゆえ、「河岸」には田や畑もあり、検地も行なわれ、村高もあって、年貢も納めた。そして名主や組頭・百姓代といった村役人・町役人もおり、その点では何ら普通の村と変わりがなかった。

しかし、その中に一歩足を踏み入れてみると、その景観は一般の農村とは大分異なるものであった。関東の中央を流れる利根川の中ほどに、江戸川を南に分流する分岐点があり、そこに関宿城があった。この関宿と利根川をはさんだ対岸に、「境」という町がある。今は茨城県になっているが、かつては下総国に属し、川を中にはさんでいるにもかかわらず関宿城下町の一部と考えられており、近世を通じて関宿藩の領地であった。この「境町」が、同時に「境河岸」でもあったのである。

ここには、江戸から東北地方に通ずる主要幹線、日光道中・奥州道中の脇街道にあたる日光東往還が走っていた。奥州方面から江戸へ向かう旅人や諸荷物は、奥州道中の氏家宿・白沢宿・宇都宮宿などより分かれて、鬼怒川上流の「河岸」である阿久津・板戸・道場宿・石井等に出る。そこより鬼怒川を川船で下り、中流の久保田・中村・上山川・山王の河岸に上陸し、陸路で大木・諸川《もろかわ》・仁連《にれ》・谷貝《やがい》の宿々をすぎて、この境河岸に着く。そして再び川船に乗って、利根川から江戸川を下り、川口近くの行徳河岸から新川・小名木川に入って隅田川に出て、江戸日本橋小網町や浅草蔵前に着いた。江戸から奥州方面へ向かう諸荷物も、このルートを逆に遡って行ったのである。

また、利根川下流の銚子・九十九里浜・鹿島灘方面からの魚荷物や、霞ヶ浦・北浦沿岸の諸荷物も、利根川を川船で遡って、ここ境河岸に陸揚げされ、北関東各地の村々に送られた。

このような場所に位置した境河岸の内部をながめてみよう。

北から南へ、一本の街道がのびて、その先は利根川と直角に交わってぷつんと切れたように終わっている。ここがこの河岸の船着場である。その街道の両側には問屋や商店がびっしりと軒を並べ、その中には旅籠屋の看板や、蕎麦屋や居酒屋の縄のれんもみえる。その裏には細い路地が走り、軒の低い裏長屋が肩を寄せ合うようにして立っている。これは一般の農村とは大分異なる風景である。そのちがいを、数字の上でみてみよう。

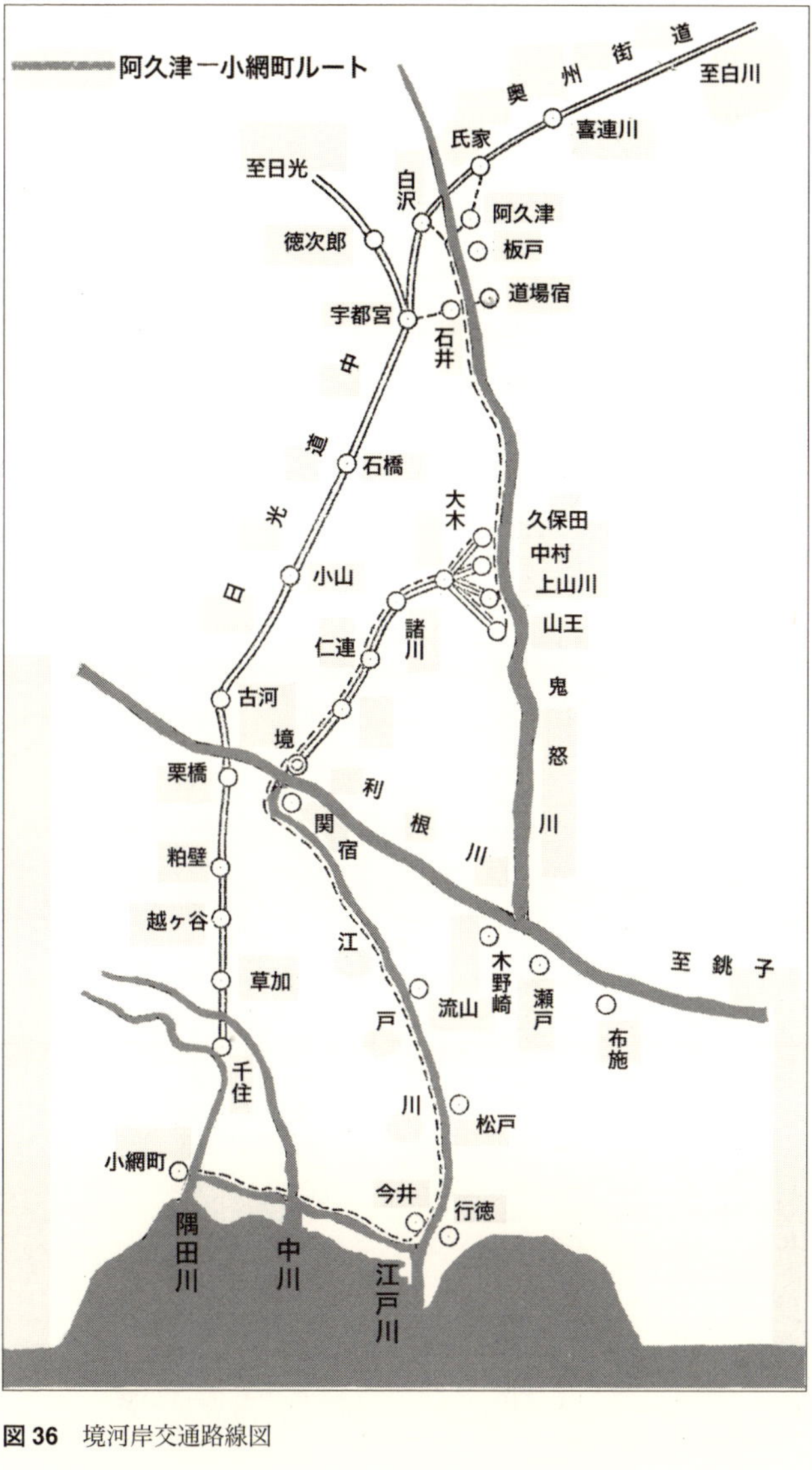

図 36　境河岸交通路線図

交通に生きる人びと

境河岸の村高は四三七石九斗二升七合で、田畑の耕地面積は一五五町二反七畝一一歩だが、天明五年（一七八五）の人口は一八五一人、戸数は四〇九戸であった。これは、普通の農村と比べると、村高に対して人口がきわめて高い比率を示している。境河岸を近隣の農村、同じ位の村高を持つ長井戸村と比べると、約四倍もの人口を持っていた（表5）。では、この近隣の農村にはみられないような多くの人々は、一体何をして暮らしていたのであろうか。境河岸に残った天保四年（一八三三）の願書の中にこの河岸の諸職業について次のように記している。

当町の儀は、（中略）河岸場に御座候間、往古より川船落合にて、湊同様の場所がらゆへ、銚子・鹿島・九十九里・水戸・岩城・南部・仙台の浦々より、粕・干鰯《ほしか》・五十集《いさば》等の荷物夥しく問屋共方へ積入れ、仲買共打寄買取候の上、御城下町（関宿）・近在・幸手宿・栗橋宿・小山宿・結城町・下館町・下妻町辺へ売出シ候へば、武劦・上州・野州・常州より大小の商人共町内へ入込、仲買共方に止宿つかまつり、売買罷在候、随て河岸の小揚人足・馬持共の儀は、右荷物河岸出シつかまつり、船持共儀は、諸方へ運送いたし助成に相成り、諸浜方より売人罷越し、問屋共に長々逗留つかまつり罷りあり、右の者共飲食その外諸雑用遣捨て候儀、誠にもって莫大の儀に御座候間、

表5　境町付近村高面積戸口表

村名	石高	耕地面積	安政2年		明治2年		明治7年		
	石	町	戸数	人口	戸数	人口	戸数	人口	馬数
境町	437.927	155.2711	349	1648	515	2396	516	2476	14
上小橋	120.949	34.1400	13	77	21	105	21	106	9
下小橋	223.291	49.6813	32	154	41	278	41	234	25
浦向	139.283	43.0309	30	132	35	176	36	185	6
金岡	169.424	42.7129	37	175	40	211	41	217	6
塚崎	624.535	181.6019	112	493	154	778	154	801	70
長井戸	443.162	145.0719	77	369	99	501	100	479	57
横塚	110.248	39.1729	19	97	22	143	21	147	20

町内悉く潤にて、その上問屋共方へ相懸り候船積の諸荷物、是また夥しく相掛り、町内一同の助成に相成り申候

河岸に生きる人びとは、多かれ少なかれ商品荷物の輸送に関連した仕事によって生活しており、河岸の多くの人口は、物資流通によって支えられていた。「河岸」とは、まさに交通によって生きる町であった。

このように種々の職業にたずさわる人々が、河岸に集まって生活していたが、それを数字の上で知ることができるのが、天明五年（一七八五）の「書上」である（表6）。

これをみると、総人口一八五一人（四〇九戸）の内、農家は二二六人（三八戸）と全体の一三％にすぎず、交通運輸関係が一〇六七人（二七五戸）と人口でも戸数でも全体の半数以上を占めている。次に多いのが商業関係である。その内でも浜方問屋四軒、雑穀問屋二五軒と「問屋」が多い。それは一時に大量の商品が動くという河岸の性格からして当然のことだが、河岸の商業の特徴はこの「問屋」の多いことである。それは

図 37　利根川・境河岸（『下総名勝図絵』）

戸数ばかりではなく、町役人の大部分をこの者たちが占めている点でも特徴的である。

境河岸には、名主、名主格、取締役、組頭、五人組頭等の村役人（境町なので町役人）がいた。その点では普通の村と変わらない。その数は時代によって異なるが、宝永三年（一七〇六）には名主二、組頭一〇、五人組頭一〇、安永二年（一七七三）には名主二、組頭一二、天保八年（一八三七）には名主並びに名主格、取締役、組頭合わせて一三名いた。この町役人たちの職業は、天明五年（一七八五）には一六名の内、河岸問屋二人、浜方問屋四人、雑穀問屋七人、その他三人となっており、河岸問屋と並んで、商問屋が重要な位置を占めている。

「問屋」以外の商人にどんな人たちがいたか、前述の「書上」からでは明らかにできない。それが知られるのは、後の明治四年の戸籍である。これをみると、この河岸には多種多様の小商人と職人が住んでいた。たとえば、小商人ではなぜか一番多いのは水菓子屋で一七軒、次いで穀屋が一五軒、魚屋が一四軒、酒屋が一三軒、下駄・傘屋が一三軒、菓子屋が一〇軒、それに蒟蒻《こんにゃく》屋、古着屋、足袋屋、素麺屋、筆屋まで三九種類の店があり、また職人は、大工・鳶職・屋根屋をはじめとして、左官、煙草切、桶屋、鍛冶屋、経師屋、塗物師、提灯屋、鋳掛屋、竹細工屋まで、二五種の職を持つ人びとがいた。また、天明五年の職業構成と比較してみると、交通関係の比率が下がり、商業・工業関係の比率が高くなってきている。ここではもはや交通の町としてばかりでなく、この地方の中心的な商業地として発展している様相が推測される（表6・7参照）。

表6　天明5年・境河岸職業構成表

	戸　数	人　口	一戸当り人口
	戸	人	人
役　人	16	156	9.8
百　姓	38	226	5.9
船　持	59	297	5.0
馬　持	28	122	4.4
舟　乗 小　揚 日　雇	156	491	3.1
医　師 職　人 座　頭	27	113	4.2
商　人	55	309	5.6
茶　屋 旅籠屋	21	91	4.3
渡　守	9	46	5.1
	戸	人	人
計	409	1851	4.5

表7　境町職業構成表（明治4年境町戸籍より作成）

交通関係	154 (29%)	醤油（造）	5	きわもの屋	1	飾屋	1
		酒造	4	蕎麦屋	1	仕立屋	1
河岸問屋	1	八百屋	4	飯屋	1	鋳掛屋	1
船頭・船持	80	蒟蒻	4	不明	1	木挽	1
日雇	46	太物	3	工業	75 (14%)	杣職	1
馬引	8	水油	3			竹工	1
人力車引	1	古着	3	大工	15	不明	2
船大工	4	材木商	3	鳶方職	8	農業	80 (15%)
荷鞍造	3	古道具	3	屋根屋	6		
旅籠	7	炭屋	3	左官	6	あんま	5
茶屋	2	薬種	2	菓子職	6	髪結	4
料理茶屋	2	足袋	2	下駄	4	黒鍬	3
商業	174 (33%)	薪屋	2	桶職	3	粉引	2
		漬物	2	煙草切	2	湯屋	2
水菓子	17	粉屋	2	湯桶造	2	紙漉	1
穀屋	15	素麺屋	2	畳さし	2	馬喰	1
魚屋	14	鉄物	1	升屋造	2	不明	4
酒屋	13	質屋	1	鍛冶屋	2	医師	2
下駄・傘屋	13	菓子種	1	建具職	2	馬医師	1
菓子	10	砂糖	1	経師屋	2	筆学	1
豆腐	7	搗米	1	さしもの	1	神官	1
茶商	7	瀬戸物	1	形屋	1	坊主	3
米屋	6	筆屋	1	塗物	1	番人	1
煙草屋	6	手遊物	1	提灯屋	1	無職	13
乾物屋	6	糸綿	1	傘屋	1		

（河岸問屋は名主を兼ねている）

第六章　河岸の生態

河岸の主役——河岸問屋

河岸問屋はまた「船問屋」「船積問屋」とも呼ばれて、河岸の中心的な存在だった。河岸問屋の始まりは、その河岸の成立と密接な関係にある場合が多い。鬼怒川上流板戸河岸の河岸問屋の「書上」には、

慶長三戌年、先祖川岸相始、其後代々問屋にて、

とあるように、河岸の創始者がその後代々問屋として続いている。

河岸の創始は、近世初期の年貢米輸送と深い関係にあったが、この年貢米輸送は最初領主自身の手で行ない、その後村内で名主・村役人を勤める土豪・有力農民の手に移った。有力農民は船を建造し

て領主の要請にこたえたのである。境河岸の河岸問屋は、祖先が慶長期には領主荷物輸送の課役を勤めていたことを述べている。また、木下河岸では、この河岸の本村である竹袋村の名主の先祖が、寛文年中に問屋場を作り、毎年永二貫文を時の支配代官伊奈半十郎に上納したと伝えられ、その子孫が代々河岸問屋を勤めていた。

このような船を持つ有力農民—初期船主が、領主の年貢米輸送を担当するばかりでなく、それ以外の商荷物の輸送も請負うようになり、また後には自分所有の船ばかりでなく、他の船持の船にも請負った荷物を積むようになって、近世中期にみられるような「河岸問屋」が成立する。

上利根川十四河岸組合の議定証文をみると、安永四年（一七七五）にはそれぞれの河岸に次のような数の河岸問屋があった。

靭負《ゆきえ》河岸	一軒	平塚河岸	七軒
五料河岸	二軒	新河岸	三軒
川井河岸	六軒	倉賀野河岸	九軒
八町河岸	二軒	藤ノ木河岸	四軒
三友河岸	三軒	山王堂河岸	二軒
中瀬河岸	二軒	八斗嶋河岸	二軒
高崎河岸	二軒	壱本木河岸	七軒

また利根川下流の野尻河岸組合の安永三年（一七七四）の証文では次のようになっている。

源太河岸　一軒　　江口河岸　一軒
笹川河岸　二軒　　西大須賀河岸　一軒
滑川河岸　一軒　　阿玉川河岸　二軒
野尻河岸　三軒　　小見川河岸　五軒
高田河岸　二軒　　小舟木河岸　一軒

これをみると、一つの河岸にほぼ一〜二軒、多い河岸では六〜九軒もあるところもある。河岸問屋の数は時代によって多少増減する。一般的には時代が下るに従って減少する傾向にあった。

また、一河岸に数軒の問屋がある場合、それら相互の関係は必ずしも対等ではなかった。野尻河岸の場合、宝永六年（一七〇九）には一〇軒の河岸問屋があったが、その内七軒は「古問屋」、三軒は「新問屋」と呼ばれた。「古問屋」七軒の内でも二軒は、特に「御城米御運送問屋」として別格とされていた。それゆえ、この河岸では、「御城米御運送問屋」二軒、「古問屋」五軒、「新問屋」三軒ということになるが、これはこの河岸の河岸問屋が成立してきた時期的な順序をも示しているようである。

河岸問屋間で、取り扱う荷物に区別のあった場合もある。右の野尻河岸では、「御城米御運送問屋」二軒以外の問屋は、城米・年貢米輸送を請け負うことができなかった。また、慶応二年（一八六六）

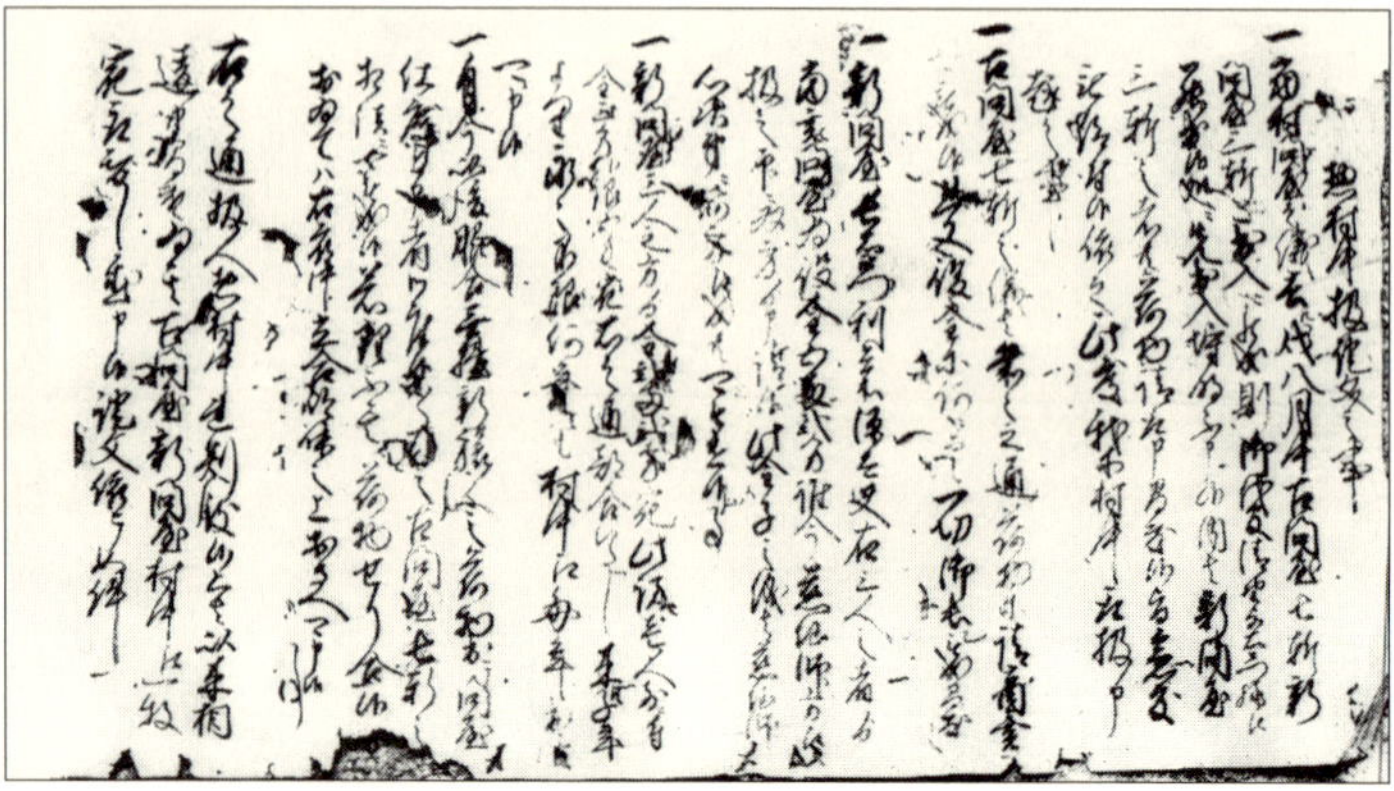

図 38　野尻村古問屋・新問屋取決め文書（野尻・滑藤家所蔵）

に古問屋・彦右衛門より河岸問屋株を譲り受けた広屋保右衛門は、問屋仲間に加入するにあたって、古問屋藤兵衛、新問屋惣代源七に宛てて証文を書いた。それには、

猥ニ御収納米等者取扱申間敷、并商荷物たり共、各方定荷主之分者決而引受申間敷

と、年貢米等は取扱わない、また商荷でもこれまで各問屋との間で定まっている荷主の荷物は決して取り扱わない、と誓約させられている。この河岸では幕末まで、扱う荷物の種類と荷受けする荷主が、それぞれの問屋によって定められていたのである。

しかしまた、このような誓約書が作られるということは、しばしばそれが破られるということでもあった。

境河岸には、河岸問屋が二軒あった。兵庫と五右衛門の両家である。この両問屋の間には、「大荷物」は兵庫、「小荷物」は五右衛門という荷受けの分担があったというが、いつの間にかそれも不明確になり、得意先である荷主をめぐって争いがくり返された。しかし、両問屋とも近世初期から続く豪農の家柄で、兵庫家は寛永の検地帳に「名主」としてその祖先新蔵の名がみえ、また寛文四年（一六六四）の検地帳では両家とも「名主」として現われるような家なので、互いに姻戚関係を結び、一面では親密な間柄でもあった。また荷主・荷請地もそれぞれ得意先がほぼ固定していたが、全体の輸送荷物量が減少すると、やはり両者の間にも競争がおこった。

寛延二年（一七四九）に、一応議定書をとり交わして調整をはかったが、その後も両問屋は、

道中筋茶屋旅籠屋馬士等ニ至迄、音物酒手ヲ以取構、其上道筋江出張引手ヲ差出

というように、道中筋の茶屋旅籠屋から馬子たちにまで金品を渡して荷主・旅人の勧誘を依頼し、また直接道筋に人を派遣して宣伝パンフレットを往来の人に配るなど、荷物争奪・客引合戦をくり広げた。そこでついに明和八年（一七七一）には訴訟事件にまで発展した。しかしこの訴訟は、両問屋の間だけのもので、荷主旅人には強制できないという一面を持っていたため、裁許が下っても問題はそのまま残り、弘化四年（一八四七）にも再び訴訟となっている。特に幕末になって、兵庫家の河岸問屋株が同家の手を離れて、信州や奥州の商人の間を転々とするようになると、いっそう両問屋の間は円滑を欠くようになった。

両問屋の間はこのような対立抗争ばかりだったのではない。新道・新河岸の出現や、河岸内部での

船持・人足との対立、対幕府領主との関係での運上金増減等ではまったく利害が一致し、常に共同して事に当たることが多かった。たとえば、河岸の権域を守るための新道・新河岸一件の訴訟費用などは常に折半して分担し、問屋運上金等の納入も隔年交代で江戸へ納めに行くことなどが慣例となっていた。

このように、一つの河岸における二軒の河岸問屋は、その内部に競争対立を孕みながらも、名主・河岸問屋として河岸全体を共同して支配していたのである。

河岸問屋の仕事と報酬

境河岸の二軒の問屋は、「船積問屋」と称する荷物輸送の機能と、「往還問屋」と称する旅人運送の機能を共に兼ねていた。境河岸は、毎夕江戸への乗合夜船を出していたので、旅人輸送の機能が大きかったが、このような河岸はそれほど多くはなく、一般の河岸は荷物輸送が中心で、旅人輸送はそれに付随する場合が多かった。そこでまず「荷物請払運送」という物資輸送についてみてみよう。境河岸では、

私共河岸場之儀者、往古天正之頃ゟ奥羽両州・上野・下野・常陸・下総其外国々ゟ継送り候諸荷物夫々運送いたし、御公儀様御廻米者不レ及二申上一、諸大名様并諸家様方御年貢御荷物等御運送仕、

図 39　布川河岸・魚市（『利根川図志』）

其外商人諸荷物積送り

とあるように、東北方面、あるいは北関東・近在農村より馬の背によって継ぎ送られてきた荷物は、まず河岸の問屋場に着く。問屋の帳場ではその荷物を点検して荷主・送先・品目・数量等を聞き、「荷受帳」に記す。たとえば元文三年（一七三八）の「荷受帳」には、次のように記された。

（送先）大門通
丸屋勘右衛門殿

一、箱荷弐箇 莚包弐箇　（荷主）米沢 久兵衛殿

舟賃百廿九文　済

（中略）

右者当かし弥七船㊞

五月十三日

これは出羽米沢の荷物を江戸に送った場合である。こうして問屋は「荷受帳」に記し終わると、「船賃」および「河岸場諸掛」と称するものを受け取って「送状」を書き、小揚《こあげ》人足を呼んで船に積み込ませる。しかし適当な便船がない場合や、荷主がすぐに運送することを欲しない場合（相場によっては河岸で売り払うこともあるので）は、河岸の荷揚場に囲っておくか、問屋の倉庫に入れる。この場合、荷主は「庭銭」あるいは「蔵敷」という倉庫料を支払うのである。また、荷物の量が多い場合は、「立船《たてぶね》」という貸切船で輸送するが、量が少なく船一艘の積荷量に満たない場合は、「積合荷物」として混載されるので、他の荷物の到着を待たなければならなかった。

逆に船に積まれてきて河岸に着いた荷物は、小揚人足によって陸揚げされて問屋場に運ばれる。そこでまた荷主・送り先等が「水揚帳」に記され、「駄賃・諸掛」を受け取って駄賃馬を呼び、その背に付けて次の宿まで送り出す。荷物の送り先によっては、江戸から来たものが一時河岸揚げされ、便船を待って再び川船に積まれて、利根川下流の銚子・土浦方面や、上流の上州倉賀野から信州・木曽方面へ送られる場合もあった。

このような業務を行なう河岸問屋は、どのような報酬を受けていたのであろうか。まず荷主から取った「船賃」「駄賃」は、そのまま船頭あるいは馬持に渡される。「船賃」の中には、舟積み・荷揚げのための小揚人足・日雇人足賃と、船の航行の途中で浅瀬を乗り切るために艀《はしけ》下船を雇う「瀬取艀《せどりはしけ》下賃」とが含まれているのが普通であった。

「船賃」「駄賃」を除いた以外の「河岸場諸掛《しょかかり》」が、問屋本来の収入であった。この「諸掛」の内容は、「口銭《こうせん》」「請払筆墨代《うけはらい》」「庭銭《ばせん》」「庭口銭」「蔵敷《くらしき》」「茶銭」「茶代」などと呼ばれるもので、その内、「口銭」「筆墨代」は問屋事務の手数料であり、「庭銭」「庭口銭」は河岸の使用料であろうが、それほど厳密に内容が区別されたものではなく、一般には「口銭」「庭銭」として問屋手数料的なものとして取っていた。境河岸では、その額は船賃の約一割位であった。また香取神宮の表玄関である津ノ宮河岸では、乗船する旅人の船賃等を次のように定めていた。

一銭九百文　三社廻り小見川村止り
　但口銭三拾六文　百文ニ付四文
　　庭銭拾弐文

一銭四百文　但上下五百五拾文　鹿嶋大船津迄
　但口銭拾六文
　　庭銭拾弐文

（中略）

一同八百五拾文　木卸(下)河岸迄
　但口銭三拾四文
　　庭銭拾弐文

ここにみるように、口銭は船賃を基準として定められ、船賃一〇〇文につき四文の割合となっているが、庭銭は一律に一二文と定められている。結局ここから香取・鹿島・息栖《いきす》の三社を廻る旅人は九四八文を支払うのである。また、同一場所を往復する場合、「戻り船賃は、行船賃半減を以相賄」と、帰りの船賃は往きの半額となっていたが、鹿島大船津《おおふなづ》河岸へはそれよりも安く、片道四〇〇文に対し往復では五五〇文となっている。しかし、口銭・庭銭は往復でも変わらなかった。

口銭・庭銭を差し出す者は、船（船頭）の場合と荷主・乗客の場合とがあった。安永三年（一七七四）に木下河岸最寄の河岸問屋仲間が協定した運賃表では、次のように記されている。

一、御城米并ニ御屋敷米　壱俵ニ付　船積入口銭三文ツ、船ゟ出　庭銭三文ツ、荷主ゟ出
一、売米　壱俵ニ付　但　船積入　右同断　揚荷物ハ両便荷主より出す
一、小間物　壱駄目　但　船積入口銭六文舟ゟ出ス　揚荷物右同断舟ゟ出ス
（以下略）

ここでは、口銭・庭銭は船賃を基準とするのではなく、品目別・数量別に定められている。そして、同じ米でも、領主年貢米の場合は口銭は船より、庭銭は荷主より出し、商人米の場合は共に荷主より出すことになっており、また小間物荷物の場合は口銭・庭銭とも船が出すとなっている。

「蔵敷」は倉庫使用料であるが、その額は当然ながら荷物の数量・日数によって異なった。境河岸では弘化二年（一八四五）に「蔵敷」をこれまで荷物一駄・一日につき五文であったところを以後は四文に引き下げるといっている。また「蔵敷」の他に、「蔵詰」料（蔵への出し入れの料金であろう）を取った所もあった。天保十一年（一八四〇）の北浦縁組合船積問屋仲間の運賃協定では、

一、米壱俵ニ付（蔵敷六文・蔵詰五文）　船懸り七文
　但し蔵敷之儀者先例之通壱ヶ月限り割
一、粕壱俵ニ付（蔵敷八文・蔵詰七文）　船懸り九文
一、生荷物壱駄ニ付　河岸役弐拾四文　船懸り弐拾四文
一、竹壱駄ニ付　川岸地代六文　船懸り六文
一、弐百文　茶代　船より請取可申候

ここでの「船懸り」は「口銭」の意味で、「蔵敷」には「庭銭」の要素も含まれているらしい。それゆえ、倉庫へ入れることがない生魚荷物や材木・竹類からは、「蔵敷」の代わりに「河岸役」「川岸地代」などが徴収されている。また、これとは別に、すべての船から「茶代」として二〇〇文を徴収することになっている。

このように、河岸問屋は今で言えば倉庫業をも兼ね、荷主からの要請があれば荷物の「預り手形」も発行した。

　　預り申手形之事
一、大豆七拾五俵　但シ四斗八升入　八目出

一、右之通、慥ニ蔵入預り置申候条、此手形引替何方江成共、無二相違一相渡可レ申候、依而手形如レ件

慶応元丑年九月四日

藤ノ木河岸　問屋忠助㊞

勅使川原村　馬場甚蔵殿

これは、「預り手形」の一例だが、河岸問屋が発行したこのような手形が、今の「倉荷証券」と同じように借入金の担保となったり、売買されたりして流通した。

こうした業務を行なって、河岸問屋は口銭・庭銭・蔵敷などを受け取ったのだが、その総額はどの位になるのであろうか。問屋経営の内実を伝える史料は非常に少ないのだが、たまたま分かった例によれば、境河岸二軒の問屋の年間扱荷量と、その船賃・駄賃・庭銭は表8－1のようになっている。

これをみると、安永八年（一七七九）には両問屋で約五〇〇〇貫文の収入があるが、その内船賃と駄賃はそれぞれ船持と馬持に渡されるので、残りの庭銭二五〇貫文余が河岸問屋の収入であった。

また、表8－2の表は嘉永五年（一八五二）の一軒の問屋のみの総収入である。ただし、この内から船賃・駄賃は引かれて船持・馬持へ渡される。それゆえ、純粋の河岸問屋としての収入は正確にはわからないが、およそ総額の一割前後で、それほど多くはなかったようである。

しかし、河岸問屋は多くの船や倉庫を持ち、また旅籠や商問屋を兼ねている場合が多く、全体としての収入は決して少ないものではなかったようである。

表 8–1　境河岸問屋扱船賃・駄賃・庭銭表（単位，貫文）

年代	扱荷高（駄）	船賃	駄賃	庭銭	計
安永 8 年（1779）	41,300	4,300	412	257	4,969
安永 9 年（1780）	43,040	4,580	390	265	5,235

表 8–2　嘉永 5 年（1852）問屋扱荷量および収入

内容	数量	運賃等収入（1 両＝ 4 分）				
江戸積諸荷物	10633 駄 66	金 151 両	2 分	朱	銭　貫	549 文
旅人乗船人数	11622 人	93	3			434
御城米並壬生御廻米		10			3	483
地廻り積上川へ	606 駄				44	961
下川へ	424				22	225
江戸川へ	599.66				23	365
絹川へ	130				5	531
権現堂へ	2619.6				99	862
登り荷物陸付出し分	3819.2	28	2	2		501
計		283 両	3 分	2 朱	200 貫	911 文

広い屋敷で多角経営

河岸問屋は、これらの業務を行なうために広い家屋敷と多くの土蔵を持っていた。万延二年（一八六二）に藤ノ木河岸の一問屋は、面積五反二畝十一歩（約五一八四平方メートル余）の屋敷の中に、間口一一間・奥行五間（五五坪）の家を建て、その内には二間・三間（六坪）の帳場があった。屋敷の中には土蔵が並び、一一間・三間（建坪三三坪）の土蔵一棟、同じく五間・二間半が一棟、一〇間・三間が一棟、四間・二間半が二棟、五間・二間半が二棟、八間・二間四尺が二棟と、合計九棟の土蔵を持っていた。

また、野尻河岸の河岸問屋は文化八年（一八一一）当時、屋敷面積二反四畝八歩（二四〇二平方メートル余）に、建家は間口一一間・奥行五間半

（建坪六〇・五坪）、土蔵二棟に、家族のほか下男三人・下女三人・馬一疋がいた。当時野尻河岸の平百姓は、二〇坪くらいの屋敷地に五間・三間（一五坪）程度の家を建てて住んでいたので、河岸問屋の家・屋敷がずば抜けて大きかったことが想像されよう。

図40は、幕末の野尻河岸の河岸問屋の建物配置図である。右手が銚子街道で、街道に面した長屋門を入ると広い庭があり、左手に玄関、その隣に帳場がある。この庭を中心として馬屋、井戸、土蔵が周囲を囲んでいる。おそらくここに、馬の背で運ばれてきた荷物が下ろされたのであろう。この庭を真っすぐに通り抜けて裏門を出ると、そこが利根川の河岸場であった。そこには、艀下《はしけ》船や高瀬船が錨を下ろして待っていたのである。

河岸問屋はまた、先にも触れたように種々の営業を兼ねていた。倉庫業は河岸問屋本来の業務の内のようであるが、その他に問屋場に着く荷主・宰領を宿泊させる旅籠屋をもかねていた場合が多い。境河岸の問屋は、自分の家ばかりでなく、町内の者に請け負わせて、乗合船に乗る旅人のための「休泊賄渡世」という旅籠を問屋の名目で出させていた。これをそれぞれの姓をとって「青木見せ（店）」、「小松原見せ（店）」といったという。木下河岸の問屋は、江戸方面から歩いて来て、この河岸から船で三社参詣や利根川下流方面へ向かう旅人に、入浴と夕食を提供し、また宿泊賄も行なっている。

また、河岸問屋はほとんど船を所有していた。これを「問屋手船」といったが、境河岸の天明二年（一七八二）の調査では、問屋兵庫家は高瀬船一艘・艜《ひらた》船一艘・似艜《にたりひらた》船二艘の計四艘、問屋五右衛門家は高瀬船一艘・艜船三艘・似艜船四艘の合計八艘の船を所有していた。すなわち河岸問屋は、「大

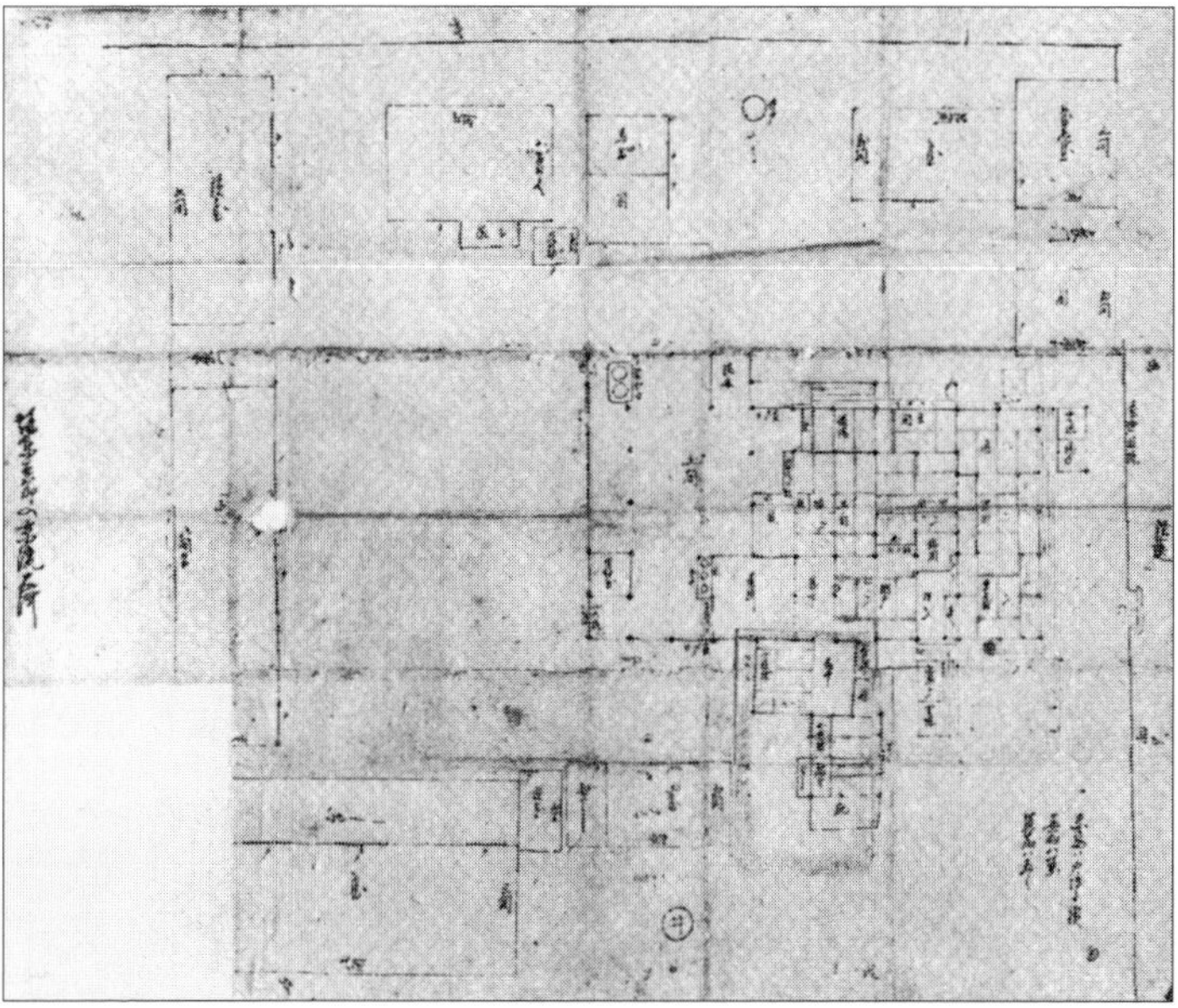

図 40　河岸問屋屋敷図　（野尻・滑藤家所蔵）

船持」でもあったのである。

これらは、本来の河岸問屋と関係の深い職業であるが、その他に、一般商品の問屋仲買・商問屋を兼業している場合も多かった。宝永三年（一七〇六）の境河岸の差出帳には、

当町干鰯問屋四軒ニ而商売仕候

とあるが、この海産物肥料「干鰯《ほしか》」を扱う四軒の問屋の内、二軒は河岸問屋であった。これはまた「浜方問屋」とも呼ばれているので、「干鰯」以外の海産物も扱ったのであろう。この境河岸の一軒の河岸問屋は、文化七年（一八一〇）頃蝦夷地産の「鱒〆粕」を奥州須賀川の商人の手を通して引き受け、境河

岸近在の村々および宇都宮、野州都賀郡辺の農家へ肥料として貸付を行っている。この問屋は幕末・明治初期には、東京湾内の行徳浜に三町歩余の塩田と塩焚場を持っており、製塩業も営んでいた。おそらく、そこで生産された塩荷を手船に積んで、野州や信州の山村へ売り込んでいたのであろう。このように、河岸には種々の商荷物が集まるため、河岸問屋が商業行為を行なうことは、どこの河岸でも一般的にみられた現象だった。

また河岸問屋は、その村の「地主」であった場合も多かった。野尻河岸の問屋藤兵衛家は、文化八年（一八一一）には田畑合計四町一反三畝余を持ち、村内第一の土地所有者であった。明治以後、河岸が交通運輸の機能を失ったとき、多くの河岸問屋が寄生的地主に変わっていったことは、それ以前の河岸問屋時代から、すでに土地集積への方向を持っていたことを示している。

ところ変われば──特異な河岸

利根川の中流取手《とりで》河岸の少し下に「小堀《おほり》」という河岸があった。

この小堀付近から上流、特に鬼怒川合流点から江戸川を分流する関宿付近までは、利根川本流の中でも水量が少なく、所々に浅瀬ができて船が通りにくい航路であった。前述のように赤堀川を掘り広げて水量を確保しようとしたが、それでもなお高瀬船の航行が困難になることがしばしばあった。

そのような時に、「艀下船《はしけ》」という小船を呼んで荷物を積み替え、高瀬船の吃水《きっすい》を浅くして浅瀬を乗り越し、水深のある所まで行って、また荷を積み替えて航行した。これを「艀下積《はしけづみ》」といい、従事する小船が利根川中流には多くあった。この「艀下積」をする「艀下船」の基地が小堀河岸であったのである。

それゆえ、ここの河岸問屋は一般の河岸問屋とは少し異なり、輸送荷物の水揚げ、陸付けなどは少なく、浅瀬で航行不能となった高瀬船や洲に乗り上げて難船した船などから、依頼の報せがくると、早速「艀下船」を必要な数だけ差し向けるのが主な業務であった。明和八年（一七七一）の「書留」に、

> 例年十月上旬ゟ翌二月迄、前書川筋渇水仕、川床浅ク罷成、往来之高瀬舟浅瀬ニ居、一向通舟難二相成一、（中略）百艘程宛浅瀬之ヶ所々々ニ滞舟仕、尤元船一艘江鵃下舟一艘二艘、或者常陸・銚子辺之大船者鵃下三・四艘宛も相雇、通船仕候

とあるような状況だった。特にこの利根川中流の渇水期と諸藩の廻米が集中する時期とが一致したため、水戸藩や仙台藩など東北諸藩の廻米船は、ほぼ恒常的に艀下船を必要としていた。そこで諸藩は、小堀の河岸問屋をそれぞれ「御船宿」として指定し、廻米輸送の世話万端を依頼していた。この場合は、問屋は単に艀下船の派遣だけではなく、難船・破船やその後の始末まで引き受けた。

このような問屋が、この小堀河岸には寛延元年（一七四八）に七軒あった。『利根川図志』には「五

家」とあるので、安政頃には五軒に減ったのだろう。それらはみな、寺田姓であったという。

この河岸には、河岸付の艀下船が多くあったが、遠方から出稼ぎにくる艀下船も少なくなかった。そのような船は、「附船《つけふね》」といって河岸問屋に行って登録し、問屋の指図で「艀下稼《はしけかせぎ》」を行なった。

利根川航路の内でも、この小堀河岸の船が艀下稼のできる場所は「艀下場《はしけば》」といって区域が定まっていた。「艀下場」内では、他の河岸の船は艀下稼をしてはならなかった。その区域は、下流の田川・十里河岸辺より、上流は鬼怒川合流点の木野崎村までであった。木野崎村より上流の川妻村まで、および関宿より江戸川に入って金野井《かなのい》村までは関宿河岸の「艀下場」であり、金野井村より下流流山河岸までは金杉河岸の「艀下場」、流山河岸より行徳を通り船堀村までは松戸河岸の「艀下場」、というように定まっていた。

利根川と江戸川の分流点にあった関宿の河岸問屋も特異な存在であった。関宿《せきやど》には「関宿三河岸」といって、「内《うち》河岸」「向《むこう》河岸」「向下《むこうしも》河岸」という三つの河岸があったが、「内河岸」「向河岸」の問屋は「水陸出入荷物請払運送」という一般の河岸問屋と同じ業務よりも、「旅舟宿付《たびふねやどつけ》」という仕事を主としていた。それは川船改めの関所であった「関宿関所《せきやどせきしょ》」の存在と関係する。

関宿関所は、通過する船の積荷と乗客を改める関所であるが、江戸へ往来する船が必ず通る場所なので、関所前は船改めで大混雑した。その混雑緩和のため、通船改めの一部を船問屋に代行させ、通船に対して責任を持たせたものが宿付制度である。そのため、船問屋は「御手形宿」や「付船宿《つけふね》」と呼ばれた。普通の河岸の船問屋が荷物輸送を主たる業務としていたのに対し、関宿三河岸の船問屋は

図 41　下利根川の高瀬船（『利根川図志』）

関宿関所の下役人的な性格が強かったのである。

この他、特殊な河岸問屋の形態としては、銚子湊でみたような「穀宿」「廻船問屋」などがある。これらは、湊の問屋と河岸問屋が合体したようなもので、海運と河川水運との積替港によくみられた。

これまでみてきたところは、すべて河岸問屋が個人によって経営されているものだが、この他に「村持」という共有の河岸問屋もあった。それらは主に小さな河岸で、自村の年貢米積み出しや、村民の自家用荷物の揚げ下ろしが主となっているような河岸が多かった。北浦沿岸の深芝河岸では、河岸問屋といわず「荷物請払所」といっている。

下利根川の香取神宮の表玄関である津ノ宮河岸は、香取参詣の乗降客が多かったが、河岸問屋株は村請だったので、村持の会所を建てて、会所の運営にあたる者は村民の入札によって決め、五ヶ年の期限付で出入の船の取り締まり、口銭・庭銭の徴収など河岸問屋と同じ会所の運営業務をまかせている。

このような「村持」の河岸も、いくつかはあったのである。

河岸の商人

河岸にある商業の特徴は、二つあった。一つは、旅人の往来にともなうもので、茶屋・旅籠屋・食物屋等が多いことである。境河岸には天明五年（一七八五）に「茶屋・旅籠屋」が二一軒もあり、明治初年には、旅籠屋七軒、茶屋二軒、料理茶屋二軒、水菓子屋一七軒、居酒屋一三軒、菓子屋一〇軒、素麺屋二軒、蕎麦屋一軒、飯屋一軒があった。

もう一つの特徴は、荷物の移動にともなうもので、各種の問屋・仲買が多かったことである。境河岸には天明五年に六七軒の商人がいたが、その内浜方問屋四軒、雑穀問屋は二五軒であった。この雑穀問屋とは、近在および北関東の農村から出てくる米・雑穀を売買する問屋だが、中には肥料である干鰯《ほしか》・〆粕《しめかす》の仲買を兼ねる者も多かった。

また、浜方問屋は「粕干鰯問屋」とも呼ばれ、この境河岸の問屋が、

当川岸之儀者、武蔵・上野・下野・下総・常陸、右五ヶ国江通船宜場所ニ而、私儀南部・仙台又者銚

　子辺、其外浜々荷主共より、魚〆粕干鰯引受、前書五ヶ国町々在々まで売捌仕来候

というように、銚子湊を経由して遠くは仙台、南部の三陸海岸、近くは九十九里浜、鹿島浦方面から高瀬船で送られてくる干鰯・〆粕を扱っていた。この河岸の対岸の関宿三河岸には、有名な東浦賀干鰯問屋と並ぶ有力な干鰯魚粕魚油問屋染谷録左衛門・喜多村藤蔵・小嶋忠左衛門などがいて、北関東農村への金肥流入の拠点となっていた。しかし、この関宿河岸の干鰯問屋については史料が散逸してしまったために詳細はわからない。そこで、前述の境河岸の浜方問屋についてみてみよう。

境河岸の「明細帳」には、浜方問屋は次のように記されている。

一、当町粕干鰯問屋四軒ニ而商仕候

五右衛門
兵　吾
兵　蔵
長右衛門

この四軒の「粕干鰯問屋」の内、五右衛門と兵吾は河岸問屋でもあるのだが、その五右衛門家の干鰯問屋営業について以下にみてみよう。

宝永三年（一七〇六）の「差出帳」に、

当町干鰯問屋四軒ニ而商売仕候、内壱軒元禄十四年子年より問屋仕申候

とあり、この四軒の内、元禄十四年（一七〇一）から干鰯問屋を始めた家が五右衛門家であったかどうかはわからないが、宝永三年（一七〇六）にはすでに干鰯問屋を営んでいたことは確かである。おそらく境・関宿の干鰯問屋は元禄・宝永期に勃興したものであろう。その後、享保元年（一七一六）に問屋五右衛門は、新田川端にあった蔵屋敷四畝一歩、屋敷二畝一二歩の合計六畝一三歩の屋敷と、「干鰯問屋名代」を質入れして一〇〇両の金を借りている。「干鰯問屋」の名目がそれだけの価値を持っていたのだ。

しかし、その後は「干鰯問屋」としての発展はあまりなかったようである。それは享保以後が九十九里浜の鰯不漁期であったこととも関係があろう。特に寛政期は不漁であったらしく、境河岸の問屋の言葉では「引続不漁ニ付」「粕干カ甚以高直」になり、それにひきかえ穀類は下値なので引き合わず、百姓は困窮し作物の出来は良くなく、それ故近頃はどこの村でも荒廃地が広がっている、と述べている。

蝦夷地産の村方貸付

ちょうどその頃、境干鰯問屋五右衛門のところに、一つの話がころがり込んできた。文化元年（一八〇四）八月、奥州須賀川宿の安藤三郎右衛門・辰三郎の親子が、江戸表へ向かう途中、境河岸より乗船するために、問屋五右衛門家に立ち寄った。そして翌九月、江戸からの帰途に再び安藤親子は五右衛門家を訪れたのである。安藤氏はいつも江戸へ上下するたびにここを通っていたので、問屋五右衛門とは昵懇《じっこん》の間柄となっていた。そこで彼は五右衛門に「蝦夷御産物鱒〆粕」の売り弘めの話を熱心にしたのである。その話は、寛政十一年（一七九九）に、幕府は東蝦夷地を直轄領とし、享和二年（一八〇二）には蝦夷奉行所（のちの箱館奉行所）を設置して、文化期には蝦夷地全島を直轄化した。そして漁業もそれまでの場所請負制を廃止して、幕府の直捌《じかさば》き制を実施し、本州各地に御用商人を任命して積極的に売り捌こうとした。自分も今度御勝手方勘定奉行所に召出され、蝦夷地奉行戸川筑前守安論・羽太安芸守正養より「蝦夷地御産物」の「売弘メ支配方」を任命されたが、この産物の内主要なものは魚の〆粕で、特に最近は鱒〆粕の生産が多い。この蝦夷地産鱒はこれまで「塩鱒」として江戸・大坂・北国筋に廻漕されていたが、今度は〆粕にして田畑の肥料とすれば百姓のためにもなるという方針に変わった。鱒は元来油の多い魚なので、〆粕にしても他の魚〆粕よりも身がしまり、目方もあって、骨も荒抜きにしてあるので大変良質の〆粕である。これをこれから関東の農村に売り弘めたいので協力して欲しい、というのであった。

　これを聞いた五右衛門は、ちょうど干鰯が品不足・高値で困っていたところなので、値段が手頃ならばぜひ売捌方を引き請けたいといい、たちまちに話がまとまって、安藤親子は奥州へ帰っていった。

　その翌年、文化二年の二月、安藤三郎右衛門の倅勝之丞と安藤彦兵衛が再び境河岸へやって来た。そして五右衛門と昨年の話の具体的な段取りを打ち合わせたのち、利根川の便船で銚子湊の広屋武左衛門方をめざして下っていった。それから間もなく、蝦夷地産の〆粕を満載した高瀬船が、境河岸へ着いたのである。そこで五右衛門は河岸の干鰯仲買中へ触を廻して集め、市を開いて相場を立てたが、実際には一向にこの〆粕の引取手がなかった。これはどうも値段が適当でないのだろうと判断した五右衛門は、仲買の一人柏屋六太郎と相談して、直接下野国都賀郡村々の百姓に貸し付けようということになった。

　ではどうして、都賀郡の村々が特に〆粕貸付地として選ばれたのであろうか。それはおそらく、都賀郡の村々が境河岸と同じ関宿藩領であり、また米穀の主産地で、年貢が定免制であったため、干鰯・〆粕等の金肥を多量に使う村々であるとふんだからであろう。

　そこで問屋五衛門と仲買六太郎の二人は、荷主と掛け合って代金の支払いを十一月二十日まで延期する了解をとりつけ、また都賀郡真弓村の大庄屋河連市兵衛を訪ねて村々〆粕貸付の了解を求め、村々役人中へも掛け合って了解を得た。しかし、もし代金の回収が滞る場合を配慮して、バックに藩権力の保証を得ようとし、関宿藩に願い出ている。その願書の要旨は、「今度私共は蝦夷地産の鱒〆粕の売弘めを引き請けた。この鱒〆粕は、これまで長く干鰯・〆粕を扱って来た我々の目でみると、油魚であって肥料としての効力は非常に大きいものとみえる。そこでこの鱒〆粕を当四月五月の夏作の肥料、八月九月の麦作の肥料として、藩領都賀郡村々に売り渡したい。ただここは米穀生産を主とする村々なので、秋になるまで収入がない。そこで鱒〆粕の代金は十月十一月まで貸し付けることとするが、もし万一その時になっても代金の支払が滞るような村があった場合は、藩が呼び出して、皆済を申し付けて欲しい。これがうまく行けば、都賀郡に限らず領内の村々へも貸し付けたい」、というのであった。この願書は、藩の組頭衆および町役所・代官所にそれぞれ提出され、関宿藩はこの願を了承して、代官大槻伝蔵より四月四日付で大庄屋および村々へその旨の廻状が出されたのである。

こうして、河岸の干鰯問屋を通しての蝦夷地産魚〆粕の農村への貸し付けが始まった。最初に境河岸に着いた鱒〆粕は六三九俵であったが、目方に不同があったため、一俵を一九貫目に直したところ、六五一俵となった。行先は、五二〇俵が都賀郡村々、五三俵が佐野、二〇俵が宇都宮で、残りの五八俵が町内の柏屋・絹川屋などの仲買と付近の村に引き取られていった。

これをみると、最初は鱒〆粕の大部分が、直接に河岸の問屋より都賀郡村々へ売られていたことが知られる。その後は鱒〆粕の肥効がわかってきたのか河岸の仲買もこれを多く引き取るようになった。たとえば、文化四年（一八〇七）四月に境河岸に着いた蝦夷地産魚〆粕一三二九俵についてみてみよう。

これらは銚子湊の船宿広屋武左衛門・阿国屋利右衛門の手を通して、高瀬船四艘に積み込まれた。すなわち三助船には鱒〆粕・鰈〆粕等合計六〇〇俵、源七船には九九俵、平四郎船には五〇〇俵、左七船には一三〇俵であった。そして銚子より利根川を遡り、境河岸に着いたが、その運賃は一〇〇俵につき銀九〇目の割で、四艘合計の運賃は金一九両二分と銀六匁一分であった。この河岸に着いた魚〆粕の内訳は、

一、鱒〆粕　千百九拾四俵
　　　　　　外叺壱俵
一、鰈〆粕　三十二俵
一、鱈〆粕　五十九俵
一、鯡〆粕　四十二俵
一、鰯〆粕　　　壱俵
　〆千三百二十九俵

このように、「鱒〆粕」が圧倒的に多かったが、これらの俵は一俵の目方に不同があったので、河岸でそれぞれ一俵―一七貫目として詰め替えられた。でき上がった俵は一四四一俵一分七厘となったという。この内の鱒〆粕六一四俵だけを問屋五衛門と六太郎で引き請け、残りの鱒〆粕六七八俵、鯡・鰈〆粕八二俵余、鱈〆粕六五俵余、鰯〆粕一俵は、河岸の仲買商人に渡されたのである。

こうして、蝦夷地産の魚〆粕が、境河岸を通して北関東の農村に入っていった。受け入れた農村の

側でも、使ってみると他の魚〆粕とちがい「油魚其上身粕」であって肥効が非常によく、米の稔りも良いので、毎年鱒〆粕を当てにして、前々から予約する者も多くなり、おそらく値段も内地産の干鰯より安かったのであろう。売れ先もだんだんと広がっていった。

魚肥を求めて

文化六年(一八〇九)の年が明けて早々、荷主よりの手紙で、まもなく銚子より荷を積みのぼすという知らせが届いた。そこでその準備をし、また都賀郡村々へも通知をして待っていたが、いつになっても荷が着かない。そのうちに時日もたって、村々では春の仕付けの時期となり、都賀郡村々からは日々催促の使がやってくる。驚いた問屋五右衛門は、飛脚を仕立てて荷主の許に送り事情を尋ねたところ、廻船が岩城辺で難船してしまったので、もう今年の肥料には間に合わないとのことだった。仕方なく、村々へは詫びて廻って済ましたが、後で聞くところによると、荷主安藤氏が領主白河藩より蝦夷地産物の取扱いを差留められたとのことだった。これでは、今後も荷は来ないと知って問屋五右衛門は当惑した。背後には、今年も鱒〆粕を待っている多くの農民がいるのである。

五右衛門は、直接に江戸の蝦夷地産物会所から鱒〆粕を買い付け、自分の高瀬船で境河岸へ運送しようと考えた。そして関宿藩に願い出て添翰をもらい、伝手《つて》を求めて幕府の蝦夷地奉行所に願い出たのである。奉行所では、彼の願いを全面的には認めなかったが、会所に鱒〆粕の荷が着いた時、その

図 42 河岸の魚糶市（『利根川図志』）

入札に参加することは許可した。しかしこれでは、もし落札できなかった場合は村々の百姓との約束が守れない。

そこで落札値段の上に、金一両につき銀一匁五分の増金を出すので、安定した荷の供給を認めて欲しいと再度にわたって願い出た。これは自分の利益のためにと言うのではない、多くの百姓のため、ひいては国益のために願うのだとさえ、彼は言っている。しかし、この願いはついに認められなかった。それは、背景に、この時期前後から幕府の蝦夷地に対する方針の変化、東蝦夷地の直捌き制の廃止などという消極的な蝦夷地経営への政策転換があったためである。

こうして蝦夷地産鱒〆粕の境河岸干鰯問屋を通しての導入は、数年にして断絶してしまったが、河岸後背地の農村が干鰯・〆粕等の金肥を必要としていたことは変わらなかった。そこで問屋五右衛門は、村々へ売り付ける金肥の仕入先を、尾州産干鰯に切り替えたらしい。天保八年（一八三七）には、尾張藩の「干鰯〆粕其外肥物買入方御用」を勤める須賀屋杢之助との取引をはじめている。しかし、それも大きな発展はみられなかった。幕末の万延元年（一八六〇）には、「粕干鰯仲買穀問屋株」を一〇ヶ年期で他人に売り渡してしまっているのである。

五十集《いさば》と棒手振《ぼてふり》

これまでは、干鰯〆粕問屋についてみてきたが、河岸にはその他に、生魚荷物を扱う仲買商人もいた。安政四年（一八五七）に、境河岸で「水戸・銚子其外浜々より送来候生魚荷物」の「売払い世話方」を古くから渡世にしている紋四郎と甚次郎の二人は、同じ河岸の吉兵衛が、この頃我々と同じような稼《かせぎ》を始め、営業妨害だと訴えた。訴えられた吉兵衛は、粕干鰯その他五十集《いさば》塩物を扱ってきたが、その荷の中に生魚が混って来ることがあり、それを売り捌いただけで、自分の営業権の範囲内だと反論した。この訴訟には扱人（仲裁人）が入り、内済することとなった。その結果は、銚子浜々より送られてくる生魚荷物は、これまで通り紋四郎と甚次郎の二人が取り扱い、水戸浜々から送られてくる生魚荷物の売り払い方は、この二人に吉兵衛を加えた三人で扱うことで、話がついている。

この吉兵衛の行なっている営業をみると、水戸・銚子方面より利根川を「なま船」（生魚を専用に積む船）で遡ってきて、生魚荷物が河岸に着くと、町内の「棒手振《ぼてふり》仲間」に市触れを出して集め、「糶売《せりうり》」をして荷を捌《さば》いている。この生魚を買った「棒手振」（行商人）はこれを天秤で担いで近在

図 43　棒手振（行商人）（『利根川図志』）

の農村に売り歩くのである。このような生魚流通の形態は、境河岸だけのものではなかった。『利根川図志』にのる布川河岸の「布川魚市之光景」の図をみると（図42）、船で着いたばかりの竹籠に入れられた魚荷持が、河岸に積み上げられ、一段と高い台の上には「糶《せり》人」が上がり、前には魚を並べ、周囲には棒手振や仲買人らしき人々が群がっている様子が描かれている。すでに生魚を仕入れた棒手振は、魚荷を天秤で担いで、思い思いの方向に散って行く様子も描きそえられている（図43）。これが、当時の河岸の一般的な光景であったのであろう。

このような「棒手振」から「問屋・仲買」まで、それが河岸の商人たちであった。

第七章　うごめく河岸

船持の闘争

「船持人別帳」から

河岸には、川船の「船持」が多く住んでいた。境河岸の天明二年（一七八二）の「船持人別帳面」には、次のように書かれている。

下総国猿嶋郡境町

御年貢
一長銭壱貫百文　似艜船　兵庫
同
一長銭壱貫百文　似艜船　同人

（中略）

一同長銭壱貫百文　高瀬船　重兵衛
一同長銭壱貫百文　似艜船　武兵衛
（以下略）

これによれば、この時、この河岸にあった船は、「高瀬船」「似艜《にたりひらた》船」など合計一二九艘、船持は八六人であった。この船数と船持の数の不一致は、一人で何艘もの船を所有する「船持」がいるからである。

持船階層表（表9―1）をみると、一人で二艘から八艘までを持つ「船持」がいたことがわかる。この中で最高の船所有者である八艘持の一人は、名前を五右衛門といい、この河岸の河岸問屋である。また、第三位にある四艘持の一人も、兵庫といって同じくこの河岸の河岸問屋であった。このような河岸問屋の持つ船を当時、「問屋手船」と呼んでいた。「問屋手船」には、船頭・水主《かこ》が雇われて乗った。河岸問屋の主人は当然ながら問屋場で事務をとるので、船は雇われた手船船頭に任されていたのである。

この河岸には河岸問屋は前述の二軒しかなかったので、これ以外の船は「問屋手船」ではない。しかし、少なくとも二艘以上の船持は、河岸問屋と同じように、その船の運行には船頭・水主を雇って乗せていたであろう。当時の高瀬船・艜船等の大船では、船頭（船長）の他に水主《かこ》（乗組員）が三〜五人必要であった。たとえ二艘持の船持でも、大船を持つとすれば船頭を含めて一〇人くらいの乗組員を確保しなければならない(表9―2)。それにはまた、相当の経済力を必要としたはずである。幕末ではあるが、高瀬船一艘を新規に建造するためには、船本体に帆や櫓・櫂などの付属品を含めて金一〇五両の費用がかかった記録がある。これでは相当の資産家でなければ船持にはなれないことになる。

これを「大船持」と呼ぶとすれば、一艘持の「船持」の中には、自分自身が船頭となって働き、水主には家族・子弟を使うという「小船持」もいた。一艘持の「船持」の内の多くが、水主《かこ》(乗組員)を多く必要としない小型の船を持っていることも、これと関係があろう。

このようにみてくると、この「船持人別帳面」に書き上げられた船持は、みな一様なものではなく、船の経営的にみてもいくつかのタイプに分かれていることが知られる。特に、手船持問屋・大船持と小船持との間には、船の所有数の差だけではなく、質的な差があったと思われる。それゆえ、船持たちは、船持仲間としてのまとまりも持っていたが、またお互いに利害が対立することも少なくなかった。それと端的に示したものが、寛政四年(一七九二)の事件だった。

表 9–1　天明2年境河岸持船階層表

所有船数	所有者数	総船数
8	1	8
7		
6	1	6
5		
4	1	4
3	7	21
2	14	28
1	62	62
計	86	129

表 9–2　享保20年野尻河岸高瀬船等乗組員数表

乗員数	船数	総乗員数
5	2	10
4	7	28
3	1	3
2	1	2
1		
計	11	43

小船持立ち上がる

寛政四年（一七九二）四月、境河岸にいた船持八一人が結束し、惣代七名を立てて河岸問屋を訴えたのである。これは当時とすれば大変ショッキングな事件であった。この河岸の河岸問屋は、近世初期からの土豪的存在であり、行政組織の中では町全体を取り締る名主・町役人でもあり、問屋としては多くの船を持ち、この河岸に送られてくる荷物を一手に引き受け、幕府公認の河岸問屋株の権威を持って船持・船頭の上に君臨していた。この経済的にも政治的にも社会的にも絶対の権力者であった河岸問屋を向こうにまわして立ち上がったというのである。

天明二年（一七八二）のこの河岸の船持総数は八六人であったので、「船持八一人」といえば、当時境河岸にいた船持のほとんどすべてであった。八一人が署名した長文の訴状は、関宿藩の役所に提出されたが、その内容はほぼ次のように要約できよう。

境河岸は、遠くは奥州・仙台、近くは北関東の野州・上州、あるいは近在農村などから送られてくる荷物が、みな河岸問屋に集まってくる。それらを全部問屋の持っている手船に積んで江戸の方へ送り出している。そして、町内にある一般の船持の船には積ませない。よくよく問屋手船が不足して困る時だけ、町の船を雇って使う。このような状況では町船の利益は何もない。そこで、この河岸の船持は困って、他所の河岸へ出かけて行って荷物を積ませてもらう。これを「貰荷《もらい》物」というが、これによってようやく渡世を続けている。しかし、この船持の多くは小さな百姓

図 44　昭和初期の高瀬船（『下総境の生活史』）

で、無高同様の者も多く、非常に困窮している。また私共が所々の河岸へ稼ぎに出かけていって見聞したところでも、荷物を問屋手船だけに積むという我儘勝手な積み方をしている河岸はどこにもない。

そこで、これからは河岸問屋の手船を八分通り減少させ、その分の荷物を「町船」（問屋手船以外の船）に廻して欲しい。町船はそれを順番に、「番船」として積んでいきたい。問屋手船が二分、町船が八分となったとしても、問屋はその前に全ての荷物から「分一」と称して運賃の一割を手数料として取っているし、その他にも庭銭・蔵敷などの定めの収入があるのだから、問屋は少しも困らない。それを問屋が全部自分の手船に積んでしまったのでは町船は立つ瀬がない。それ故、荷物の八割は町船に積ませるようにとりはからって欲しい。

このような願いが、寛政四年四月という時点で出される背景には、実は一つの問題があった。

石尊参詣

ちょうどこの頃、北関東に「石尊参詣」、すなわち相模大山の石尊様に参詣することが流行した。特に、一般荷物の輸送の少ない六月から七月にかけて石尊参詣客はこの河岸に集中し、春・秋の伊勢参詣客と共に、この河岸の上得意であった。そこで船持たちは、この旅人を自分の船に乗せようとして、乗客の争奪戦をくり広げる。

このようなことは、これ以前の宝暦八年（一七五八）にも問題になり、そのときは町船側から舟指二人、両問屋から手代二人の四人が立会となって、問屋を名指しで来た客以外は町船にも乗せることで解決した。その後、この議定もゆるみ、特に一般の荷物の出が少なく暇な時期なので、町船はなんとかこの客を獲得しようと、道端に出て誘ったり、「町舟会所」という大きな看板を立てて、ここからでないと船に乗れないというような宣伝をしたりして、相当激しい参詣客の争奪戦を行なった。

しかし、北関東から東北の荷主を一手ににぎる問屋の力は強く、町船に誘われる客の数はそれほど多くはなかった。そこで、船持の中に、なんとかこの参詣客を自分たちの方に取りたいという考えが広がり、石尊参詣客の増加を契機にして船持が結束したと考えられる。

老中へ駕籠訴

船持一同からの願書を受け取った関宿藩の役人は、この訴状に奥印を押した一三人の組頭の中には船持もいるようだが、それらも願人の内に入るのかとただした。これを聞いた組頭の内の八人の船持は、あわてて自分たちは組頭として奥印しただけで、決して願人の中には加わらないと申し出、その旨の口書を提出した。

一方、訴えられた問屋は、日頃から名主として、関宿藩の役人とは親しい関係にあったので、訴訟事件には有利だったが、訴えられたことなので、一応返答書を提出した。その中で問屋は、

問屋手船を八分通り減少せよなどとはもってのほかで、我々は古来より手船を持って営業してきた。小前たちが船を持つようになったのは勝手にしたことで、利益があるからしたのだろう。それが今困るというのなら、すぐに船を手放して船持をやめたらよい。他所の河岸では問屋手船だけに荷物を積むところは無いというが、それがこの河岸の古来からの仕来りである。古来よりの定法を破り、他所の法を用いるなどとは不埒至極のことである。

また、訴訟人の船持の中には、諸商売を手広に行ない、醤油醸造業などもして、田畑山林屋敷等も多く持ち、自分の所の荷物だけでも積み切れない者や、本業ではなく余慶《よけい》の稼ぎとして船を持っている者、数艘の船を所有している者（これは大船持という範疇に入る）なども含まれており、一律に生活が成り立たないなどと訴状に連印するのは全く不届きである。

と述べている。

この後、関宿藩役所は、はかばかしい取り調べもせず、小前船持を個別的に呼び出すが、吟味らしい吟味もしなかった。要するに船持仲間の分裂を待っていたのであろう。これに耐えられなくなった船持側の惣代は、問屋との対決吟味を願ったが許されず、ついに関宿役所に見切りをつけて、八月、七人の惣代の内の六太郎・重兵衛の二人を江戸に上らせ、関宿藩の上屋敷に越訴《おっそ》を決行した。

しかし、これも結局関宿役所に差戻されてしまった。その後も一向に取調べは進まなかった。関宿藩役所の役人としても一方は日頃から関係の深い名主・町役人であり、他の一方は惣船持であり、なかなかその結束が崩れない、それゆえ、どちらにも判決を下しかねたのであろう。こうして寛政四年は暮れ、寛政五年の春も過ぎていった。

そしてこの年の六月、また再び石尊参詣の客でにぎわう時期がめぐってきた頃、焦りがみえてきた訴訟側の船持の中に一つの事件がおきた。それは船持久右衛門の倅彦八と船持新八の倅長太郎が、ひそかに江戸に上り、老中への駕籠訴《かごそ》を決行したのであった。その訴状は船持惣代六太郎と重兵衛が関宿藩上屋敷に出したものに、御吟味を進捗して欲しいという継書を付したものだったという。どうしてこのような若者たちが駕籠訴をしたのであろうか。おそらく、この闘争を指導している船持惣代が駕籠訴をして捕らえられ、もしものことがあっては船持たちの結束が崩れると、それを恐れたのであろう。

このような必死の若者たちの訴えも大きな事件とはならず、勘定奉行根岸肥前守の手から、そのまま関宿藩に引き渡されてしまった。しかし、船持側はあきらめなかった。翌々八月、今度は船持惣代六太郎の弟善次郎が、このように吟味が長引いては小船持の生活が破壊されるとして、またまた幕府老中に駕籠訴したのだった。

再々に及ぶ老中への駕籠訴に、関宿藩も放置しておけず、両者に相当の圧力をかけたらしい。その間の事情はまったくわからないが、寛政五年（一七九三）十月ついに内済という形で決着がつけられた。船持側は越訴や駕籠訴をした本人をはじめ、全員が処罰らしい罰は受けなかったが、また一方船持の要求はほとんど通らなかったといってもよい。

この内済で決められたことの要点は、毎年六月二十四日より七月十四日までの石尊参詣の旅人は、これまで問屋・町両方で扱っていたものを、今度は問屋が一手に引き請け、町船の船持代表二人立会いの上で、その内から毎日一軒の問屋につき三〇人ずつ、二軒で六〇人は問屋の手船に乗せ、残った分はすべて町船へ乗せる、もちろんその船賃高の一割は問屋が取るというものだった。

これは一応問屋手船に乗せる旅人数を、一日六〇人までと限定することには成功したが、果たして一日六〇人を越えて、町船に廻される人数がどれほどあるのであろうか。

この時から少し前の天明四年（一七八四）と後の安政七年（一八六〇）に、境河岸から出船した旅人の月別の人数が知られる（表10）。それをみると、六月・七月が異常に多いことは確かである。しかし、この二ヶ月の旅人数を足して一日平均の数を出してみると、一日約三六人にしかならない。実際には六月末から七月初めにかけての約二〇日間に旅人が集中したとしても、果たして一日六〇人を

表 10　境河岸出船旅人人数表

月	天明4年	安政7年
1月	71	480
閏1月	147	—
2月	377	651
3月	545	981
閏3月	—	749
4月	519	742
5月	273	655
6月	886	1043
7月	1260	1130
8月	444	826
9月	428	729
10月	356	583
11月	94	619
12月	27	446
計	5427	9634

越える数がどれほどあったか疑問であろう。これでは、一年半以上にわたって苦しい闘争を続けてきた船持側の成果としては、あまりにも小さいものだったといえる。しかし、見方を変えれば、これまで河岸の中で絶対的な権力を持ってきた河岸問屋に、一定の制限を加えたことは、たとえ実質的な利益は多くなかったとしても、大きな成果であったとみることもできよう。ともかく、こうしてこの事件は終わった。

この事件で、船持惣代となった七人の内、特に中心となって活躍した武兵衛・重兵衛の二人は、前述の天明二年（一七八二）の「船持人別帳面」によると、一艘持の船持であったことが知られる。また倅が駕籠訴をした久右衛門・新八も共に一艘持の船持であった。

こうしてみると、この事件は、一艘持の「小船持」が主導して、手船持問屋と対立したものであったといえよう。その間にある大船持は、最初の訴状に奥印した組頭で、かつ船持でもあった伴右衛門が、三艘持の大船持であったように、その一部は船持仲間から脱落したが、六艘の大船持であった藤右衛門が訴訟人の中に名を連ねているように、「大船持」の中にも小船持とその行動を共にする者もあった。しかし、大船持がこの訴訟の主力となることはなかったとみることができよう。

図 45　倉賀野河岸跡

このように、境河岸では「船持人別帳面」の中から、船所有の形態を通して船持の三つのタイプを抽出し、それらの間には質的な差異があることを、具体的な事件の中で、それぞれがどのような行動をとるかということを通してみてきたが、他の河岸にあっては一体どうであろうか。

たまたま利根川上流の倉賀野河岸に、境河岸とほぼ同じ時期の天明六年の「船数書上帳」が残っている。これをみると、船数は五四艘で船持は三九人、その内八艘持、六艘持、四艘持が各々一人ずつで、一艘持が三六人となっている。八艘持は船問屋であり、六艘持は船問屋で名主、四艘持も船問屋である。また、一艘持の船持の中には、船問屋が二人、名主が一人含まれており、また江戸廻りの大船ではなく、艀下船《はしけ》・小船のみを持つ船持も十数人はいる。これは、船問屋の数が多いことを除けば、境河岸の船所有のあり方とほとんど同じである。ここにも手船持問屋と大船持、小船持という三つのタイプを見いだすことができるだろう。

このような船所有の状況は、境河岸、倉賀野河岸だけではなく、利根川の河岸一般についてもみられることで、当時の河川交通の中でのあり方としては、非常に普遍性を持つものと考えられる。

河岸の底辺

女のひとり者

境河岸の天明五年（一七八五）の職業構成表をみると（表6）、百姓、船持、商人などの他に、「船乗」「小揚人足」「日雇人足」が一五六軒もある。これが河岸の中の代表的な労働者である。その人口は四九一人と、河岸の中では最大の数字を示しているが、一戸当たりの平均人口は三・一人と最も低くなっている。それはこの人びとの中には独身者も多かったろうし、また経済的にも多くの家族を養うことができなかったことを物語るものであろう。

天保八年（一八三七）のこの河岸の「宗門人別御改帳」をみると、総家数三三五軒の内、ひとり者の家が六六軒もあり、その内、女のひとり者一四軒、後家九軒を除く四三軒が男のひとり者であった。ひとり者世帯が多いことは河岸の特徴であったが、この人びとはどのようにして生きていたのであろうか。

雇われ船頭と水主

「船乗」は、「船頭」（船長）と「水主《かこ》」（船員）に分かれるが、「船頭」は自分所有の船に乗る、いわゆる「直乗《じきのり》」ばかりではなく、大船持に雇われて働く「雇船頭」も多かった。

野尻河岸の市郎左衛門は、河岸問屋に雇われて問屋手船の「雇船頭」をして働いていたが、ふとしたことから船賃を使いこみ、それが船主である問屋に知れて、親類や組合をたのんで詫を入れ、ようやく許された。使いこんだ二〇両の金は、まず金一両二朱余をすぐに返し、残金の一八両余は九ヶ年の年賦で、毎年金二両ずつ返済するという証文を書いて、「雇船頭」を首にならずに済んだ。

市郎左衛門はその妻と、四〇歳を過ぎた倅およびその嫁との四人暮らしであった。おそらく倅も船に乗っているのであろう。そして留守を守る女たちが、わずかばかりの田畑を女手で耕していた。田は九畝五歩あるが、すべて「旱損地」とあるので、多くの収穫は期待できない。畑は九畝三歩半あるが、そのうちの二七歩は屋敷となっている。この二七坪の屋敷の上に、間口五間半、奥行三間の家が建っていた。この家の建坪は一六・五坪になるが、これはこの村では決して大きい方の家ではなかった。この河岸には、文化八年（一八一一）に一〇四軒の家が建っていたが、最も大きな家は間口一一間、奥行六間、建坪六六坪の河岸問屋の家で、最小の家は間口三間、奥行二間、建坪六坪であった。この間に三〇のタイプの家があったが、市郎左衛門の家は小さい方から数えて一三番目であった（表11参照）。

境河岸では、このような「雇船頭」「水主」を含めた船乗の協議機関があった。天保十年（一八三九）の「船持議定」によると、この河岸に所属する各川船には「朱判鑑札」が渡され、どこの河岸で働く場合でもこれを提示して稼ぎ、毎年正月二十三日と七月十七日には町内の吉祥院に、船持・船頭・水主のすべてが参会しなければならない。この時には、上州あるいは下総・常陸方面の他河岸へ出稼ぎに行っている船も前日から心懸けてみな帰ってきて集まる。正月の集会では、その年の「年行事」が選ばれる。この「年行事」は、町・裏町から交互に選出され、船持・船頭・水主の非行の取り締まりを始め、仲間船の破船・難船の救助、他河岸船持等との関係、船持と雇船頭・水主との間の種々の問題等を扱うこととなっている。

また、この議定の中で、特に強調されていることは、船持と船頭・水主との雇用関係である。子供を水主として奉公に出した場合、その年齢の上下を問わず、七ヶ年はその雇主の下で無賃で働き、七ヶ年が過ぎると毎年両度の集会の席上で、はじめてその水主の給金が入札をもって決定され、高い給金を出した船持の許に自由に行くことが認められている。しかし、一ヶ年の給金を決めて契約した後に、途中で暇を取ることや、勝手に暇を取った水主、あるいは不届きがあって暇を出された水主を、他の船持が雇うことは固く禁止されており、このような取り締まりも「年行事」の仕事であった。

以上のように、この「船持仲間」組合は、雇船頭・水主を統制する機関としての性格も持つところから、水主等を集会には出席させるが、その発言権は認めなかった。この集会の主導権は船持、それも数艘の船を所有し、多くの船頭・水主を雇用する大船持にあった。

表 11　文化 8 年野尻河岸民家規模一覧（総数 104 軒）

タイプ	間口（間）	奥行（間）	建坪（坪）	家数（軒）	備　　考
1	11.0	6.0	66.00	1	河岸問屋・組頭
2	11.0	5.5	60.50	1	河岸問屋・名主
3	8.0	5.0	40.00	1	小船持
4	7.5	4.5	33.75	1	
5	7.0	4.5	31.50	1	
6	7.5	4.0	30.00	1	
7	7.0	4.0	28.00	1	
8	6.5	4.0	26.00	9	内 1，小船持
9	5.5	4.5	24.75	2	
10	6.0	4.0	24.00	6	内 2，高瀬船持
11	6.5	3.5	22.75	4	
12	5.5	4.0	22.00	1	
13	6.0	3.5	21.00	10	
14	5.5	3.5	19.25	4	
15	6.0	3.0	18.00	2	
16	4.5	4.0	18.00	1	
17	5.0	3.5	17.50	8	内 1，小船持
18	5.5	3.0	16.50	12	内 1，小船持，内 1，雇船頭
19	4.5	3.5	15.75	1	高瀬船持
20	5.0	3.0	15.00	13	内 1，高瀬船持
21	5.5	2.5	13.75	1	
22	4.5	3.0	13.50	10	
23	5.0	2.5	12.50	1	
24	4.5	2.4	12.00	1	高瀬船持
25	4.0	3.0	12.00	1	断絶人定右衛門家，松本村吉兵衛住
26	3.5	3.0	10.50	1	
27	4.0	2.5	10.00	3	
28	3.5	2.5	8.75	4	内 1，断絶人伊右衛門家，仁兵衛住
29	3.0	2.5	7.50	1	
30	3.0	2.0	6.00	1	

低賃金に借家住い

このように、雇船頭・水主はきびしい労働条件下にあったと思われるが、その賃金はどうであったろうか。寛政年間、野尻河岸の河岸問屋が船賃を値上げしたいとして、得意先の荷主に廻した廻状によると、水主の給金は、元文・延享の頃は一人前年給金二両三分から三両止りであった。ところが最近は値上りして、一人前四両三分から五両二分までになっている。もっとも陸の人足賃は元文頃よりも増したが、船乗の給金は格別に値上りした、と述べている。それにしても、当時の米相場が大坂で一石―一両一分位だったので、船乗の給金は米にすると年給米四石前後であったことになる。

小揚人足・日雇人足の実態についてはなかなか明らかにできないが、嘉永四年（一八五一）の十二月十六日に高田河岸の重兵衛船が長谷村の地元で流木に乗り掛けて難船した事件では、川に落ちた荷物等を取り揚げるために出た小揚人足は二〇人、その賃金は銭二貫文であった。一人当たりにすると、日当銭一〇〇文ということになる。取り揚げた荷物の夜番人足は三人で、賃金は銭六〇〇文、これは徹夜の番であるので高いのだろうが、それにしても一人当たり銭二〇〇文である。この賃金相場は一般的であったようで、嘉永七年（一八五四）に仙台藩の米を積んだ小堀《おほり》河岸清兵衛船が難船した時も、同じ賃金だった。この時、難船した場所の古布内河岸亀吉へ謝礼に出した半紙一〇帖の代金が銭三三二文であったので、小揚人足の日当は、半紙五帖にも及ばないのである。

それでも河岸に一家を構えていた人足は幸福な方だった。前掲のように、境河岸の天明五年（一七八五）の書上では、船乗・小揚人足・日雇人足が合わせて一五六軒あったが、日雇人足は明治四年（一八七二）の調査では四五人であった。その内で小さくとも家屋敷を持っている者はわずか三人、他は借家に入っている「店借」が二六人、「地借」一五人であった。またこの時、船頭は六二人いたが、その内「店借」一八人、「地借」二五人で、家屋敷を持つ者は一九人で約三分の一にすぎなかった。

しかし、これが、河岸にいた船乗・小揚人足・日雇人足のすべてであると思うと間違っている。これらは一応人別帳に登録されている人々であるが、実はこの他に、河岸には多くの底辺労働者がいたのである。彼等は人別帳から消された「帳はずれ」「無宿」、すなわち戸籍のない無国籍者であった。それゆえ、その人数やその実態は容易に知ることはできない。しかし、たまたま何かの事件があると、その一端が明らかになってくる。

「無宿」の殺人事件

安政三年（一八五六）の十一月五日の真夜中、武州榛沢《はんざわ》郡中瀬村地先の利根川の川原で、一つの殺人事件がおこった。この事件は、残された記録からみるかぎり不可解な事件であった。

まず事件のおこった現場の中瀬村の村役人が十一日に領主に差し出した届によると、松平伊賀守（信州上田藩）御手船の水主頭《かこがしら》勝五郎と板倉伊予守（上州安中藩）御手船水主頭安松、普済寺村御船宿豊七の三人が、中瀬村の村役人の所に来て、武州賀美郡忍保《おしほ》村船乗重五郎の召抱水主勘七が、松平伊賀守手船の日雇水主岩吉を殺害したので、勘七を捕らえてある、立会って見分して欲しいと頼んできた。

村役人が現場に行ってみると、組頭善兵衛地先の利根川の水中に、岩吉の死骸が東を頭に俯すようにして右に倒れていた。身体を確かめると数ヶ所の疵《きず》があった。殺害した勘七に事情を聞くと、五日の夜中に「忍び難き儀」があって船にあり合わせた脇差をもって岩吉を斬った、その事情を水主頭の勝五郎に話して行方をくらまそうとしたところ、勝五郎に差し押さえられてしまったという。

水主頭勝五郎に尋ねると、ちょうどその時は松平伊賀守手船の船頭茂木新五郎は他出中であり、自分も隣に停泊していた板倉伊予守手船の水主頭安松の所に行って、夜四ッ時（午後十時）頃に船に帰って寝た。明け方近くに誰か自分の名を呼ぶ者があるので目を覚まし、外へ出てみると勘七がいて、岩吉を殺害したことを話して逃げ去ろうとしたので、これを差し押さえた。それゆえ、勘七が岩吉を殺害した様子はまったく知らない、と言った。

また、隣に停泊していた藤ノ木河岸鷲助乗水主由蔵や山王堂河岸武右衛門船亀太郎、同村峯右衛門船水主喜助など、付近にいた船の船頭・水主に尋ねたが、皆夜中のことなので一切知らなかったということだった。

ところが下手人勘七の身元を調べていくと、意外な事実が判明した。勘七は利根川と烏川の合流点近くの右岸武州賀美郡八丁河原村の組頭政右衛門の弟だということなので、八丁河原村へ問い合わせたところ、そのような人物はいないという返事だった。だが、なおよく調査してもらったところ、当人は七ヶ年以前の酉年（嘉永二年）に行方不明となり、人別帳から「除帳《のぞきちょう》」にされた「無宿者《むしゅくもの》」であった。しかし、本人は自分が人別帳からはずされて、「無宿」になっていることを知らなかったのである。

そこで、勘七自身が申し立てた「口書《くちがき》」をみてみよう。勘七は当年三八歳、前述の八丁河原村の百姓の子に生まれ、生家には今年七五歳になる母親と兄政右衛門がいる。

私はこれ迄に船乗として諸所に雇われてきたが、去年の夏までは時々村に帰り自分の家にも出入りしていた。自分が「帳外者《ちょうはずれ》」となっているとは少しも知らなかった。しかし、「無宿者」にされても母・兄に対して何の異議や怨みもない。また、今年の春から松平伊賀守手船の船頭茂木新五郎の小高瀬船に雇われて、江戸表へも度々通船してきた。

ところが、当年八月の風難にあい、九月二十九日頃中瀬河岸に着船、艀下船がないためそのまま河岸に滞船していた。すると船頭よりこの小高瀬船は忍保村の重五郎へ売ったということで、私は水主頭の勝五郎より暇を出されてしまった。ところが、十月四日の頃、勝五郎が藤ノ木河岸へ行った留守に、水主松吉が来て言うには、暇を出されたはずがない、船は九日頃出航予定だということなので、船頭新五郎に逢いこれ迄通り雇ってくれと頼んだところ、船頭が言うには、このように航行が永くかかっては銭にもならないので暇を出した、小高瀬船は重五郎へ売ったのでそちらへ行けと言われ、重五郎も来いというので、船と共に重五郎の許へ行くことにした。そして十月十二日の頃、給金の内として金二分を借りた。私のような者に二分という金を何のあてもなく貸す人はいない。重五郎は雇ったことはないというが、確かに雇われたのだ。その後の食事も重五郎から借りた金の内で米を買ってきて船で煮炊きして食べた。重五郎もしばらくは一緒に船にいたが、その後は一人になり、所々で飲み食いしていた。小高瀬船には米三五俵と他に塩荷物も積んであったが、重五郎の雇水主になったことなので、その積荷物の番をしてきた。

ところが、当月五日の夜、酒狂の上雇水主岩吉と川端で口論となり、互いに言いののしった末、私が岩吉の脳天を拳でなぐった。すると岩吉は脇差を抜いて私に切ってかかってきたので、夢中になって抜身をひったくり、岩吉に疵を負わせた。その場には誰もいなかったので、そのまま船に帰って寝てしまった。しかしだんだん酔いが醒めてくると自分のしたことを後悔し、起き出してみると、岩吉は水際に死んでいた。これは大変なことをしてしまったと驚いたが、仕方がないと覚悟を決め、水主頭勝五郎を呼び起こし、事の顚末を話したところ、直に差押えられてしまった。私と岩吉との間には日頃から何の遺恨もなく、金銭の貸借などもない。まったく酒の上で大胆になってやったことで申し訳ないことだった。

というのである。

『天保水滸伝』の世界

次に殺された岩吉についてみてみよう。松平伊賀守手船船頭茂木新五郎が出した検死の「見分書」

をみると、岩吉は当年四二歳、身体の各所にある疵について細かく記されているが、それは省くとして、特に注目されるのはその服装である。彼は上に小紋染裏紺の綿入れを着、木綿紺立縞の単物、木綿縫の襦袢《じゅばん》に紺木綿の亀甲腹懸を当て、紺の小倉帯を締め、白木綿の下帯、紺足袋をはいていたという。なかなかシャレたもので、水主の不安定な生活とはそぐわないように思えるが、これが当時の水主の一般的な服装であったのだろう。また、彼の持っていた長脇差も、鍔下より二尺一寸ほど、中心で四寸ほど、祐定作という立派なものであった。

この岩吉の身元を調べてみると、なんとこれも、元奥州岩城郡四ッ倉村の百姓で、「除帳」になった「無宿者」であったのである。

この後、どのような取り調べが行われたのか、関係者のどのような思惑が働いたのかはわからないが、この事件の結末を示す「届書」には、次のように書かれている。

去月五日、松平伊賀守手船雇水主岩吉と忍保村船乗八左衛門雇水主勘七とが酒狂の上口論となり、組合いながら川岸を踏みはずして川へ転落し、そのはずみに岩吉が差していた脇差が鞘走って自分自身を疵つけた。また下にあった木杭や岩石に当り両人共怪我をした。岩吉は前後不覚で倒れており、勘七はその場に狼狽していたところ、水主勝五郎という者が通りかかり、これをみて勘七を取押え、岩吉は早速医師にかけて介抱し、事情を岩吉に尋ねたところ、酒の上での口論に過ぎず、自分で疵を負ったのだと言った。疵は浅手であったが寒気に当り、余病が出て同月九日に果てた。関係者一同を糺《ただ》したがこれに少しの疑わしいところもない。また両人とも「無宿」で身寄りの者もないので、この事件は「吟味下げ」にする。

というのである。結局、岩吉は殺され損、勘七はお構いなしということになった。このような結末になったのは、おそらく両人が「無宿者」であったからであろう。この事件は、残されたわずかの記録からみる限り、何が事実かわからない点が多い。それぞれの立場により関係者から提出された「届書」の内容が少しずつ食い違い、事実の認識も異なるのである。

しかし、それはともかく、この事件は当時の船乗・水主の生活の実態を生々しく我々に伝えてくれる。水主雇用の不安定さ、それにもかかわらず派手な服装と長脇差は、河岸にはびこった「やくざ」の世界を想起させるのに十分であろう。たまたま事件をおこした水主の身元を洗ってみると、ともに「無宿」であったということは、当時の船乗・水主の多くが同じ境遇にあったことを想像させる。これは、河岸の人別帳に現れない人びと、河岸の家族や人口に入らない人びとである。殺されても殺しても罪にならない、法の保護を離れた人びとの、ある意味では無法地帯が、河岸にはあった。これが、『天保水滸伝』の舞台でもあったのである。

では、このような船乗・水主は、どうして生まれてきたのであろうか。

天保二年（一八三一）八月、野尻村の名主等は、銚子にあった高崎藩の代官役所に届書を提出した。野尻村の藤左衛門が村から出奔し、日限を切っての捜索を命ぜられたが見当たらず、また三〇日限りの捜索を命ぜられ、千葉・生実・木更津辺まで捜したが発見できなかったと書かれていた。藤左衛門は親の代には田一反五畝歩余、畑八畝歩余、合計二反四畝歩余を持つ百姓だった。それがどうした理由からか出奔した。こうして何度か捜索して見当たらないと、領主の許可を得て人別帳から「除帳」となり、「無宿」となるのである。

また同じ時に、もう一通の届書が出されている。これには、出奔人仁兵衛およびその女房、倅四人、娘一人の一家七人で出奔しており、常州土浦、下総関宿、武州岩槻辺まで捜索したが見当たらなかったといっている。このような出奔によって家が断絶した百姓は、文化八年（一八一一）の記録によると、五〇年間に二八家族もあったという。（表12参照）

出奔人、断絶人はもちろん河岸ばかりでなく、河岸付近の農村にもあった。その真の原因は、天災・飢饉による小百姓経営の破壊、河岸を通しての貨幣経済の流入による農民層分解の進行という農村の中の問題にあったのであるが、それはさておき、この出奔した人たちはどこへ行ったのであろうか。村役人や同じ五人組の百姓が何度も捜索しても発見できないというのだから、我々にわかるはずがないが、なかには、村では内々にその行方を知っている場合もあった。

野尻村を出奔して行方不明になった弥三郎には、ひとり村に残した母親があった。この母が年老いて他に養育する者もなく、一人では生活できない状況になったので、村では弥三郎の行方を捜したところ、当時、常陸国日川村という所で高瀬船の船乗り稼ぎをしていたという。日川村とは鹿島の利根川付の河岸である。村では弥三郎を呼び戻して母親の介抱をさせたいので、弥三郎が発見された故、村へ呼び戻したい、それについて村では何の差障りもないので許可して欲しいと代官役所へ願い出ている。

このように村を出奔して「無宿」となった人びとは、各地の河岸に集まり、河岸の公式記録には現われない「船乗」「水主」として、また「小揚《こあげ》」「日雇人足」として事実上働いていた。それは河岸の住民としての水主・小揚・日雇人足以上に厳しい労働条件の下にあったと思われるが、それでもなお彼等の働く場が、河岸にはあったのである。

河岸にはこのような底辺労働者、「無宿」が集まり、一見「無法地帯」のようにもみえるが、逆に

表12 野尻村断絶家数一覧
（文化8年より過去50年間）

出奔年	出奔人
宝暦 11年（1761）	2軒
明和 3年（ 66）	1
4年（ 67）	1
5年（ 68）	1
6年（ 69）	1
8年（ 71）	2
安永 2年（ 73）	1
5年（ 76）	1
8年（ 79）	1
天明 1年（ 81）	3
4年（ 84）	1
5年（ 85）	1
寛政 3年（ 91）	1
6年（ 94）	1
8年（ 96）	1
10年（ 98）	1
11年（ 99）	1
享和 3年（1803）	1
文化 1年（ 04）	1
5年（ 08）	3
8年（ 11）	2
計	28

みればそれは当時の封建社会の羈絆《きはん》をはなれたある意味では自由な世界であり、その自由さが、河岸の文化の基底にあったのではなかろうか。

独立・上昇への道

それはともかく、河岸の労働者はすべてが没落して希望を失い、喧嘩や博奕に身を任せて、最低の生活の中にうごめいているばかりではなかった。水主の中にはわずかな給金を貯えて小船を買い受け、営々と努力を重ねて船持に上昇する者もあった。下利根川布佐村船持林蔵は、武州越ヶ谷の在瓦曾根《かわらそね》村の生まれで、家を出て船乗りをしていたが、下総安食《あじき》村で初めて船持となり、その後布佐村船仲間に加入し、当時（嘉永元年）は常州桜沼之内柏木河岸に引っ越し居住して、同河岸の茂兵衛店に働いていた。また境河岸の河岸問屋五右衛門所持の高瀬船の雇船頭であった安左衛門は安政三年（一八五六）二月、五右衛門よりその船を買い受けて船持となった。

このような雇船頭より船持への上昇、特に河岸問屋の強力な支配下にあった問屋手船の雇船頭より独立船持への上昇過程を明らかにするために、上利根川藤ノ木河岸の艀船《はしけ》についての一帳簿の分析をしてみよう。

藤ノ木河岸には文化年間の「艀船番附控《はしけぶねばんづけひかえ》」という帳面があった。この内容は寛政年間より弘化頃にわたり延べ四〇艘の艀船について記された船の登録台帳である。まず、その記載の一例を示そう。

享和三年亥五月打替
三百七拾番
一、艀船壱艘
御年貢長銭百五拾文
〔源 吉 乗〕
弥右衛門乗
（中略）
文化十一年戌正月
上極印申上候
倉賀野河岸
船大工松之助造

このような記載が各船についてみられ、上極印（廃船にし鑑札を返すこと）になった船は、この上に川船役所が極印鑑札返上を認可した、次のような書付が添付されている。

御年貢
長銭百五拾文
三百七拾番
艀船壱艘
武州賀美郡黛村藤木河岸
船主　久右衛門

割　印

右之船、上鑑札ニ成ル者也

文化十一戌年二月二日
川船御役所

これらの記載から、次のようなことが判明する。すなわち、この三七〇番の艜船は、倉賀野河岸の船大工松之助によって享和三年（一八〇三）に建造され、文化十一年（一八一四）に上極印となったので、この間の一二年間が、この船の活動期間であった。そして「源吉乗」を塗消して「弥右衛門乗」と書き改めてあることは、最初は源吉が船頭であり、その後に替って弥右衛門が船頭となったことを示している。また、川船役所の書付から、この船の船主＝所有者は久右衛門であること、久右衛門がこの河岸の河岸問屋であったところから、この船は「問屋手船」であり、源吉や弥右衛門は問屋の雇船頭であったことが知られるのである。

また次に、これとは少し異なった記載例を示そう。

文化十一年戌四月
八百六拾六番
一、艜船壱艘　松五郎　名前直受
御年貢長銭百五拾文
（中略）

天保四年巳十二月

上鑑札ニ成り候

酒井信濃守領分
上州佐位郡冨塚村

舟大工庄蔵

この記載の上に、次のような川船役所の書付が添付されている。

御年貢
長銭弐百五拾文　八百六拾六番
艀船壱艘

武州賀美郡黛村藤木河岸
舟主　松五郎

割印

右之船、上鑑札ニ成者也
天保四巳年十二月九日
川船
御役所

これは、前掲の記載例と形式などはほとんど同じであるが、ただ異なる点は前例に「誰々乗」とあったところに、「松五郎名前直受」とある点である。これは前例よりみて、松五郎はこの船の船頭であり、また同時にこの船を自ら名請けしている船主＝所有者でもあった。すなわち、この松五郎は典型的な「直乗《じきのり》船持」であったのである。

このようにしてみると、この「艀船番附控」の内には、問屋手船と小船持・直乗船持の所有する船の、二種類の艀船と、問屋雇船頭と独立船頭との二種類の船頭との存在を確認することができる。この帳簿の中に現われる問屋手船の雇船頭を年代を無視して集計してみると三八人、直乗船頭は一八人を数えることができる。ところがここで注目すべきことは、両者の間に同一名前の重複がみられることである。

前記載例にあげた船持松五郎もその一人だが、彼は、享和三年（一八〇三）二月に極印を受けた久右衛門所有の艀船の三人替った船頭の内の最初の船頭として現われる。すなわち、松五郎は享和三年から何年間かは河岸問屋久右衛門手船の雇船頭であったのである。それが、前例にみるように文化十一年（一八一四）には艀船一艘を直請して独立船持、直乗船持となっている。

図 46　艀船の鑑札

また、文化十一年に艀船一艘を名前直請した武助は、それ以前の文化元年に極印を受けた問屋手船の四番目の雇船頭として現われ、文化十一年に五番目の雇船頭弥右衛門と交替している。この文化十一年に、武助は雇船頭をやめて独立船持となったのである。

このような例は、この帳簿の中には多くみられ、直乗船持一六人中一二人までが、過去に問屋手船の船頭であったことが確認できる。これらによって、直乗船持といわれる者の多くが、雇船頭より独立上昇したものであったことを知ることができよう。

これは藤ノ木河岸の艜船についてだが、他の河岸においても、雇船頭・水主から小船持へ上昇することは不可能ではなかった。そのような河岸問屋の支配を脱した小船持の存在こそが、河岸問屋体制を崩す河岸争論の原因ともなったのである。

遊廓盛衰記

人口の男女差

境河岸の天保八年（一八三七）の「宗門人別帳」をみると、河岸の家数三四五軒の内、独身世帯が六六軒あり、その内二三軒が女性である。このなかには「後家」が九人いるが、残りの一四人は独身女性となっている。この人々は一体どんな生活をしていたのであろうか。その実態はなかなか捉え難い。明治四年（一八七一）の戸籍には女性のひとり者で職業は「日雇」と記された者が何人かみられるので、女でも男と同じように重労働である「日雇人足」「小揚人足」として、たくましく働いている人もあったのであろう。また、同じ「後家」であっても、子供たちを抱えた人、すなわち世帯主が女である家庭が七〇軒もある。この人たちの生活も大変だったろう。またこの逆に、女性が一人もいない家庭が六三軒もある。このような特異な現象は、男女の数に差のあることにも関係があった。宝永三年（一七〇六）の「指出帳」をみると、この河岸の人口は、一三八五人、男が八〇八人、女が五七七人、男と女の差は、二三一人も男が多いのである。男女数の差の大きなことは、この年だけの異常現象ではなかった。天明五年（一七八五）の「書上帳」をみても、この年の人口は一八五一人で、その内男は一〇六四人、女は七八七人となっており、その差は二七七人もあるのである。また、このような現象は、境河岸ばかりでなく、利根川下流の野尻河岸・津ノ宮河岸にもみられた。野尻河岸の宝永六年（一七〇九）の人口は八一一人と、境河岸の三分の二程度だが、その内から出家九人を除いた八〇二人の内訳は、男四一九人、女三八三人であり、また享保十八年（一七三三）の人口は八四五人、その内訳は出家・道心一八人、男四三六人、女三九一人であった。また津ノ宮河岸の文化七年（一八一〇）の人口は一四二七人、その内、出家五人、男七三九人、女六八三人となっていた。また銚子の湊・河岸の中心である飯沼村では、文化六年の人口六二一六人、内男三三三二人、女二八八四人と女が少ないのである。その上河岸には、この数字に現われない人口、「無宿」「帳除」がいたが、それはほとんどが男だったので、この男女の数の差は一層大きくなるのが実態であった。

洗濯宿から遊廓へ

このように、男性に比して女性が少ないということは一般農村にはみられぬ都市化現象の一つだが、それが河岸の特徴であり、そのことが河岸にいろいろな問題を生み出した。その一つは、普通は家庭内で行なわれていた衣類の洗濯、仕立、綻《ほころ》びの繕《つくろ》い物等が、独立した稼業となったことである。

境河岸には、「女稼」として旅人や船頭・小揚人足等の衣類洗濯・仕立等を行なう職業があった。これはともすると遊女に発展する可能性を持ったものであった。境河岸には遊廓はなかったが、後に述べる銚子の本城・松岸の遊廓の起源は、「廻船洗濯宿」であったという。境河岸では遊廓までは発展しなかったが、これに似たものに「船女房」という稼業があった。

これは遠方から来た船が河岸に着くと、小舟に乗ってこぎ寄せて来て、船頭との交渉がまとまると、船に上がって船の中の掃除や洗濯、綻びの繕いなどまでして、一夜を共に過す。翌朝は朝食を作り、船中をきれいに掃除して船から下り、名残りを惜しんで別れて行く。これは単なる売春ではなく、半分は男にはできない家事を頼んでいるのである。

このような河岸の男たちの必要から生まれた「船女房」も、陸に上って遊びの要素が強くなると遊廓になっていった。そのような例として、潮来《いたこ》河岸の遊廓はあまりにも有名である。

いたこ出島のまこもの中に
あやめ咲くとはつゆしらず

図 47　潮来遊廓（『忠孝潮来府志』）

この「潮来節」の原型は、河岸の船乗・水主や小揚人足などが、非常に貧しい過酷な生活を強いられた、その苦しい労働の中から生まれた労働歌の一つだったという。

華やかな衣装を身に纏った遊女と、過酷な労働と貧しさに耐えている船乗・小揚とは、外見は天と地ほども違うが、その境遇には一脈の通ずるものがあった。潰《つぶれ》百姓となって一家離散した者には、兄は小揚人足、妹は遊女という例も少なくなかったのである。それゆえか、この労働歌が潮来遊廓の御座敷歌となり、それが船頭・水主《かこ》や遊女たちの口から「木下茶船《きおろしちゃぶね》」などに乗って三社参詣や銚子磯めぐりなどにやってくる遊客に覚えられて、利根川を遡って江戸に伝えられ、江戸からまた全国各地に広がって有名になっていった。

この歌の中の「あやめ」とは、言うまでもなく遊女のことである。

江戸文人の遊歴

文政八年（一八二五）に潮来を訪れた渡辺崋山は、遊廓の象徴である大門と、その奥に往来する女たち、二階の窓にみえる女たちをきわめて印象的に描き、黒塀の前に犬まで描き添えている。そしてこのスケッチに付された彼のメモには、

隠屋会所　一兵衛、女郎屋六軒　松本屋　大和屋　蓬莱屋　河内屋　庫太屋　四目屋　なかやど
引手茶や

とあって、遊廓の会所と六軒の遊女屋、引手茶屋などがあったことを記している。

また文化三年（一八一六）に江戸で刊行された『俳家奇人談』の中には、「潮来の遊女何某ある時の吟」として、

おもふ事積んではくづす炭火かな

という句が載っている。「おもふ事」とは恋しい男のこととる人もいるが、離ればなれになっている親兄弟・家族のことではなかったろうか。また『利根川図志』には、潮来の前の川を園辺川《そのべ》といい、その名の由来として、大和屋太兵衛抱《かかえ》の遊女そのが、朝夕に鬢《びん》を整えた水を流したので、「そのべ川」

というのだという話を載せている。遊女の苦しみを水に流した川で、何か哀愁を感じさせる話である。

また、『利根川図志』の著者赤松宗旦は、安政五年（一八五八）の三月、銚子に旅して利根川に面した河岸、松岸《まつぎし》・本城《ほんじょう》の遊廓の名をメモしている。

八ッ時頃より芝崎を出て銚子江行、又松岸を通り本所（城）江出ル、本所の遊女楼　三嶋屋　小藤屋
大藤屋　川口や　升屋、右五軒なり。松岸の遊女楼も五軒也、小広屋　茗荷屋　南部屋　中田屋
坂田屋なり、故ある事にや

この本城・松岸の遊廓も、銚子の湊・河岸によって盛んとなった所である。銚子の遊廓の最初は、飯沼村の笠上《かさがみ》に遊女屋ができ、その後元禄年中に、湊に近い和田沼に遊女屋ができたという。この笠上の遊女屋があまり繁昌しないので正徳三年（一七一三）に利根川に面した本城《ほんじょう》に移った。笠上は鰯等を水揚げする漁港のそばなので、最初は漁師相手のものであったのだが、不漁等で繁昌しなくなり、その後盛んとなってきた利根川河岸の繁栄に目をつけたのであろう。正徳五年には江戸堺町の清右衛門という者もこの本城に新屋敷を設けて遊女屋を始め、いよいよ本城は遊女町となっていった。

ところが、享保八年（一七二三）正月、和田沼・本城両所の遊女屋は藩の役所に呼び出され、今後は下女はもちろん、娘・妹などといって遊女に紛らわしい女は一切置いてはならない。また、槙木《まき》問屋の茶扱女とか飯盛下女とかいって二、三人の女を抱えていたが、これも禁止すると申し渡された。

図 48　松岸遊廓（『下総名勝図絵』）

おそらくこれは、前年の八月に出された幕府の隠し遊女停止の禁令にそったものであろう。しかしその後も、この遊廓がなくなった様子はない。天保十四年（一八四三）には、天保改革の一環として禁止されたが、周辺の村々からは復活の歎願が出されている。遊廓の繁栄が周辺の村々に経済的効果をもたらしているのである。

文化十三年（一八一六）に銚子を訪れた十返舎一九は、松岸遊廓をみて、「今は漸く倡家二三軒のみ残りて、万昔に変りたるとなん」といっている。最近までは倡家が多く軒を並べて繁昌していたと聞かされたからである。彼は早速娼家の主人の機嫌をとってか、

昔にもかへれいなばの峯に生ふる
　　松ぎしならば今たった今

と、狂歌を一首詠んでいる。そして「鶴万」という引手茶屋に上がって、狂歌好きの問屋や商家の旦那衆と共に、

「松が枝」「豊梅」「みつ里」という三人の遊女を呼んで遊んでいる。その後、銚子の豪商の家などを泊まり歩き、銚子を出立するときには、彼のファンである廻船宿や問屋商人の主人などが集まり、餞別の歌を贈っている。その中に、旦那衆と肩を並べて、次のような遊女の歌のあることは注目される。

あかつきのきぬ〴〵よりも名残をし
　君にわかれをつぐる鶏　　　遊女きよ鶴
うた人はけふぞてうしを立琴に
　くみとどめたや糸のわかれ路　　同　外山

河岸に生まれた遊廓の遊女も、江戸の文人と狂歌をとり交わすほどの教養は身につけていたのである。

河岸と村の遊廓是非論

本城遊廓が笠上から移転するとき、本城村の村民との間で協議し、「如何ナル事情アリトモ、当村内ノ若者ハ登楼セシメザルコト」という約定を結んだという。一般に河岸の遊廓は近村の農民を客としてはいけないとされていたが、なかなか現実には約定は実行されなかった。天保初年には、銚子から五里ばかり離れた匝瑳《そうさ》郡太田・鎌数・新町・井戸野・川口・駒込の村々の名主たちは、本城・松岸の遊女屋潰し願いを役所に提出している。
それによると、
本城・松岸の遊廓は、古くは廻船洗濯宿や槇問屋などが茶汲女といって一、二人の女を置いていただけだったのが、最近は遊女を置き、引手茶屋も両所で七、八十軒もでき、江戸府内の遊女屋と同様の稼ぎをするようになって、付近村々はことごとく難渋する。それは銚子湊が廻船や漁業で賑わい、家数も多くなって、付近の村々から米穀・薪・野菜などを馬に付けて売りに行く者も多くなった。
また飯沼観音への参詣その他の用事で本城・松岸の茶屋の前を通ることも多く、自然と心安くなって引留められ、酒狂に乗じて遊女屋へ誘い込まれて大金を使い捨てる者も出た。中には貯えもない者も多く、その者には大金を貸しておき、後から村方に懸け合いに来る。親元に知れてはかわいそうと、兄弟身寄りの者が金子を出してようやく返金する者もあり、また親によっては可愛い息子のこと故、意見をすれば立直るだろうと、先祖伝来の田畑山林を売り払い、あるいは質に入れて金を調達する者もある。しかし度々同じことをくり返すので、ついには領主に願い出て「除帳」(無宿となる)にする者もある。また親元に懸合っても一銭も出さぬと言う者もあり、仕方なく村方を欠落ちし、河岸に集まる「浪人」「舟こぼれ」「遠国無宿」「無頼者」の仲間に入って悪事をする者も多い。このような悪風が自然と村々に広がり、日頃から農業をおろそかにし、

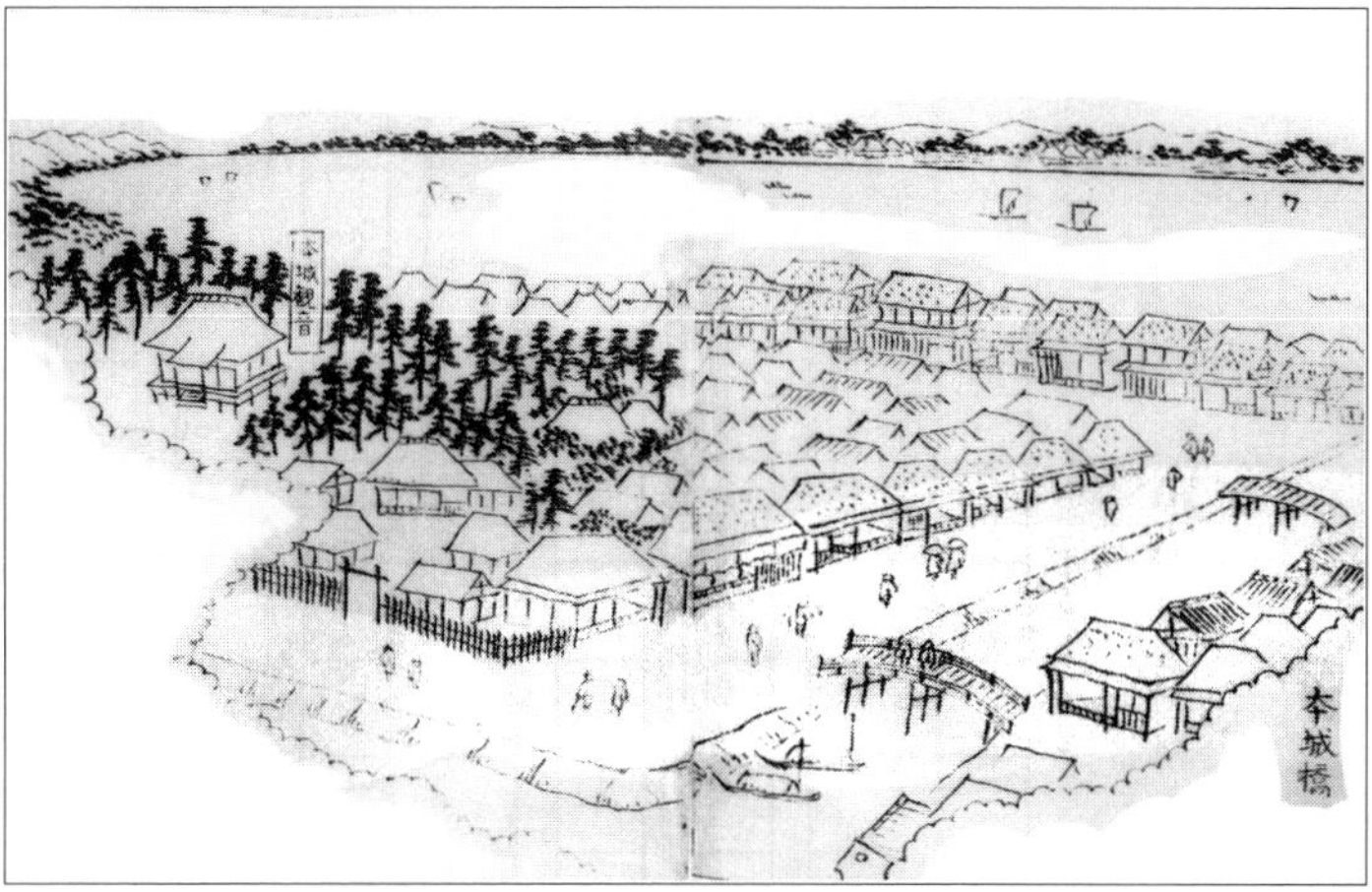

図 49　本城遊廓（『下総名勝図絵』）

潰《つぶれ》百姓となる者も少なくない。このような状況を黙止し難く、今度願い出た。是非とも両所の遊女屋を取潰し願いたい。

というのである。

このような困窮する村々の状況は、単に遊女屋の存在のみが真の原因ではなかった。その背後には、河岸を通しての商品・貨幣経済の村々への浸透があった。村々の農民は河岸への輸送荷物の駄賃稼ぎだけではなく、自家で生産した米穀や野菜を馬に積んで売りに出ている。そこにはわずかながらも商品生産が始まっている。しかしそれが農民を富ますのではなく、利益は一部の商人・地主に吸収されるという状況が、村々困窮の基底にあるのである。

遊女屋が悪いという考えは、それを裏返しにすれば、遊廓を設ければ河岸が繁栄するという考え方にもつながる。当時の人々にとって、そのような考えは抜き難いものであったようである。

天保四年（一八三三）八月、境河岸の惣百姓惣代、粕干鰯問屋惣代・諸商人惣代は、河岸の衰微・困窮を藩の役所に訴え、河岸復興策として飯盛下女を置くことを願い出た。その願書によると、

近年諸方よりの出荷物が減少し、積問屋二軒の手船に積むだけの量もなく、特に粕干鰯・五十集《いさば》問屋は、三五、六年以前より諸方浦々が不漁となったため、扱荷物が年々と減少して退転同様となり、仲買諸商人は言うまでもなく、町内一同が困窮している。

また、在方村々に諸商人の店が沢山にでき、荒物、小間物、酒酢醤油、水油魚油、鉄物、塗物、呉服物太物類から、下り糠、魚粕、干鰯、塩物、五十集まで手広に商売するので、境河岸には一向に客が集まらず、粕干鰯荷物などは当河岸に付船せずに武州・上州・野州等へ直積され、江戸表へも直送されるので、問屋・仲買は困窮している。

その上、去る文化九年（一八一二）から天保二年（一八三一）までの間に四回もの大火災に見舞われ、その後の復興も思うように進まず、地借・店借の人足たちまでも幸手《さって》・栗橋・古河・間々田宿などへ引越して行く状況である。

そこで、この河岸の衰勢挽回の策として、旅籠屋一軒に付き、飯盛下女二人と手替り一人の三人を置きたい。そうすれば、河岸への附船も多くなり、従来の旅人も止宿し、自然と商人も多くなって町中の繁栄となるであろう。

というのである。

この飯盛下女を置くことの免許を、幕府道中奉行まで出願したいので、関宿藩の添翰をいただきたいと、問屋・商人惣代は藩役所に願い出ている。しかし、その後境河岸に飯盛下女が置かれた様子はないので、この河岸の衰勢挽回策は許可にはならなかったのであろう。

遊廓がはじまる

境河岸の遊廓設置は実現しなかったが、同じような理由から考えられた下利根川木下《きおろし》河岸の遊廓は実現した。しかし、果たして河岸の人々が期待したように、河岸の繁栄につながるものであったのだろうか。

文政八年（一八二五）四月上旬のある日、木下河岸の河岸問屋を勤める七之助は、この村の領主である淀藩の大森代官所に、代官斉藤幸五郎を訪ねて、時候の挨拶ながら四方山話をしていた。

その時、代官から、国許の淀では飯盛女の名目で遊女屋ができて大変繁昌し、その所の助成にもなっているということだが、その方の村方ではどうかな、と何気なくきかれた。七之助は、実は木下河岸でも以前の宝永年中、殿様が佐倉城主であった頃、「船頭小宿」一〇軒の設置を願い、そこに飯盛女一人ずつを置いて、その「益銭」を御上にも差上げ、村方も助成になっていた。その後、その場所に「御蔵屋敷」が設けられて、「船頭小宿」は中絶してしまっているが、その時の証拠書類なども持っており、もし今、再興が許可されるならば、村方の助成にもなることなので願い出たいと答えた。

図 50　本城遊廓（『下総名勝図絵』）

代官はそれでは近日中に見積を立て、始末書を持参するようにと言い、七之助はそれを引き請けて、その日は退出した。これが、木下河岸遊女屋設置の発端となるのである。

その後の四月十四日、七之助は「船宿始末書」を認《したた》め、他に願書一通と宝永度の証拠書類の写を添えて代官所に持参して差出した。その計画書には「船頭小宿」五軒を設け、一軒に下女一〇人ずつ置く。また会所を設けて、小宿に入る者には会所より切手を出し、人別を改めて領分および近村の者は入れない。そして「船頭小宿」からは運上金として金二五七両、他に台屋（仕出し屋）運上、揚屋運上、けんどん（料理）運上など合計三〇二両を取り立て、その内から金一〇〇両は会所費用とし、また金一〇〇両を冥加金として毎年代官所へ上納したい、と記されてあった。代官所はこれを快く受け取った。

それから二ヶ月ばかりたった六月二十日、七之助の所に代官所手代三人連名の呼び出し状が届いた。代官所に出頭してみると、代官斉藤幸五郎および手代二人の立会のところに呼び出され、先日の「船頭小宿願」の件は上屋敷に問い合わせ、藩の重役方の了承を得た。その結果は「御聞流《ききながし》」（許可しないが、黙認）することとなったので、その旨心得るようにと申し渡された。七之助は喜んだが、いよいよ小宿取立てとなると自分一人では心配なので、村方の名主半右衛門・組頭五兵衛の両人と相談して行ないたいと願ったところ、尤《もっとも》なことなので両人を同道して代官宅へ出頭するようにと言われ、それを引受けて七之助は帰宅した。

そして翌二十一日に早速両人に相談したところ、二人とも大喜びで賛成し、とかくこのようなことは仲間人数が少ない方が良いなどと話し合いながら、酒肴を持って昼時分三人一緒に代官斉藤宅を訪れた。代官は大変機嫌よく迎え、三人でよく相談してやるように、成就すれば殿様の利益にもなり、村方の助成にもなることなので、早速とりかかるがよい。役所としては積極的に許可はできないが、宝永期の古例もあることなので黙認するから、一応三人連判の願書を差出すようにと言われた。

そこで翌二十二日に船頭小宿再興をお聞き流しいただきたいという願書を提出したところ、これは「聞流」だから別段今後呼出すようなこともしないので、明日からでも準備に取り掛かるようにとの内意であった。これで代官所関係の方の手続はすんだので、二十三日に三人は半右衛門宅に集まって相談し、村方の月番百姓など各方面へもこのことを申し聞かせ、近村へも酒などを送って了解をとった。そしてまず飯盛女を召し抱えるには金子《きんす》が必要と大森村三郎兵衛を頼み、伊野岡村平兵衛より金子五〇両を借り出して三人で分配することとした。また小宿の場所の警備には鹿嶋屋嘉助・布川村専助を頼み、その後もと牛久にいた布川屋市兵衛を呼び戻して三人で警備に当たらせることとした。

七月四日には三人で江戸に出て、両国の宿屋植木屋藤兵衛の案内で深川新地の百歩楼主人と逢い、飯盛女召抱えについて相談した。ところが金五〇両位では金子不足で、年季で女を雇うことはできず、月雇あるいは玉勘定《ぎょく》など日雇同様の女を見付けだしてもらい、手付金を払った。三人は村に帰ると、当時半右衛門の持っていた家を一ヶ月の家賃二両で借りることとし、三人共同出資なので「三喜屋」という屋号をつけ、江戸で雇ってきた女八、九人を置いた。これが船頭小宿再興の第一号であった。

喧嘩口論止むことなし

その後、布川生まれで当時江戸本所菊川町にいた者が、女七、八人を連れて来て、味噌屋平兵衛の家を借り、「布川屋嘉助」と名乗って店を出した。また取手町より亀屋吉兵衛という者が旅籠屋女一二、三人を連れてきて、上野染屋伊八の家を借りて店を出し、「丸亀」と屋号をつけた。こうして、少しの間に三軒の小宿ができた。その後、江戸馬喰町馬場の津久井屋新三郎という者が、女七、八人を連れてきて、「海老須屋」と名乗り、女房を置いて店を始め、また、村内の松本屋庄左衛門後家きちは、自分の家を普請して、女八、九人を置いて開店し、だんだんと繁華になり、芸者も七、八人来るようになった。そこで、三喜屋の隣家を三人で買い取り、ここを改造して会所とし、三人が毎日交代で詰め、目代として元右衛門という者と若者一人を雇って働かせ、目代元右衛門は毎夜船頭小宿や

図 51　遊女の踊り（『潮来図誌』 国立国会図書館所蔵）

旅籠屋を廻って泊り客の国所名前を帳面に記し、筆墨料として客一人につき二文を受け取った。そして、芸者もこの会所に置き、そこから各宿へ派遣することにした。

　こうして木下河岸の船頭小宿、事実上の遊廓は始まったが、毎日毎夜喧嘩・口論は六、七回もおこった。大森役所からは使番の役人二人が一ヶ月に三、四度も見廻りに出張し、警備の者を案内にして小宿を廻り、領内の者や近村の者が客にいないかどうか改めた。それでも近村の若者が入り込むことが多く、断ると難題をふっかけて道具を壊すなどの乱暴が跡を断たなかった。

　たとえば、亀成新田名主吉太郎倅植吉の乱暴事件、木下河岸附木屋幾次倅万次と大森村の鳥蔵他若者たちとの喧嘩・乱闘事件など、そのたびごとに治療費や見舞金を両方へ出し、また仲裁に入った人へ会所から謝礼金を出すなどと、思わぬ出費が多かった。また、近隣村々からの反対運動も軽視できなかった。利根川対岸の常陸国文間《もんま》領二六ヶ村は集会を開いて木下河岸の売女禁止を決議し大森役所に訴えたが、ここでは断られたので江戸に出て幕府奉行所に訴えようとした。この時は結局幕府へ正式には訴えず、箱訴《はこそ》（訴状を目安箱に入れて直訴する）をしたに止まった。

しかし、その後の九月には小貝川付の福岡・関村等五四ヶ村の惣代が会所にやってきて、我々村々の若者たちが成田参詣の途中、木下河岸の「船頭小宿」という遊女屋に寄って金子を浪費して困るので、売女を止めて欲しい、もし承知しないのなら江戸に出て奉行所に訴えると申し込んできた。これも結局は金を渡して引き取らせたが、その後の風聞では江戸に出て箱訴をしたという。また十月には近村一〇五ヶ村が集会を開き、惣深新田源兵衛他四人の者を惣代として木下河岸に懸合に来るという情報が入った。この時は早速方々に手を廻し、この一〇五ヶ村の者は絶対に店に入れない、もし上げるようなことがあったら、その時使った金はすべて返済するという条件で、なんとか訴え出ることを中止してもらい、惣代五人には酒肴を出して馳走し、引き取ってもらった。しかし、このようなことはその後も続き、喧嘩口論は止むことなく、入費が一、二両ずつかかるような事件も毎月二、三度はおこった。元締三人の出費もいよいよ多額となり、ついに元締の一人名主半右衛門は、身代が続かず出金できなくなったので仲間を抜けたいと申し出た。七之助・五兵衛も困って種々相談した末、この計画の発端を作った代官斉藤幸五郎も役替となって江戸に引越したことなので、一時休業することにしようと話しがまとまり、文政九年（一八二六）十月十一日に三人より大森役所に休業願を提出した。

深夜の一斉手入れ

ところが翌十二日、思いもかけない大事件が発生した。それは十二日の夜八ッ時(十三日の午前二時頃)、関東取締出役の小池紋五郎が捕手二三人を従えて密かに利根川上流より大船で木下河岸へ乗りつけ、河岸に上るやいなや「船頭小宿」の布川屋・松本屋・江戸屋の三軒を急襲し、寝ていた遊女と客をはじめ店の全員を逮捕しはじめた。店内はたちまち上を下への大騒動となったが、急をつかれたのでほとんど逃げる間もなく、あっという間に逮捕されてしまった。布川屋の主人嘉助は、捕手の声で目を覚まし、急いで裏の雪隠に逃げ込み、朝までじっと息を殺して隠れていたので逮捕はまぬがれた。しかしいつまでも雪隠にいるわけにもいかず、翌朝になって、昨日は所用で他出していて今帰宅したばかりと現れたが、これも他の小宿の主人同様腰縄を付けられて逮捕された。布川屋抱えの遊女さくは急いで裏の日雇定七の家に逃げ込んで隠れていたが、これも見出されて逮捕され、定七も遊女を匿《かくま》った罪で捕らえられた。布川屋の下男弥兵衛は、捕らえられて縄をかけられたが、捕方の隙をみて縄付のまま逃亡した。小宿を襲った捕方は次に芸者を置いていた伊丹屋忠蔵方に向かい、忠蔵をはじめ芸者四人と留守番をしていた小林村の又四郎を捕らえた。又四郎は自分は留守番にすぎず芸者の抱主は布佐村の三郎兵衛だと主張したので、他出していた三郎兵衛も呼び返されて逮捕された。

こうしてほとんど関係者全員が逮捕され、翌十三日より関東取締出役小池紋五郎は問屋壮左衛門(七之助が改名)宅を仮役所と定めて逮捕者の取調べを始めた。壮左衛門は前日から大森役所で船頭小宿休業願の件で代官手代と相談し、翌朝に帰宅してこの事件を知って驚いた。そしてこの木下河岸船

図 52　遊廓の賑わい（『金草鞋』）

頭小宿の手入れが、幕府勘定奉行石川主水正の指令によるものであったことを知った。

この時逮捕された客は、松本屋で一五人、布川屋で一六人、江戸屋六人であったが、その中に江戸京橋の講釈師太鏡等がいたことは注目される。これらの客は村役人からの願により釈放されたが、捕らえられた飯盛女はすぐさま問屋の奥座敷に押し込められ、何屋の誰と名を書いた紙札を一人ごとに付けられて、座敷の戸は釘付けにされ、三、四人の番人が常に付き添うという厳重さだった。それでも彼女たちのところには、噂を聞いたなじみ客からの見舞品が次々に届けられ、それらは番人が一々中を調べて渡し、身寄・懇意の者でも面会は一切許されなかった。壮左衛門は彼女たちと打ち合わせをしたいと思ったが、この状況ではとてもできず、飯盛女は一人ずつ呼び出されて取り調べられたので、小宿の様子はすっかり明るみに出てしまった。

関係者の一応の取り調べは十月十八日までで終わり、飯盛女らは江戸に護送されることになった。その時、江戸屋長蔵方にいて逮捕された寅吉とその女房まんは、身売りをしていたのではないと申し立てたが、飯盛女に紛らわしいというので江戸送りとなり、伊丹屋忠蔵方にいたしゅんは江戸崎村名主専助より頼まれて置いていた者だと申し立てたので、専助を召し出して取り調べたが、一応江戸へ送り再吟味の上で渡すということになった。また、松本屋の娘ときは飯盛女と一緒にいて捕らえられたが、これは売女ではないと村役人より重々願い出て、ようやく許された。

夢のあと

翌十月十九日、山駕籠二八挺に女二四人、小宿主人三人、それに江戸屋にいた寅吉が乗せられ、芸者見番をしていた伊丹屋忠蔵、又四郎、三郎兵衛の三人は腰縄を付けられ、組頭五兵衛が差添で、木下河岸を出発した。これは木下では前代未聞のことであったと壮左衛門は記している。そして十九日松戸宿泊り、二十日千住泊り、二十一日に江戸石川主水正役所に到着した。

一行を送り出した後、問屋壮左衛門は牢に使われた座敷を掃除していたところ、紙屑の中から次のような落書を見付けたとして書き留めている。

石川や小池の水もにごるらん

此木下をつきだしにして
三味線の三筋の糸のばち当り
今日一筋の縄目はずかし
手入れすみ生娘とてはなき物を
又御手入にあふぞかなしき
布川屋は先へでる嘉と思ひしに
跡ずさりして忍ぶせっちん

二十一日には、問屋壮左衛門、名主半右衛門等関係者一同も出府し、勘定奉行石川主水正によって本格的な取り調べが始まった。そしてその結果は、壮左衛門は問屋役、半右衛門は名主役を取り上げの上過料銭一〇貫文ずつ、勘兵衛、嘉左衛門、五兵衛は過料銭七貫文ずつと、それぞれ関係者は罰金刑となり、芸者とみ他三人は御叱、寅吉・まんは釈放となった。また、捕らえられた飯盛女一九人は、身売をしたのは不届ということで奥州代官寺西重次郎の許で手余地・荒蕪地の多い村々へ送り、指図に従い農業に出精するようにと、腰縄付きで山駕籠に入れられて奥州に送られた。その内一人は、代官山本大膳支配の上州岩鼻陣屋に同じように送られていった。この女たちがその後どうなったかはわからない。

こうしてこの一件は落着したが、これにかかった費用は、過料銭等も含めて壮左衛門が七割、五兵衛・半右衛門両人で三割を出金し、結局壮左衛門は約六〇〇両、半右衛門・五兵衛は二百六、七十両の大損失であった。五兵衛はこの負担にたえ切れず、ついに欠落《かけおち》してしまった。

この一件の詳しい記録を残した壮左衛門は、最後に「誠に以て前代未聞の事、大馬鹿者と相成候」と記して、後代の子孫を戒めているのである。

こうして、河岸の繁栄を期待して行なった木下河岸の遊廓設置は見事に失敗した。河岸の衰退はこのようなことでは救えなかったのである。衰退の真の原因はまったく別のところにあったといえよう。

利根川の夜船

白河夜船

「白河夜船」という諺がある。これは京都を見てきたふりをする者が、京の白川のことを問われ、川の名と思って、夜船で通ったので知らぬ、と答えたことから言われるという。『醒睡笑』(元和九年序)に、「世中の人のミたなといふハ、白河を夜船にのりたるたくひならん」とあるので、近世初期の元和頃には、すでに京と大坂を結ぶ淀川の夜船は有名になっていたのであろう。
この夜船は、桂川と宇治川が合流する伏見の京橋から発着していた(図53)。『東海道中膝栗毛』にも、その様子を次のように記している。

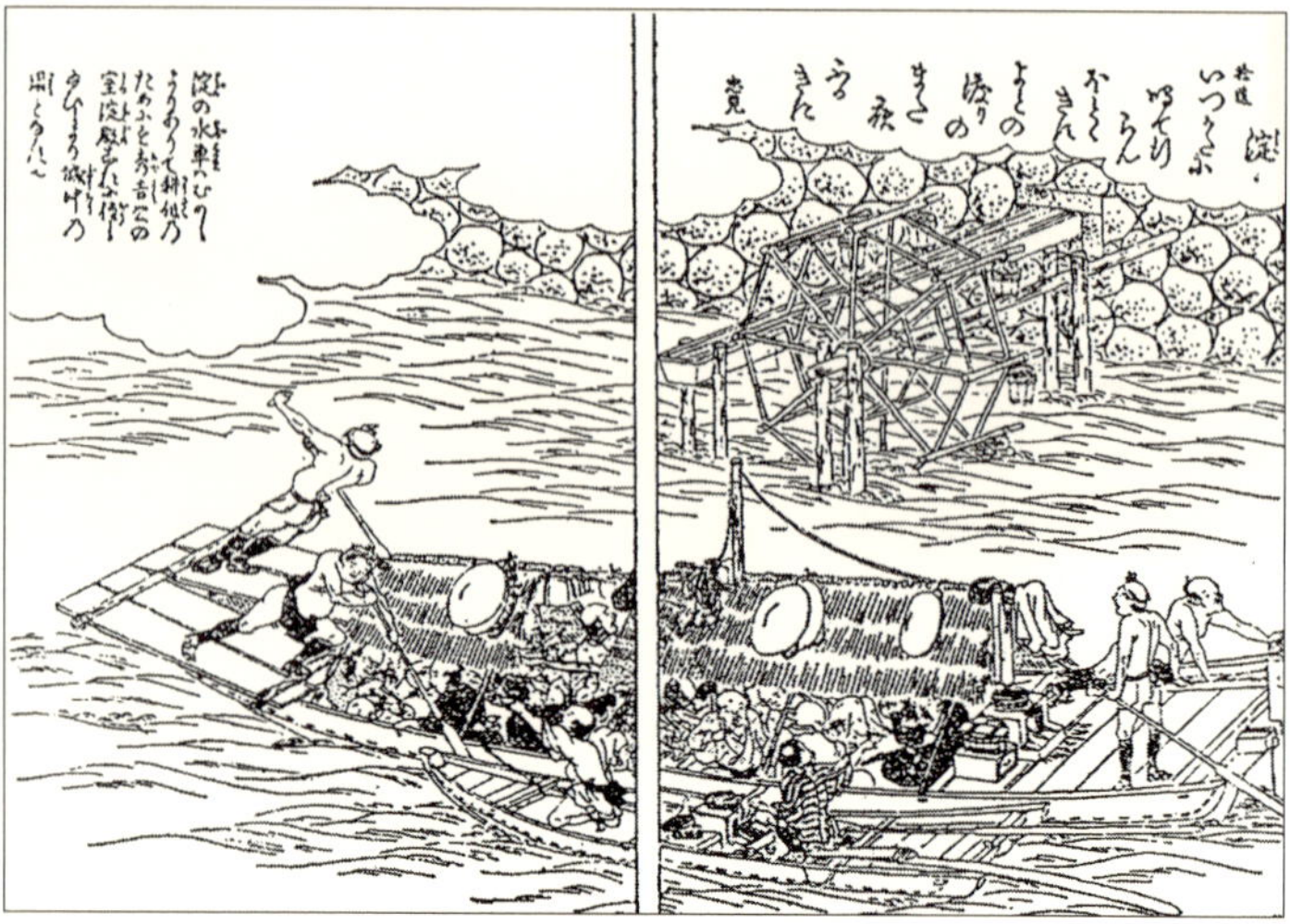

図 53　淀三十石船とくらわんか船（『都名所図会』）

青丹よし奈良街道を経て、山城の宇治にかゝり、こゝより都におもむかんと急ぎけるほどに、やがて伏見の京ばしにいたりけるに、日も西にかたぶき、往来の人足はやく、下り船の人を集る船頭の声〳〵やかましく、「サア〳〵今出るふねじゃ、のらせんか、大坂の八軒家舟じゃ、のてかんせんかい」、弥次「ハ、アこれがかの淀川の夜ぶねだな、ナントきた八、京からさきへ見物するつもりで来たが、いっそのこと、此舟にのって大坂からさきへやらかそふか」

このように、淀川の夜船は、戯作者の筆にもとりあげられて有名であったが、関東の利根川にも、これと同じような夜船があったことは、ほとんど知られていない。

乗合夜船の旅

利根川の夜船は、利根川と江戸川が分流する関宿の対岸、境河岸から出航して、江戸表に向かう定期的な乗合夜船であった。ちょうど今の夜行列車で、境河岸を夕暮に出て、朝早く江戸に着くのである。

奥州方面から江戸へ向かう旅人は、奥州道中を宇都宮の少し手前氏家・白沢宿辺で分かれて鬼怒川の岸、阿久津河岸から朝の船に乗って一気に船路一三里を下り、鬼怒川の中流久保田河岸より陸路を大木・諸川《もろかわ》・仁連《にれ》・谷貝《やがい》の宿々を通って境河岸に着く。これは日光道中の脇往還といわれた道である。こうして昼過ぎに境河岸に入ってきた旅人は、まず茶屋・旅籠屋あるいは河岸問屋方へ着く。一息いれて仕度を整え、問屋場へ行って一人ごとに国所・名前を帳面に記し、船賃を支払う。

ここから江戸に下るには、河川の関所である「関宿関所《せきやどせきしょ》」を通らなければならない。それゆえ、前もって手形を差し上げて改めを受ける。そして関所の御道具引にならぬ以前八ッ半頃（午後三時頃）、それまでに着いた旅人を下積みの荷物の上に乗船させて、いよいよ境河岸を出船する。乗合船は利根川から江戸川に入って関所の前を通り、関宿城下の元町地内字行人《ぎょうにんがし》河岸の小宿弥平治方の川端に、まず船を付ける。そこで旅人は、境屋と称して酒食を商う弥平治方へ上がって、夕刻の出船を待つのである。船頭は船に残ってその日の積立荷物や諸勘定・取調べ等を行う。

その間に、遅れて境河岸に着いた旅人、あるいは荷物に遅れた荷主・宰領、主人に遅れた供の者など、問屋場から利根川を渡し船で渡って、陸路を境屋弥平治方へ案内される。それにも遅れた旅人を、

「所はしけ」と呼ぶ小舟に乗せて追駈《おっかけ》乗船させるのは、元船頭であった老人や、まだ一人前の水主《かこ》となれぬ子供の稼ぎであった。

そしていよいよ夕闇迫る頃、船を出して江戸川を船路二〇里余、一気に下る。その間、両岸から小舟に酒肴などを用意した「煮売《にうり》舟」がこぎ寄せて、乗合客の食欲をそそる。これは有名な淀川の「くらわんか船」と同じであった。天保七年(一八三六)に成石友儀の書いた『関宿土産』には、竈を据えた小舟に酒肴を積んで、江戸川にこぎ出す老夫婦の絵が描かれており(図54)、その上に、

夜の更るまゝに、酒肴の支度して、世喜《(関)》宿船を待あかし、二人舟に世を渡るもおかし

と記されている。この絵を見ると、淀川の活気にあふれた喧騒とは異なった、利根川・江戸川の「煮売舟」の風情が想像される。

こうして、はじめは酒食に興じていた旅人もひたひたと船端をたたく水音を子守歌に、一人寝、二人寝て静かになっていく頃、船は流山、松戸、鴻ノ台を過ぎて、江戸川の河口近く、下今井村の新川口に着く。その頃には、夜も白々と明けそめる。そこで、いったん河岸へ上がり、河岸問屋で指定しておいた二軒の賄宿に入って、暖かい味噌汁で朝食をしたため、それより小舟に乗って小名木川を通り墨田川に出て、江戸日本橋小網町に着くのである。

この間の船賃は、境河岸から新川口まで一人鐚《びた》二四〇文、新川口から小網町までは「艀下賃《はしけ》」と称

図 54　関宿煮売舟（『関宿土産』）

して、一人につき鐚四八文であった。また、この夜船には、身元の怪しき者および暮六ッ（日没）以後に着いた旅人の乗船、出船以後途中での乗船等は禁じられていた。

これが利根川の「夜船」であったが、境河岸から江戸まで二〇里（八〇キロ）、乗合夜船にゆられてほろ酔い機嫌で一眠りしているうちに着くので、足弱の女性ばかりでなく、奥州・北関東から江戸へ向かう旅人の間には大変な人気があった。この夜船の道とは大分離れてはいるが、同じように江戸へ向かう陸路である日光道中の宿々から、こちらを通行する旅人が少なくなって困ると訴えられたほどであった。この訴えは文化七年（一八一〇）であったが、たしかに、境河岸より江戸に向かう旅人数は幕末に近づくほど増加している（表13）。乗客数を月別にみると、六月・七月の乗船者数が極度に多い。

表13　境河岸より江戸行旅人数

年　代	乗船人数
安永4年（1775）	6422
5年（　76）	7746
6年（　77）	7641
7年（　78）	8239
8年（　79）	8442
9年（　80）	9430
天明1年（　81）	8242
2年（　82）	7653
3年（　83）	7852
4年（　84）	5427
安政7年（1860）	9634
元治1年（　64）	576
慶応1年（　65）	9141
2年（　66）	9293
3年（　67）	9619
明治7年（　74）	22861

これは六月二十四日より七月十四日まで、この河岸が石尊参詣（大山詣で）の旅人で賑わうという特殊な事情によるものである。この二ヶ月を別としても、ほぼ毎月四〇〇〜六〇〇人の旅人が乗船して江戸へ向かっているので、少なくとも毎日一艘の乗合船が出航していたことであろう。

乗合客の争奪戦

江戸への乗合夜船を仕立てて出船することは、誰でもができるというものではなかった。この特権は境河岸の河岸問屋に握られていた。

しかし、この乗合夜船の人気が出て、乗船の旅人が増えてくると、すぐ隣の関宿河岸もこれを黙って見てはいなかった。同じような夜船を仕立てて江戸への出船を始めたのである。関宿河岸は、関宿城下の南、江戸川をはさんで「内河岸」「向河岸」「向下河岸」の三つの河岸から成っていたが、この内の「向河岸」について、『関宿土産』は次のように記している。

此地は富家多くありて、関宿第一繁花の地なり、毎夜六斉船とて人船荷物数艘出る、東国之人江戸に至らんとて爰《ここ》に来り、黄昏船を出し、夜半流山・鴻の台を過て明朝江戸小網町ニ着、途中両岸の村家より小舟を出し飲食をあたふ、其始終城州伏見の夜船に異ならす。

これは天保期頃の関宿夜船の様子だが、関宿河岸から乗合夜船を仕立てて出船を始めたのは、これ以前の文化年間頃からであった。

文化三年（一八〇六）十月、関宿向下河岸の勘兵衛は、江戸川の川口近くの二之江村・船堀村から小船を雇い上げて、関宿から江戸への乗合船出船を始めた。それも出船を二・七・五・十の付く日、すなわち月に一二度と定めた定期便で、船賃は江戸まで一人前二七〇文、夕食付ということであった。これは境河岸より出船しているこれまでの乗合夜船の料金一人前二八八文より一八文も安く、その上夕食まで付いているということで、江戸に向かう旅人にとってはまことに魅力的であった。

そしてこの乗合船のことを書いた「引札《ひきふだ》」を近郷はもちろん常陸から下野、奥州白河・郡山辺までもまいたという。「引札」というのは今で言えば宣伝パンフレットであるが、これを主に乗合船の乗客の住居地である北関東から奥州方面に配って、大々的に宣伝したのだった。

この料金の安さと、それに加えての大宣伝は、これまでの境河岸の乗合船の客を奪うのに十分だった。関宿向下河岸勘兵衛の乗合船の乗客は日増しに増加し、一艘に二〇人から多い時には三〇人も乗せて、それが一日に二艘も三艘も出さなければならないほどに発展した。

この状況を見て、これまで乗合船を出船していた境河岸の両問屋、五右衛門と兵庫は、黙っているわけにはいかなかった。勘兵衛が乗合船出船を始めた時から半年ばかり後の文化四年（一八〇七）三月、境河岸の両問屋は向下河岸勘兵衛を相手取って、領主である関宿藩役所へ訴え出た。江戸への乗合船出船は、境河岸のみの持つ特権であり、勘兵衛の出船は不法であるというのである。勘兵衛は自分も諸荷物・旅人運送の河岸問屋であると主張したが、安永三年（一七〇三）幕府による河岸問屋株設定の時に由来する境河岸の旅人輸送の特権は明白で、結局勘兵衛は乗合船出船を禁止され、三〇日押込・科料銭（罰金）三貫文の刑に処せられた。

しかし、多くの船を用意し、大々的に宣伝をしてしまった勘兵衛は、これによって乗合船出船を止めなかった。しばらくすると、また出船を始めたのである。この判決から三ヶ月後の文化四年七月、境河岸の両問屋は、再び向下河岸の勘兵衛を違法な乗合船出船で訴え出た。そしてこの訴訟の吟味中、勘兵衛は手錠をかけられて宿預けとなり、翌八月の判決では勘兵衛は五〇日の入牢、勘兵衛に対する監督不行届ということで、村役人の名主・組頭も科料銭を課せられた。

これでもなお勘兵衛の乗合船出船は止まらなかった。一年ばかりたって、ほとぼりもさめてきた頃、またまた出船を始めたのである。

文化六年（一八〇九）四月、境河岸の両問屋は、勘兵衛の乗合船出船の証拠を押さえて訴え出た。このように度々の処罰にもかかわらず、勘兵衛が乗合船を出すということは不思議に思われるが、それは勘兵衛が関宿向下河岸の問屋であって、諸荷物の船積輸送を行なっており、その折、荷主や宰領を荷物の上に乗せて出船するが、その時一般の旅人を一緒に乗せてもその区別が付けにくく、この点を利用して旅人の輸送を行ない、それが増大すれば乗合船出船と同じになるというわけである。

それゆえ、この勘兵衛の諸荷物船積出船を止めさせなければ、完全に旅人輸送を止めることはできない。そこで境河岸の両問屋は、勘兵衛を訴えた訴状の中で、勘兵衛の出している問屋株運上金は、自分たちと同じような諸荷物船積問屋の運上ではなく、関宿関所の御手形宿の運上であると訴え、勘兵衛の諸荷物船積出船を止めさせようとした。

これに対する勘兵衛の返答書は、

自分が乗合船を出船した事実は全くない。ただ、懇意にしている知人が是非ともと頼むので、止むなく便船に乗せて出船したことはあり、また立船、すなわち一艘船を貸切りで仕立てることについても、境町の長三郎等三人の者が、江戸表へ行くのに立舟を世話してくれと頼まれたので、世話をしたが、このようなことは自分に限らず他の問屋も行なっていることであり、この立舟あるいは便船の世話をしたことを、厳禁の新河岸・新問屋的行為だと言われては甚だ迷惑である。その上、自分所持の船積問屋株を御手形宿だなどと言われたのでは、これはもう自分一人の問題ではなく、関宿三河岸の問屋全体にかかわる問題である。

と述べている。

この関宿河岸の問屋株に関する境河岸の主張には、三河岸の惣問屋が反発し、内河岸、向河岸、向下河岸の名主・組頭・問屋は連名で境河岸を訴える訴状を提出した。

御手形宿と船下稼

このような関宿河岸問屋株に関する見解の相異は、元来関宿河岸が他の利根川水系の河岸とは少し異なる性格を持っていたからだった。

関宿河岸の他と異なる最大の特徴は、川の関所である関宿関所と深くかかわっていたことである。そもそも関宿河岸の問屋の始まりは、関宿関所が設けられた元和二年（一六一六）の頃、内河岸、向河岸、向下河岸の三河岸から身元確かな者四〇人を選んで問屋とし、関所の前を通る川船の積荷や旅人の改めを請け負わせたことに始まるという。

「関宿関所」が設けられて以来、北関東と江戸との間を上下する川船は、すべてこの関所を通らなければならず、その時、積荷物を改められ、通船手形を差し出さなければならなかった。この事務を代行するのが関宿三河岸の問屋であって、これを「御手形宿」「附船宿」といった。関所を常に通過する川船は、「宿附《やどつけ》」といって特定の御手形宿と契約し、手数料を払って通船手形を差し出してもらった。

これはちょうど、江戸湾の入口を押さえて廻船の改めを行なう海の関所である「浦賀番所」と、番所の下で廻船の改手形を扱う「浦賀廻船問屋」との関係とまったく同じであった。浦賀には、この廻船問屋と並んで、関東から関西への干鰯《ほしか》の流通を握る「浦賀干鰯問屋」があったことで有名だが、この関宿にも、北関東を背景として干鰯流通を握る大きな「干鰯問屋」が集まっていたことは奇しくも似かよっている。

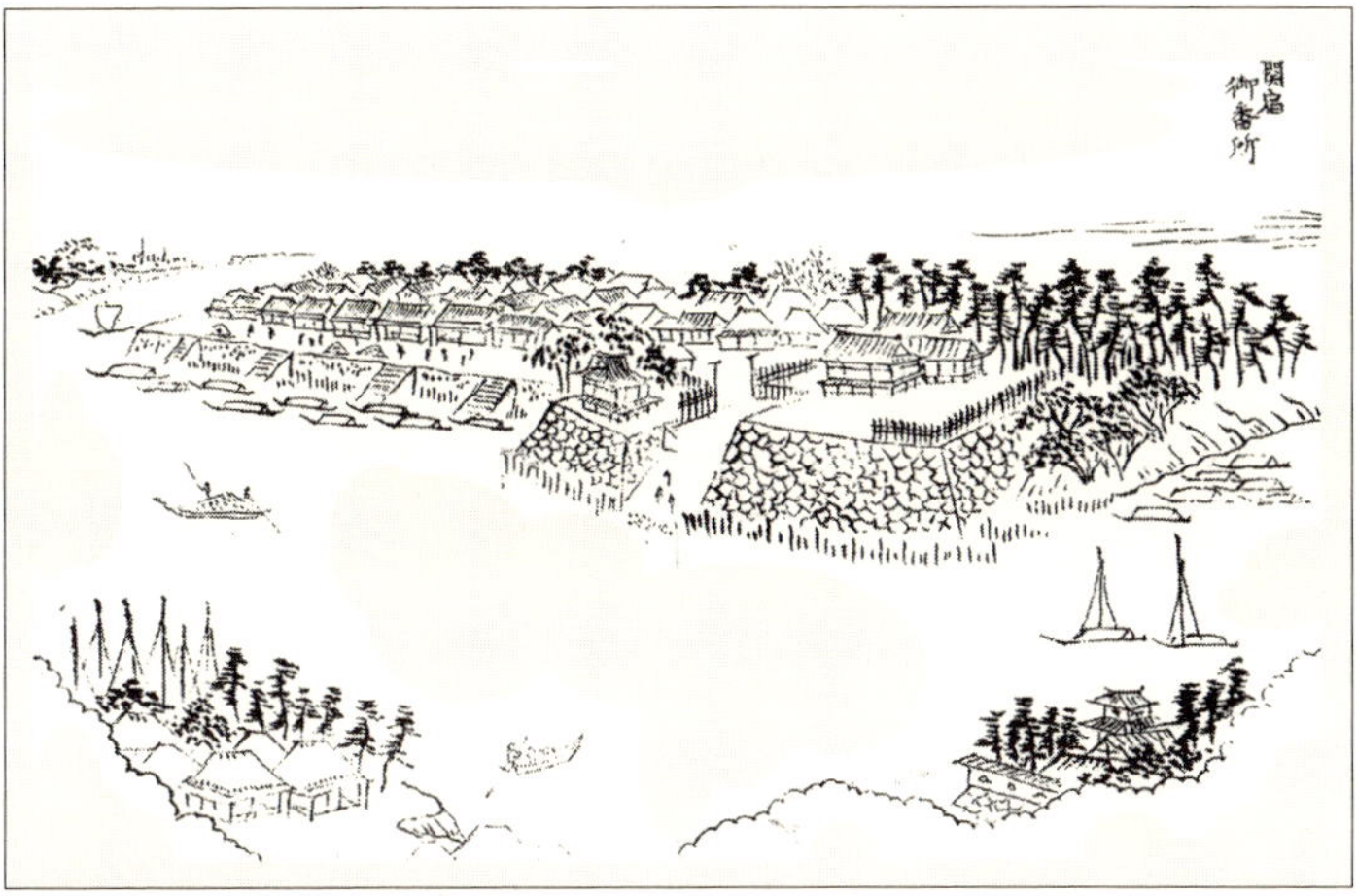

図 55　関宿関所（『下総名勝図絵』）

それはともかく、この「御手形宿」が、同時にまた河岸問屋として諸荷物の船積輸送をも行なっていた。

安永三年（一七七四）の幕府勘定奉行の河岸問屋株吟味の時には、四〇軒の問屋の内、向河岸で二軒、内河岸で三軒の計五軒は輸送荷物もなく宿附する旅船もなくなっていたので、潰シ株となり、残りの三五軒が問屋株として認められた。その内でも諸荷物請払運送を行ない、宿附の旅船のある、すなわち「御手形宿」としての営業も行なっている問屋は、内河岸で九軒、向河岸で四軒、向下河岸で九軒の合計二二軒のみであった。

そこでこの問屋は一軒につき永一五〇文の運上金を差し出すことになったが、残りの一三軒は向下河岸に居り、宿附けする旅船は少しもなく、諸荷物の請払運送のみであったので、運上金は一軒前永一〇〇文ずつとされ、もし今後に宿附けする旅船ができた場合は一五〇文に増加するということに定められた。その後、藤蔵等三軒の問屋は宿附けする旅船ができて、永一五〇文の運上金を上納することになったという。

それにしても、この関宿三河岸の各問屋の運上金額は、境河岸の問屋一軒前の運上金額永二貫五〇〇文に比べると、あまりにも少額であった。それゆえ、この運上金は河岸問屋のそれではなく、「御手形宿」の運上金であるという見解も生まれたのであろう。

河岸問屋の運上金の額は、その河岸に集まる諸荷物の量にも関係していた。関宿河岸に集荷される荷物は、騎西《きさい》領・羽生《はにゅう》領・幸手《さって》領・岩槻領等、主として武蔵東部の村々の年貢米、領主米、その他諸荷物であった。もちろん江戸より上ってくる多くの荷物がここを通り、あるものは、この河岸を中継として北関東の村々へ送られる荷物も多かった。しかし、北関東から奥羽方面までの広大な地域を後背地として持つ境河岸には及ばなかったのであろう。

しかし、関宿三河岸のもう一つの特徴は、「艀下稼《はしけかせぎ》」の独占権をもっていたことである。この関宿三河岸の艀下稼独占区域の中に位置していた境河岸は、何度かこの特権に挑戦した。境河岸の船持にも「艀下稼」をさせて欲しいと願い出たのである。正徳三年（一七一三）にはこれをめぐって関宿三河岸と境河岸の間に訴訟事件がおこり、また明和八年（一七七一）にも訴訟となって、幕府勘定奉行河合越前守の吟味を受けたが、関宿三河岸の「艀下稼」は仕来りの通りと、関宿三河岸の「艀下稼」の独占権は守られた。しかしその時から、三河岸では「艀下冥加永」として永一〇貫文を上納することになったのである。

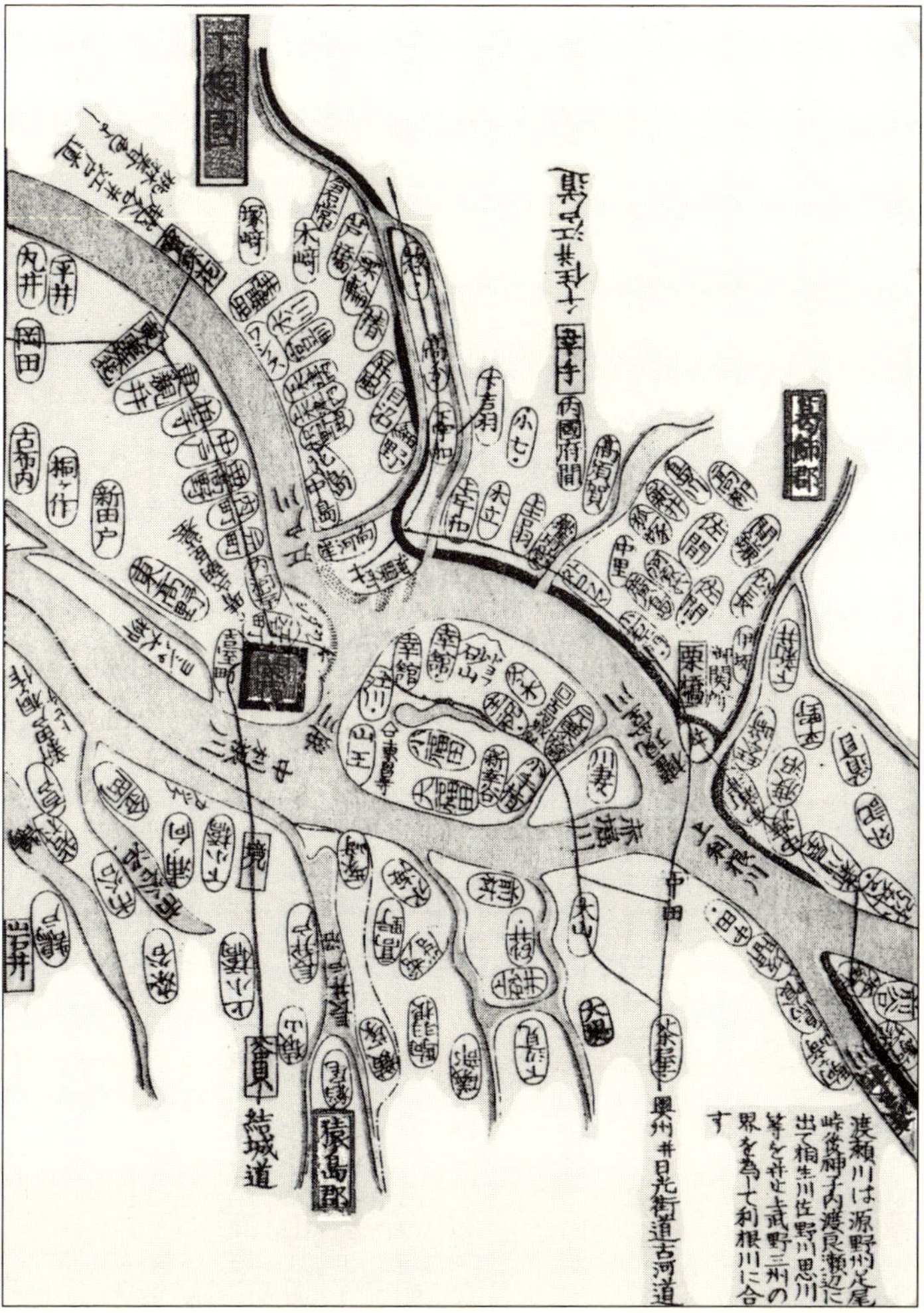

図 56　境・関宿三河岸付近図（『利根川図志』）

このような事情を持つ関宿三河岸であったので、境河岸など他の河岸からみれば、関宿三河岸は「御手形宿」の河岸、「艀下稼」の河岸と見られる要素もないわけではなかった。しかし、すぐ隣の境河岸で関宿三河岸の実態を知らないわけではなかろう。むしろこの機会に、名実ともに「御手形宿」「艀下稼」の河岸としてしまい、関宿河岸の乗合船出船を根絶やしにしようとしたのであろう。

この境河岸の意図を知って、前述のように関宿三河岸の惣問屋は逆に境河岸の両問屋を訴え、結局境河岸の意図は成功しなかった。しかし、乗合船出船を行なったとして訴えられた勘兵衛は、懇意の者に便船の世話をしただけだと申し立てたが、やはりそれも乗合船出船に紛らわしき行為であるとされて、二〇日間の入牢・科料銭五貫文の刑に処せられ、今後は、便船であろうとも乗合船に紛らわしいことはしてはならぬと申し渡された。そして村役人も勘兵衛の監督が不行届きであったとして、名主は科料銭二貫文、組頭五人はそれぞれ科料銭五〇〇文ずつを課せられた。

しかし、それでもなお勘兵衛の乗合船出船は止まらなかった。その後は、隣村一橋領中島村の勘五郎の家の前へ乗合船を廻して置き、集めた旅人をそこへ送って乗船させていた。ところがこれが、思いもよらぬ方向から問題となった。

三つ巴の訴訟合戦

文化七年（一八一〇）九月、五街道の一つである日光道中の宿駅、千住宿から、草加、越ヶ谷、粕壁《かすかべ》、杉戸、幸手、栗橋までの七ヶ宿が、草加・粕壁宿の年寄を惣代として、境河岸の両問屋および向下河岸の勘兵衛を相手どって幕府道中奉行へ訴え出たのである。

日光道中七ヶ宿の訴えは、近年、奥羽、越後、上野、下野、常陸、下総の国々から本街道にかかるべき諸荷物や旅人が、境・関宿河岸の方へ行ってしまう。それゆえ、本街道の宿々は渡世が薄くなって困窮し、宿場が衰微する原因となっているというのである。

日光道中の宿場と境・関宿河岸との間には相当な距離があり、あまり相互に関係はないと思われるが、日光道中の延長である奥州道中の氏家宿から分かれて鬼怒川・利根川・江戸川を利用して江戸へ向かう「境通り」は、大きく見れば日光道中とほぼ並行に走っており、それゆえに従来から奥州・日光道中の脇街道としての役割を果たしてきた。それゆえ、境・関宿の乗合船が盛んとなり奥羽東北方面にまで知られて、旅人の間に人気が出てくれば、本街道の宿駅にも影響がなかったとはいえないだろう。しかし、境河岸にとっては思いもかけない訴えであった。

九月一日、境河岸の問屋兵庫・五右衛門の両人は、この日光道中七ヶ宿よりの訴状と、これに対する返答書を持って来たる十日に道中奉行柳生主膳正の江戸役宅まで出頭せよという通知を受け取って驚いた。それは再々にわたる向下河岸勘兵衛の乗合船出船を訴えようと準備していた時であって、自分たちが訴えられようとは夢にも思っていなかったからである。しかし、境河岸の問屋は、早速これまでの由緒・仕来りを連綿と述べた長文の返答書を道中奉行に提出し、境河岸の正当性と日光道中七ヶ宿の訴えが不当な干渉であることを論駁している。

結局この訴訟は、翌文化八年二月、埼玉郡袋山村の喜平太が扱人（仲裁人）となって内済する。その内済《ないさい》済口《すみくち》証文の中では、境河岸の主張は全面的に認められ、また向下河岸勘兵衛は原則的には乗合船出船は禁止されたが、「以来、荷主・上乗・宰領・親類三四人ニ限り乗船為レ致、旅人ニ紛敷乗船仕間敷」と、これまでの判決とは少しニュアンスを異にし、荷主・宰領および親類三四人の乗船は認めるというものであった。これはわずかではあるが勘兵衛にとって有利な結果であった。

これに力を得てか、勘兵衛の乗合船出船はその後も続いていった。そして勘兵衛ばかりでなく、これを見て向河岸の清兵衛、内河岸の次郎兵衛、太右衛門までが、「引札」を諸方に配って宣伝し、乗合船出船を始めたのだった。

境河岸は、これでは乗合夜船の乗客がいよいよ減って河岸が衰微すると、各方面に配られた関宿乗合夜船の「引札」を集めて証拠とし、文化十年（一八一三）四月、関宿役所へ訴え出た。この結果は、同年七月十日に関係者が召し出され、乗合船出船は禁止、特に三人の内でも太右衛門は悪質であるとして吟味中遠慮（謹慎）、科料銭三貫文の刑に処せられた。

この処罰がよほど腹にすえかねたのであろうか、内河岸の太右衛門は、文政八年（一八二五）二月、今度は境河岸の乗合夜船が関所を通ってから人待ちをする賄宿である関宿元町行人河岸の弥平治を、無株であるのに船問屋同様の旅人乗船や荷物船積の世話をしているとして幕府勘定奉行へ訴え出た。

しかしこの訴えは、原告、被告とも同じ領主の領内であったので双方の領主である関宿藩役所へ差し戻された。弥平治の背後には境河岸の両問屋がバックアップしていたので関宿河岸の主張はなかなか通らず、翌文政九年六月、扱人が入って内済となった。

その結果は、これまで通り境河岸から送られてくる旅人および旅人が自身で背負ってきたり、供の者に持たせてくる一～二駄の荷物の船積は、「仕来之通り」として認められた。実際には弥平治も、境河岸乗合夜船の出船にかこつけて、近隣・近郷の人々の乗船や諸荷物船積の世話をしていたらしい。この行為はいうまでもなく禁止された。

このようにたび重なる訴訟や処罰にもかかわらず、乗合船の出船は一向に止まらなかった。天保期に入ると、内河岸の次郎兵衛はまたまた乗合船の出船を始め、引手・引札を遠国まで手広に配って旅人を勧誘した。特に内河岸は関宿関所の前を通らずに済む位置にあったので、旅人は関所の改めを受けなくても済むという便利さもあって、乗合客は日増しに多くなっていった。

境河岸の両問屋は、これでは問屋をはじめ茶屋・旅籠屋など町内の者まで困窮するといって、天保八年（一八三七）に内河岸次郎兵衛を訴え、関宿藩役所は次郎兵衛の乗合船出船を禁止した。それでも出船は止まず、翌天保九年二月には次郎兵衛に乗合船出船差止めの請書を書かせて提出させた。ところが翌三月からまたまた出船を始めるという有様で、天保一四（一八四三）年十一月には関宿藩役所より乗合船出船を止めなければ所払《ところばらい》（居所追放）にするという厳重な申し渡しが出されて、ようやく止まったという。

しかし、それからわずか三年後の弘化三年（一八四六）四月には、日光道中六ヶ宿がまたまた道中奉行に訴え出た。それは、関宿向下河岸の勘兵衛が文化八年（一八一一）の済口証文の約束を破り、これを見習って向河岸の清兵衛も旅人乗合船を仕立てて手広く稼いでいる。そのため日光道中の宿場の助成が少なくなって困窮するというのである。

この時、境河岸の問屋も共に訴訟人に加わるように誘われたが断り、その代わりにもし関宿河岸の乗合船出船を差し止めることができたら、助合金《すけごう》として金五〇両を日光道中六ヶ宿に差し出すという約束を結んでいる。この結末がどうなったか、この後の史料が欠けていて明らかではないが、おそらく完全に止めることはできなかったであろう。

徳川幕府もいよいよ終わりになろうとする慶応三年（一八六七）八月、河岸問屋株運上金増額の調査があり、関宿三河岸はこの機会に問屋運上金を増額して乗合船出船の権利を手に入れようと企てた。これを知った境河岸問屋は、またまたこれまでの仕来りを書き上げて、関宿三河岸の企てを阻止しなければならなかったのである。

このように、ついに明治に至るまで、幾度となくくり返された訴訟や処罰にもかかわらず、関宿三河岸の問屋は乗合船出船を止めなかったのはなぜであろうか。おそらく、少し料金を安くし、サービスをすれば、いくらでも乗合客が集まるという条件があったからであろう。この北関東から江戸に下る乗合夜船が、当時の旅人たちにとっていかに魅力的なものであったか、この事件はそれをまざまざと知らせてくれるのである。

木下茶船

木下といえば

境・関宿の乗合夜船と並んで、もう一つ利根川の客船として当時の江戸で名高かったものに「木下《きおろし》茶船《ちゃぶね》」がある。これは利根川下流の木下河岸から出る乗合船・遊覧船であった。

文化二年（一八〇五）に江戸で出版された『木曽路名所図会』の中に、江戸日本橋を出発して、下利根川の有名な神社、香取・鹿島・息栖《いきす》の三社を巡拝し、常陸筑波山に向かう紀行文が載っている。この作者も木下河岸から「木下茶船」を利用し、その様子を次のように記している。

ここにて鹿嶋《かしま》・息栖《いきす》・香取《かとり》へ詣し、それより筑波山のかたへ赴くよしをいへば、船師《かこ》へいひわたし、其乗船をしつらふなり。ここにて賃銭をわたし、昼食《ひるげ》したためて、橋爪より船を出す。小船なれば足軽くして、夏の空の暑《あつさ》も河風に瀬々を吹波の音涼し、左右の岸部《きしべ》には、芦の茂ミの下くゝる風、生《おひ》しげる真菰《まこも》の風にたなびくすがた、夏を忘るゝ気《け》しき也。

このように「木下茶船」の多くは、貸切り遊覧船で、乗客は利根川両岸の風光を愛《め》でながら酒をくみ交わし、香取・鹿島・息栖の三社参詣から少し足を延ばして銚子の「磯めぐり」を楽しみ、二、三泊して、また木下河岸に帰ってくる。今でいえば、貸切り観光バスとでもいうところである。

これが、ちょうど、文化・文政期に盛んになってきた江戸近郊への寺社参詣を兼ねた遊山《ゆさん》の旅の流行にマッチして、江戸市民の人気を集めたのだった。

図 57　木下河岸・三社詣船出船の図（『利根川図志』）

「木下茶船」の発着する木下河岸（図57）について、『利根川図志』は次のように記している。

木下河岸《きおろしがし》　竹袋村の内なり。常総軍記巻廿云、今木下といふ名高き所、下利根川の岸にあり、是は竹袋より利根に木を下《おろ》すの名なり。然るに木下といへば江戸にも隠《かくれ》なく、竹袋といふは知る人無し云々。

木下《きおろし》河岸と言えば、江戸で知らぬ人はいないが、竹袋《たけぶくろ》と言っては知る人が無いという。

木下河岸は正式に言えば、下総国印旛郡竹袋村の中の一小字名《こあざ》にすぎず、本村の集落からは少し離れた利根川べりにあった。『利根川図志』はまた、次のようにも述べている。

古《いにしえ》この地、纔《わずか》に十軒ばかりなりしが、寛文のころ、此処に旅客の行舟（世に木下茶船といふ）を設けたるに因《よ》りて、甚だ繁栄の地と為《な》れり、そは鹿島・香取・息栖の三社に詣し、及び銚子浦に遊覧する人多かればなり。問屋七郎左衛門この番船を預り、旅人の煩労をたすく。

すなわち、『利根川図志』の著者は、木下河岸繁栄の理由を、寛文のころ、「木下茶船」を設けたからだといっている。

木下河岸の名は、『利根川図志』にもあるように、竹袋村から材木を利根川に下したことに始まるという。しかし、これは地名伝承であって、事実かどうかはわからない。近世の木下河岸の出発点は、利根川の渡し場、対岸の布川《ふかわ》とを結ぶ渡船場にあった。

その後、木下は河岸場として発展するようになり、布川と結ぶ渡船場は、少し上流の布佐《ふさ》に移り、布川―布佐間を結ぶ「内宿の渡し」が主流となってくる。しかし、まだ寛永年中には、木下《きおろし》を通って手賀沼から利根川へ落ちる水路が広く、利根川の川船が直接手賀沼に乗り入れることができたので、木下に着岸する船は少なかった。その後、明暦年中になり、河岸場の年貢を時の領主に上納するようになったというので、この頃から「河岸」としての性格を強めてきたのであろう。そして、寛文年中には問屋場もでき、毎年運上永二貫文を代官へ上納したという。

この頃、「木下茶船」の前身とでもいうべき人船（乗合船）が、ここから発着するようになり、乗客の住所・氏名や、それを乗せた船頭の名前などを問屋の「日締帳《ひじめちょう》」に正確に付けるようになる。それには、一つの事件がきっかけとなったという。

利根川殺人事件

延宝五年（一六七七）十一月、常州鹿島郡溝口村の弥兵衛という男が、木下《きおろし》河岸より船に乗った。溝口村というのは、現在の鹿島臨海工業地帯の玄関口である鹿島港に近い村で、木下河岸よりは川路一五里（約六〇キロメートル）以上も離れたところにあった。弥兵衛は、鹿島浦の魚商人で、江戸に送った鮮魚荷物の代金を受け取りに行き、三〇両余の大金をふところに入れて、江戸から帰宅する途中であった。木下河岸から船に乗ったのは十一月二十三日で、同じ船に乗り合わせた乗客は、常州行方《なめかた》郡新宮村と同郡潮来《いたこ》の者であったので、船はまず潮来に向かい、そこで新宮村と潮来の者たちは下船し、その後の乗客は弥兵衛一人で、浪逆《なさか》浦を通って溝口へ向かった。

ところがその後、何日たっても弥兵衛は家に戻らなかった。利根川の上で忽然と一人の男が消えてしまったのである。弥兵衛の家族や親類は心配して、八方に手をつくして探した。木下河岸へも来て、問屋にいろいろと尋ねたが、問屋はこの河岸から乗船したのか、他の所から乗船したのかさえわからない、と言って断った。弥兵衛の家族・親類は、各方面を尋ね歩いたが、ついに弥兵衛の消息をつかむことができなかった。いたし方なく、木下から乗船したと思われる十一月二十三日を命日として、葬式を出した。

それから二ヶ月ばかりたったある日、利根川付の小見川河岸に嫁いでいた弥兵衛の娘が、いつものように洗濯のために川に出た。するとそこに、一つの死体が流れ寄っているのが目に入った。娘は恐ろしくなって逃げ出そうとしたが、虫が知らせたか途中で立ち止まった。利根川の上で行方不明になった父のことが頭の中をかすめたからである。

こわごわ戻って見ると、顔は水ぶくれとなってわからないが、着ている衣類には見覚えがあった。自分が父のために織って着せた縞木綿である。驚いた彼女は、家にかけ戻ると、早速溝口村の実家に人を走らせた。溝口村の家族・親類がかけつけて死体を調べると、確かに行方不明になった弥兵衛であり、その咽には船竿が通して殺してあった。

そこで家族は再び役所に訴え出、捜査が再開された。木下河岸も吟味を受け、弥兵衛が木下河岸から乗船したことは間違いないということになったが、その頃は、乗客の名前や船頭の住所・氏名を控えていなかったため、その時の船頭が誰であったかまったくわからず、捜査はゆきづまった。

この責任は、河岸問屋の手落ちにあったとされ、問屋代平兵衛は申し訳けが立たず、入牢を申し付けるところであるが、五〇日と日限を切って船頭を見付け出してくるようにと命ぜられた。しかし、何の手懸りもなく困った平兵衛は、潮来《いたこ》の遊女屋の主人で、各方面に顔の広い大和屋源左衛門に相談に行った。ちょうどその日に、大和屋に遊びに来ていた新宮村の者が、数ヶ月前木下河岸から乗合船に乗ったことがあったという。そこでだんだんと尋ねてみると、溝口村弥兵衛と同乗した客であることが確実になった。そしてその時の船頭は、津之宮村の伝三郎という者だったということも判明した。

そこで、この船頭の行方を探したところ、たまたま木下《きおろし》河岸に来ていたところを発見し、これを捕らえて奉行所に差し出した。奉行所の吟味によって、津之宮伝三郎は、湖来から溝口村へ向かう川の上で弥兵衛を絞め殺し、咽へ船竿を刺して川の底へ沈め、三七両の金子を盗み取ったことを自白した。伝三郎は獄門となり、その首は津之宮河岸で晒首《さらしくび》にされて、この一件は落着した。

しかし、この事件で、木下の河岸問屋は、出船する乗合船の船頭や乗合客の住所・氏名を記しておかなかったことを咎められた。問屋は、これまで口銭・庭銭も取らず渡世にならなかったので記さなかったと申し立てたところ、今後は正確に調べて記すようにと申し渡された。この事件があって以来、木下河岸では船頭から国所・名前をはじめ、その村の名主の請状等を取って身元を明らかにさせ、出船する人船からは口銭・庭銭を取って問屋場の「日締帳」に乗合客や船頭の住所・氏名を記すようになったという。

これが河岸問屋七郎左衛門のいう「問屋場出船日締帳」の由来だが、この頃から、木下河岸が乗合船出船の河岸となっていく様子がうかがえよう。

木下に船なし

そして、この事件のおこった翌年の延宝六年（一六七八）、はじめて木下《きおろし》河岸に「茶船」四艘ができて、幕府川船役所の極印を請け、年貢・役銀を上納するようになった。また、元禄元年（一六八八）には、河岸問屋が「房中」（舫丁《ぼうちょう》）と呼ばれる小船一四艘を建造し、その内の七艘は耕作田舟として農業の合間のみ運送に従事し、残りの七艘を「村持」として、領主の極印を受け、船役銭七〇〇文ずつを上納することとした。そしてこれらの船は船頭に貸し与え、船の損料として一ヶ月一艘につき鐚《びた》七〇〇文を船賃の内から問屋が取り立てて、七艘分を村方に渡し、村方より上納する河岸場運上金に当てた。

また、村内百姓の各自持の船も、元禄年中に酒屋通船一艘、小漁船一艘ができ、次いで小船二艘、酒屋水汲船一艘もできて、領主の極印も受けて船役永を納めるようになった。その後、正徳年中には「茶船」も増加して二〇艘となり、享保年中には各自持小船も二艘増して七艘となった。

しかし、この頃から諸物価が上昇し、問屋が造った小船一四艘も、鐚七〇〇文の借賃を払っては船経営の採算が合わなくなって、村持小船を請け負う船頭がいなくなってきた。船の所有者である村や問屋の側も、船の修理や船具の買替えなどで多額の費用もかかり、七〇〇文の上銭（貸賃）ではたいした利益もなくなってきたので、これらの船を潰し船とし、その名目ばかりを他村から木下河岸に働きに来ている船に貸して、名目貸賃九貫文、問屋下代給金足銭三貫文の合計一二貫文（一日にして四〇〇文ずつ）を毎月取ることを考えた。

他村から来ている船の側も、これまでは、この一四艘に村内各自持の五艘を加えた一九艘の村内船に三社参詣客など船賃の多く取れる出船を独占されていたので、村船の名目を借りて一ヶ月に一二貫文の名目借賃等を出すことに同意した。村内各自持の小船も同じように潰し船にして名目のみを貸すようになり、宝暦年中川船改めの時には押戸屋勘右衛門所持の一艘を除いては、船の実体はなくなっていた。

図 58　木下河岸（『木曽路名所図会』）

このように、木下河岸の地元の船は、元禄から享保期頃までは徐々に増加していったが、この頃を境として、船頭等を雇って船を任せる経営は成り立たなくなり、名目のみ残って船の実体は失われていった。

しかし、これによって木下河岸の客船・乗合船の出船がなくなったわけではなかった。その後四〇年ばかりたった安永七年（一七七八）から、一二年間にわたる木下河岸出船数は次の通りである。

安永七戌年　出船数　四千七百六拾九艘
同　八亥年　出船数　四千五拾六艘
同　九子年　出船数　四千弐百拾六艘
同　十丑年　出船数　四千三百三艘
天明二寅年　出船数　四千五拾艘
同　三卯年　出船数　四千四百六十七艘
同　四辰年　出船数　三千八百六拾弐艘

同　五巳年　出船数　四千四百三拾三艘
同　六午年　出船数　四千七百七拾五艘
同　七未年　出船数　三千八百拾弐艘
同　八申年　出船数　四千五百弐拾四艘
同　九酉年（寛政元年）　出船数　四千九百弐艘

この一二年間の木下河岸出船数の平均をみると、一年間に約四三五〇艘、一日に約一二艘の乗合船や三社参詣船が出船していたことになる。またこの内で、「茶船」は乗客定員を八人乗、「小船」は四人乗と定められており、それ以上の人数の乗船は禁じられていたので、平均四人としても、年間で約一万七四〇〇人の旅人が乗船したことになる。このすぐ後の寛政三年（一七九一）までの一〇ヶ年平均で、木下《きおろし》河岸の問屋・本陣で食事の賄をした旅人数が一万三五〇〇人、宿泊したものが六〇〇〇人、合計一万四一〇〇人であったので、年間一万七〇〇〇人程度の旅人が乗船したことは確かであろう。

しかしこれは、年間を平均した数字であって、実際には季節によって大きな増減があった。前に述べた下総境河岸等の実例から見ても、旅人は春・秋に集中する。シーズンともなれば、おそらく一日に一〇〇人近い旅人が押し寄せ、二〇艘をこえる乗合船・三社参詣船等の出船があったことであろう。

では、前に見たように実体を失ってきていた木下の茶船・小船で、どうしてこのような多数の出船をまかなうことができたのであろうか。乗合船も鹿島辺まで行けば一日で帰ってくることはできない。

まして三社参詣船として出れば、三、四日は帰ってこないのが普通である。これでは、いよいよ河岸の船数は不足するはずである。

このような事態を救っていたのが、実は「旅船《たびぶね》」と称する船であった。「寄り集り候船を、旅船と唱《とな》ひ」と「問屋旧記」に記されてあるように、「旅船」とは木下河岸以外の村々から、この河岸に出稼ぎに集まってきた船であった。その出身地は、「川下村々弐百弐拾ヶ村より集り候」とあるように、下利根川の佐原・銚子辺、あるいは遠く西浦（霞ヶ浦）・北浦沿岸の数多くの河岸や村々に及び、寛政四年（一七九二）に八〇ヶ村余の旅船船頭惣代となった平次右衛門は常州鹿嶋郡幡《はたぎ》木村の百姓であり、文化十一年（一八一四）に同じく旅船惣代となった勘兵衛は、常州鹿嶋郡平泉村の名主であった。

このように木下河岸に集まる「旅船」は特に鹿嶋郡・行方郡の村々から水郷地帯へかけての村々の船が多かった。それはこの「旅船」の内の多くが、平生は農業に従事し、農閑期に出稼ぎに来る「耕作田船」であったからである。水郷地帯の水田稲作にとって田船は必要不可欠な農具であったので、その数は非常に多かった。これらが農閑期に「旅船」となって木下河岸にやって来るのである。多くは夫婦で、鍋・釜等の炊事具から少しの世帯道具を積み、船中に寝起きしながら船稼ぎにやって来た。

しかし、木下《きおろし》河岸に来たからといって、自由に船稼ぎができたわけではなかった。まず出身村の名主村役人の添状を持ち、木下河岸に確かな請人があって、はじめて木下河岸の「旅船」として問屋場に登録され、船稼ぎに従事できたのである。

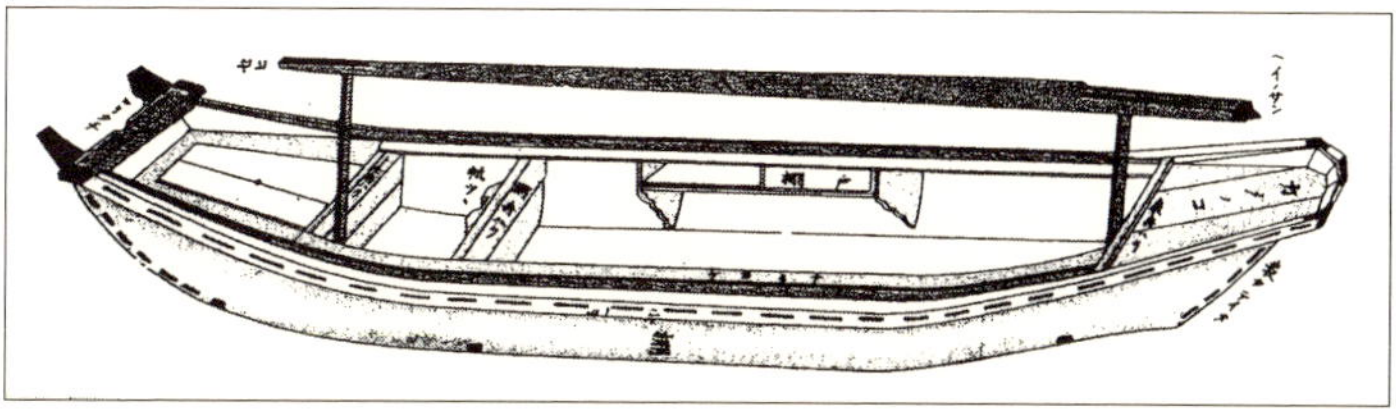

図 59　木下茶船（『船鑑』）

寛政三年（一七九二）の一年間に、木下河岸に登録された旅船は、村数一一六ヶ村、船頭一四〇〇人であったという。いかに多くの「旅船」が、木下河岸につめかけていたかが想像されよう。これが江戸まで鳴り響いて有名な「木下茶船」の現実の姿であった。

木下河岸を働き場所として定めた「旅船」は、船の大小によらず乗客四人乗と定められていた。そして、木下河岸への着岸の順番により、最初に着いた船を「先船」といい、次を「二番船」「三番船」「四番船」と呼んで、船頭たちはみな問屋場へ詰め、旅人が着くと「先船」から順番に出船し、もし「先船」に出船の希望がない時は、「二番」「三番」と順に送って、希望のある船から出船させた。そして、先船から四番までの船からは、「名目貸賃」として一艘から銭一〇〇文ずつを問屋が取り立てて村方へ渡し、その後の出船からは「直り」といって船賃から庭銭・口銭のみを差し引いて、残りを船頭に渡した。

また、三社参詣船として出船する場合は、別に銭一〇〇文を船から差し出すこととなっていた。また、風雨の時の出船や、深夜の出船、川筋の状況の良くない時の出船など、皆が出船を希望しない時は、「まくり」といって「二番船」を否応なく出船させ、その代わり行先の遠近によって日数を定めて、その期限内に帰ってくれば、「先船」として優遇した。

船頭定書と乗客心得

このような「旅船」をはじめ、その日に河岸に居合わせた船の船頭は、すべて問屋場へ詰めることとなっていた。その船頭詰所には、次のような「定書」が張り出されてあった。

定

一、御用船之儀ハ、地船旅船同様之事
一、太々講中之儀は、地舟弐艘、旅舟壱艘之事
一、日々出舟之儀ハ、一日一度ニ限り可申候事
一、番舟之儀ハ、地旅共乗込之もの相勤可申候事
一、無拠用向にて渡世相休候儀ハ、一日ニ限り候事
一、まくり打銭之儀ハ、船拾艘以下無用之事
一、迎舟之儀は、四人以上は相断り候事
一、御用船まくり之儀は、定日之外一日延事
一、船少之節ハ、乗込ニ候共番取り可申事
一、病気之儀ハ、番流し可申事

図 60　三社参詣の一つ，息栖神社

一、成田参詣之旅人、途中にて相対いたし候共、問屋場にて改を請、出舟可致事

一、旅人え対し押て酒代等ねたり取候ものハ、当川岸渡世相断り申候事

右ヶ条之趣、船仲間一統堅く可相守事

月　日

この中には、今では意味がよくわからなくなった部分もあるが、最後の条のように、船賃を問屋場で定めて出船した以後に、酒代等をねだってはいけないというような、船頭に対する規制が定められている。

船頭に対する規制はこの他にも、問屋場の日締帳に記した者以外を、途中で乗船させてはならず、たとえ家内の者であっても出船以後の乗船は禁じられ、途中で旅人を他の船に

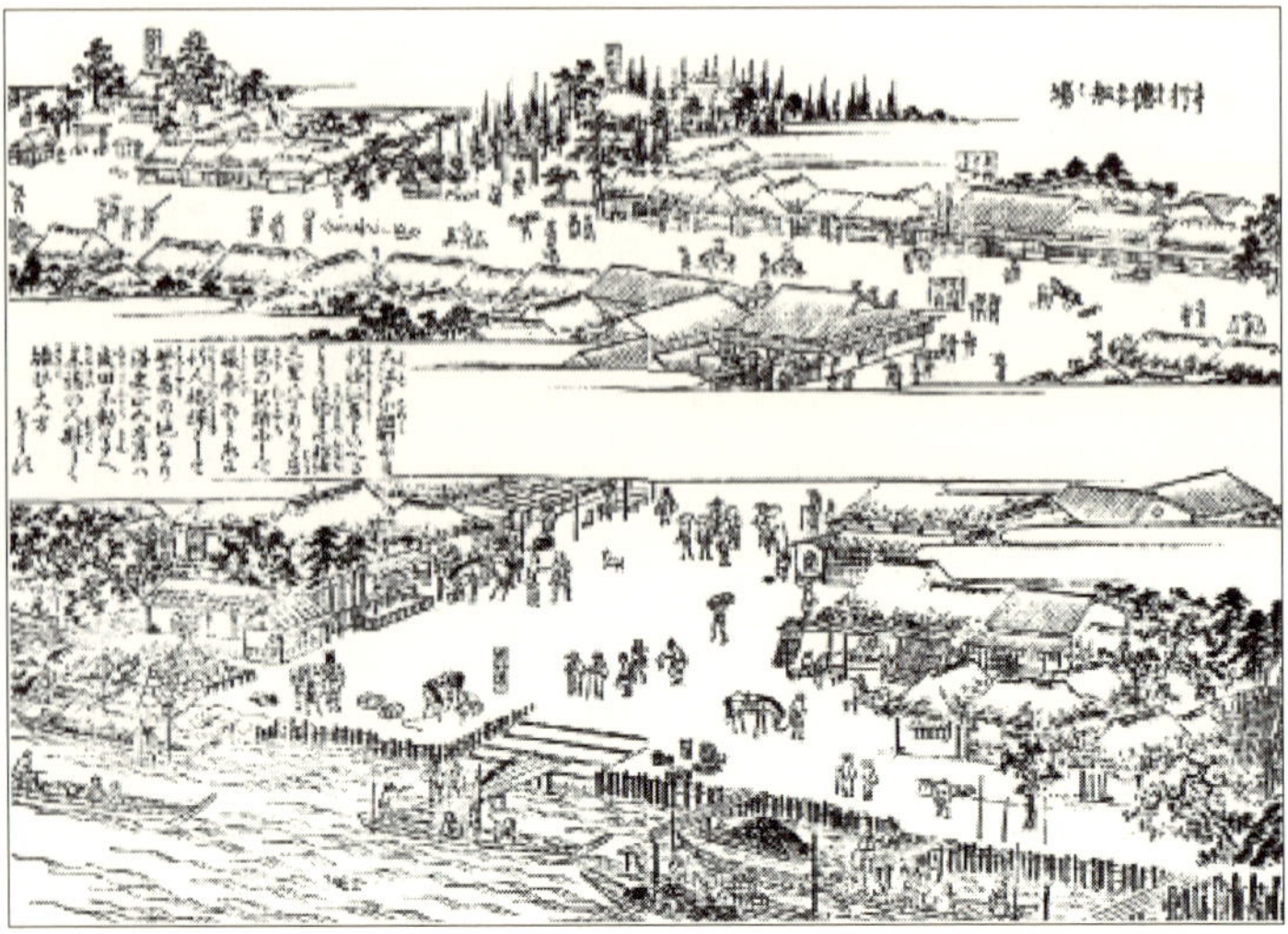

図 61　行徳河岸（『江戸名所図会』）

乗せ替えることもしてはならなかった。もしまた、出船先で船頭が病気になったり、怪我などをして、どうしても乗客を他の船へ移さなければならない場合は、その所で確実な立会人を頼み、乗移した船の船頭の名前・住所を確かめて、早速問屋場へ通達してその旨を日締帳に記入しなければならなかった。また、船中にあった旅人の忘れ物は早速問屋へ届け、着服してはならないなど、船頭に対する細かい定めがあり、この「定」に違反した者は、木下《きおろし》河岸での一切の船稼を禁止されることとなっている。このような細かい規制が定められていることは、時々これに反した行動をとる船頭がいたからであろう。

　また、乗船の旅人に対しても、次のような「乗船心得」が問屋場に張り出されてあった。

覚

一、当川岸出船方之儀ハ、御公儀様より前々被二仰渡一候通り、人躰国所性名相改、日締帳え記、茶船壱艘八人乗、房中四人乗にて出船仕候、尤旅人多く船少之節ハ、右割合を以人数乗込、勿論問屋場ニ限り外より出船不相成事、

一、御公儀様御役人様方ハ不レ及レ申、都て御武家様方御出之節、外旅人衆不礼無レ之様、可レ被レ入二御念一候事、

一、荷物之儀ハ、壱駄ハ人弐人、乗下并両掛ハ壱人之積りを以、賃銭受取之候事、

一、大病又は悪敷病之方ハ、乗船御断り申候事、

一、香取、かしま、息栖其外神社順拝之方ハ、船御立切可レ被レ成候事、

一、船頭共之内、御懇意有レ之、或ひハ手船等にて名差にて御雇ひニ被レ成候儀は、四人連以上は御断り申候事、

一、上下雇切り、其外手船にても当川岸より出船候ハ、、定法之船役セん受取之候事、

右之条々、兼て御心得置可レ被レ下候、以上。

月　日

河岸の問屋場に着いた旅人は、この「乗船心得」を読んで、それに従ったわけである。

では実際にここを旅した人々の様子は、どのようなものであったろうか。

渡辺崋山の旅

文政八年（一八二五）に、この河岸を通って利根川を旅した三州田原藩士渡辺登（崋山）の記録にそくして、旅の様子をみてみよう。

六月二十九日の朝六時頃、江戸の自宅を出立した崋山は、日本橋小網町三丁目の行徳河岸に着き、船問屋加田屋長左衛門のところで貸切の小舟を雇って乗った。船は隅田川から万年橋の下をくぐって小名木川に入り、中川番所、舟堀、新川を通って利根川（江戸川）に出て下総行徳河岸に着いた。この船賃は五〇〇文、乗合船は一人六四文というので、これは一艘貸切の船賃である。船中で朝食をしたためたのであろうか、「茶　百文、飯　五十文、酒肴　二百四十八文」とメモに記されている。「飯」より「茶」の方が高値なのは不思議だが、これには惣菜も含まれているのであろうか。

下総の行徳河岸（図61）に上がった崋山は、河岸の大坂屋で昼飯をとった。代金は八〇〇文、他に「こんにゃく六十四文」とある。これは昼食代としては高いが、この時崋山は下僕と思われる男二人と、三人連れの旅であったので、おそらく三人分の代金であろう。

崋山一行は、ここより陸路を歩いて、八幡宿を過ぎ、釜谷（鎌ヶ谷）宿の鹿島屋で夕飯をとった。しかし崋山はここでは泊らず、夕暮で涼しくなった街道を、馬が放牧されている釜谷（鎌ヶ谷）原を通って、次の宿の白井宿に至り、ここの旅籠屋・藤屋八右衛門に泊った。そして翌日は、木下《きおろし》街道から少しそれて、手賀沼のほとりなどの古跡を歩き、夕暮れに木下《きおろし》河岸に着いている。

一般に、江戸を出立して行徳、八幡、鎌ヶ谷、白井、大森と宿々を歩いて来た旅人が、木下河岸に

図 62　ユブ子（湯船）（図の右端に見える）（『利根川図志』）

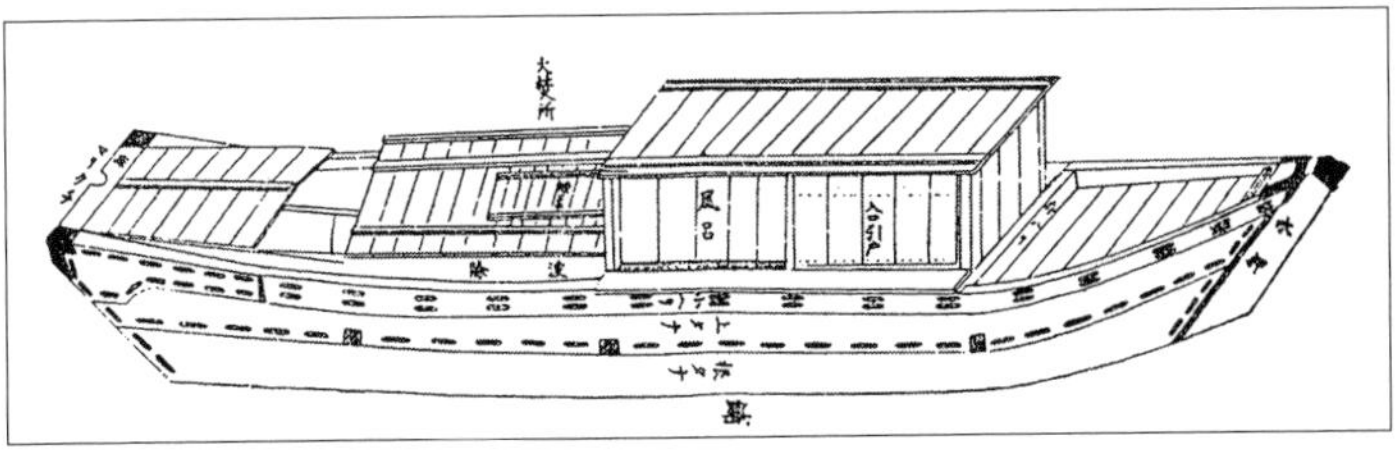

図 63　湯船　上口　長二丈一二尺　横六七尺（『船鑑』）

着くのは、暮七ツ時過ぎより夜五ツ時頃までであったという。今の時間でいえば午後の四時頃から八時頃であった。

河岸に着いた旅人は、まず旅籠屋も兼業している河岸問屋に行く。ここで草鞋《わらじ》をぬいで足を洗って上がり、街道の埃と汗を風呂に入って洗い流す。

問屋で風呂に入るのがこの河岸の特色であったが、河岸にはよく「湯船《ゆぶね》」というものがあった。「湯船」とは、河岸に繋がれた屋形船の中に湯桶や据風呂を設けたもので、浴客は岸からかけられた船板の橋を渡って湯に入る。夏などは川風に吹かれて、さぞ心地よかったことだろう。『利根川図志』の中の布川河岸の図を見ると、船着場のそばに、小さく「湯船」が描かれている（図62）。

木下《きおろし》より少し上流の小堀河岸では、上り下りの船が着くと、若い水主《かこ》たちはすぐに船から下りて、河岸にある湯船に入って汗を流し、下道辺の女郎屋へくり込むことを風流と心得ていたという。

また、俳人・小林一茶は、木下河岸より下流の田川という所で、「湯船」に入りながら誤って川に落ちて溺死した巡礼の老婆を目撃している。

木下河岸の問屋の湯は、このような危険な「湯船」ではなかったようで、問屋の様子を描いた「引札」の絵（図64）を見ると、湯から上がった裸のままの客が、手拭を下げて座敷の奥から出てくるところが描かれており、風呂場は家の中にあったらしい。

風呂から上がった客は、ここで夕食をしたため、あるいはここに一泊した。旅籠代は一泊一三二文、夕食なしの「片旅籠」は七二文、「壱膳飯」は二二文、蕎麦《そば》・饂飩《うどん》は一六文であった。寛政二年（一

図 64　木下河岸の河岸問屋（木下・吉岡家の引札より）

七九〇）当時、本街道の中旅籠の料金が一七二文、下旅籠が一五〇文、脇往還・田舎道中の旅籠代が一三二文から一五〇文位であったというので、この木下《きおろし》河岸の問屋旅籠の泊り賃はそう高くはない。しかし、食事は簡素であったようで、夕食は御飯に味噌汁、それに油揚、昆布、氷こんにゃくの平盛、朝食は魚の干物に香物ぐらいであったらしい。渡辺崋山が木下河岸の問屋のところで、「肴シキヤキ四十八文」と記しているのは、「茄子のしぎ焼き」のことで、おそらく定食の他に特別料理として注文したものであろう。

「引札」の絵を見ると、問屋の家の中でお茶を飲んだり食事をしたりしている多くの旅人の様子が描かれている（図64）。このように、江戸から下って来て、この河岸から乗船する旅人の宿泊や食事賄《まかない》は、この河岸問屋七郎左衛門家の独占的な稼業であった。明和九年（一七七二）の竹袋村差出帳の中にも、次のように記されている。

一、問屋　壱軒　七郎左衛門
　但、上リ泊リ之儀ハ百性心々ニ仕、下リ出船之儀者、問屋ニ而帳面ニ付、出船仕候、

それゆえ、町内の茶屋・旅籠屋は、この客を呼び入れることはできなかったが、逆に船から降りて江戸へ向かう旅人や乗船しない客の食事賄や宿泊は自由であったので、町内の茶屋・旅籠屋は競って客を引いた。『利根川図志』の「三社詣出舟之図」にも木下河岸の利根川に面した向堤の上に、「かべなし屋」「三角（ミカド）屋」などの茶屋が見え（図65）、並んで鈴木屋、銚子屋などもあったという。

三社参詣の遊覧船

問屋で湯に入って夕食を終わった客は、行先や連れの人数によって船を頼む。「茶船」は八人乗、「舫丁《ぼうちょう》」ともいわれる「小船」は四人乗と定められていたので、五人以上の客は「茶船」に乗ることになる。また、三社参詣船は原則として貸切船であった。客は船乗りに知り合いなどがいて、船頭を指定することもできたが、四人連れ以上の場合は断られた。また船が木下《きおろし》河岸以外の村から稼ぎに来ている「旅船」だと、船中に鍋釜・膳椀などの炊事道具を持っていたので、乗客は自分で米・塩・味

図 65　木下河岸の茶屋・旅籠屋（『利根川図志』）

噌・薪などを買い入れて、船で食事を作ってもらった。問屋で風呂に入っても夕食はとらず、このような「旅船」の賄を利用する客も多かった。これを「船中支度」と呼んでいた。

また、前掲の「乗船心得」にもあるように、病人は原則として乗船を断られた。時には問屋は知らなかったことにして、客と船頭との相対で乗せることもあったが、客の伝染病が船頭に感染して病死し、家族の者までも病気で難儀したことが何度かあったので、重い病人の乗船は許さなかった。

しかし、出船後の途中での発病や、怪我、荷物の紛失などは問屋が責任を持ち、各地の河岸に出張所同様の宿を指定して、非常の場合は心配なく相談するようにと客に知らせていた。木下《きおろし》河岸の問屋が非常の場合のために指定していた宿は、表14のとおりであった。

こうして、乗船する船と船頭が決まると、旅人は問屋場の「日締帳」に国所・名前と船頭の名前住所を記してもらい、船賃・庭銭を問屋に支払う。問屋で食事したり、宿泊した客は庭銭を払わなくともよかったが、「直乗《じきのり》」といって、すぐに船に乗る客は、問屋庭銭を支払った。その額は、八人乗りの船一艘につき一〇〇文、四人乗りの房丁船で五〇文であった。共に一人当たりにすれば約一三文である。

また、この船賃は、正徳二年（一七一二）に時の領主であった佐倉藩稲葉氏に書上げて承認を得ていたというが、その後の宝暦十年（一七六〇）には、次のようになっていた。

木下より佐原え、川道九里（三六キロ）

此船賃　　茶船　七百文　　八人乗
　　　　　小船　四百文　　四人乗
木下より麻生え、川道拾三里（五二キロ）
此船賃　　茶船　七百五拾文　八人乗
　　　　　小船　四百廿四文　四人乗
木下より鹿嶋え、川道十五里（六〇キロ）
此船賃　　茶船　八百文　　八人乗
　　　　　小船　四百五拾文　四人乗
木下より小見川え、川道十五里（六〇キロ）
此船賃　　茶船　八百文　　八人乗
　　　　　小船　四百五拾文　四人乗
木下より川道銚子え、十八里（七二キロ）
此船賃　　茶船　壱貫三百文　八人乗
　　　　　小船　八百文　　四人乗
関宿　　船賃定メ無レ之、尤登リ舟故乗手無二御座一候、若も有レ之節ハ、相対を以相極メ申候

これをみると、船賃が船一艘単位で定められている。たとえば木下《きおろし》河岸から佐原へ行く場合、小船

で一艘・四〇〇文、四人で乗れば一人前一〇〇文となるが、二人で乗れば一人前二〇〇文となる。また、茶船は船賃が一艘・七〇〇文だが、八人で乗れば一人当たり八七〜八八文となり、小船よりも安くなる。しかし、この船賃の額が何を基準にして決められているのか良くわからない。キロ当たりの運賃を計算してみると、それぞれが不同で、木下―鹿嶋、小見川間が一番安く、次が麻生、そして銚子で、佐原が一番高くなっている。また、関宿へは船賃の定めがない。これは利根川を遡ることになるので、あまり乗客がなく、もしあった場合は船頭と客との相対で決めることになっている。

この運賃表が正徳二年（一七一二）に定められたものと同じであるかどうかはわからないが、正徳の時には銭相場が金一両につき銭四貫文であったのに、その後宝暦の頃からだんだん銭相場が下がって物価は上がり、その上明和年中（一七六四〜七二）は大凶作が続いて船頭たちはいよいよ困窮したという。そこで船賃値上げを領主に願い出たが許可にならず、仕方なく脇往還の例にならい、船賃の他に「酒代」として、船賃四〇〇文以上は一艘につき一〇〇文、三七二文以下は五〇文を問屋が乗客から貰いうけて船頭に渡すこととした。

その後、寛政年中（一七八九〜一八〇〇）に勘定奉行柳生主膳正へ願い出て、ようやく船賃値上げが許可になり、乗船距離七里以下の所は一艘に付き銭四八文、それ以上は銭一〇〇文を増すこととなった。

図66の船賃表は、この河岸の問屋が得意先に配った「引札」にあるものだが、何年のものかはわからない。しかし、寛政期以降であることは確かで、寛政の値上げ額より一層高い船賃が記されている。

おそらく幕末期のものであろう。

これをみると、三社巡拝の他に成田山参詣を組み合わせたものや、銚子遊覧をセットにしたものなどが現われ、また、これまでの一艘単位の船賃表示から、一人単位の運賃表示に変わってきている点が注目される。おそらく、団体の遊覧客ばかりでなく、個人の乗合客が増えてきたためであろうか。

また、この河岸では、荷物の運賃は、人の運賃を基準にしており、荷物一駄の船賃は人二人分、乗下げ荷、両掛荷（旅行者が衣類などを挟箱に入れて前後に担ぐ荷）は人一人分の運賃となっていた。

船賃を旅人から受け取った問屋は、その内から問屋口銭として一二文を差し引いて船頭に渡した。もしその船が旅船であると先船から四番の船までは各船から一〇〇文ずつ、それが三社参詣船であるとさらに一〇〇文を差し引いて残りを船頭に渡すこととなっていた。問屋場にはこのような船賃の出納や、日締帳の記入、武家通行の応対等をする手代が二人、勝手働二人、飯炊一人、湯番小走一人、子供二人の合計八人の人たちが働いていた。この人たちの給料は、手代が年給金三両二分、勝手働、飯炊、小走が二両二分、子供が金一両一分であった。また、出船の順番等を指図する「船差《ふなさし》」あるいは「船番」は、船持の中から順番に勤め、これも問屋場に詰めていた。

表14　木下河岸指定宿一覧

河岸名	宿　屋　名
安食村	嶋屋忠兵衛
田　川	大野屋市兵衛
源　田	武蔵屋久次郎
神　崎	川口屋吉兵衛
押　砂	佐原屋次郎右衛門
石　納	池成屋惣七
佐　原	川岸屋太右衛門
津之宮	佐原屋佐兵衛
牛　堀	冨田屋平次郎
潮　来	魚屋林蔵
大船津	若松屋茂兵衛
札	川岸屋良助
息　栖	柏屋久右衛門
石　出	水神屋平左衛門
小舟木	常陸屋武兵衛
銚子松岸	上州屋長兵衛

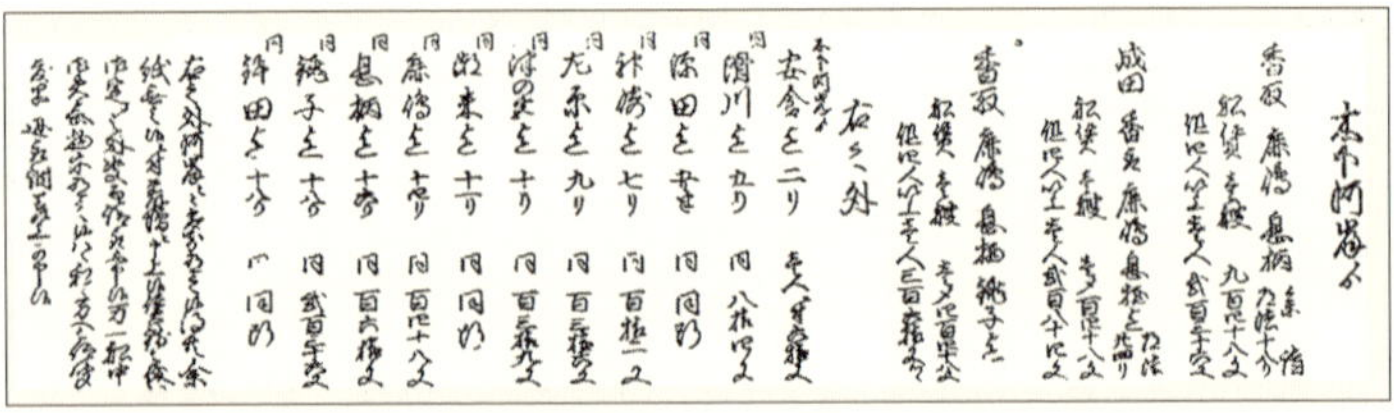

図 66　引札の船賃表（木下・吉岡家所蔵）

このようにして旅人を乗せた「木下《きおろし》茶船」は、河岸を後にして鹿島や銚子へ、あるいは三社参詣へと出船していったのだった。

渡辺崋山の一行も、問屋で夕食を済まして、涼しくなった川風に吹かれながら、いよいよ船に乗った。この時に彼の書き残した『四州真景』には、

　買㆑船発、木下右深間（布鎌）ヲ見、深間ハ洲ノ嶋ト成ル可、亥刻達㆓津宮㆒、投㆓佐原屋㆒、

とあって、夜の十時頃津ノ宮河岸に着き、佐原屋に投宿している。

また、尊攘派の詩人といわれた梁川星巌《やながわせいがん》は、天保十二年（一八四一）三月九日に江戸をたち、十五日に木下《きおろし》河岸に着いた。そして夕闇迫る頃、この河岸より船に乗り、月の光に照らされて昼のように明るい利根川を下って行った。

　十五日薄暮、買㆑舟発㆓木颪㆒、水月清明、篷牕如昼、及至潮来而天暁矣、枕上得二絶句。

竹袋東頭木下風、舟船来往大河通、余生祇合付流水、百里宵程夢一篷、

水枕瞢騰度短宵、煙波蘸月白迢々、一声艫板天方暁、已到潮来十二橋、

このように利根川の夜船の中で詩を作り、翌日の暁には潮来の名所十二橋に着いている。

このような利根川下流への遊覧船や乗合船の出船は、下利根川ではこの木下《きおろし》河岸に限られていた。そこで上流から下ってくる「旅人船」は、この河岸に船を着けて、旅人は乗り替えるか、あるいは口銭・庭銭等を木下河岸問屋に支払ってそのまま出船するかしていた。しかし、多くの船の中には、木下河岸へ寄らず素通りするものもあったので、木下河岸では「番船」を出して、そのような船を見張っていた。

文政五年（一八二二）四月五日、たまたま大勢の人をのせた艀丁船が川上から下ってきて、木下河岸の前を通過しようとした。それを見た問屋代の者が早速大勢の船頭を連れて番船で漕ぎ寄せ、船を止めさせて行先等を尋ねたところ、栗橋河岸より乗船し急用で佐原河岸まで行くところだとの答えであった。そこで乗客の内の頭取と思われる一人の名を尋ねたところ栗橋村の辰五郎と名乗った。その他の客の名前・住所も尋ね、船頭の国所・名前も聞き取り、「河岸役銭」を船頭より取って、佐原までの役銭請取切手を与え、この船を通過させた。

それから二日たった四月七日、関東取締出役杉庄兵衛の手付である森熊三郎が、手先の者を連れて佐原村より船で木下河岸へ着いた。問屋はこれを旅宿ふじやへ案内して、そこを御宿とした。その夕方、問屋七之助の許に村役人差添で出頭するようにとの森熊三郎よりの呼出状が届けられた。

何事かと驚いた問屋七之助が出頭すると、森熊三郎は、一昨日大勢の手先を連れてこの河岸の前を船で通ったのは自分であり、佐原へ急行する忍びの御用であったので、身分を隠して栗橋村辰五郎と名乗った。しかし、どうしてこの河岸では旅人通船を差し留め、河岸役銭等を取るのかとの御叱であった。おそらく森熊三郎は捕方《とりかた》の手先を連れた犯人逮捕の隠密な行動であったのだろう。そのため、服装も百姓風に変えて船で急行しようとしたところを、運悪く木下《きおろし》河岸の番船に見付けられてしまった。これがよほど気にさわったものと思われる。

問屋七之助は、木下河岸の由来から口銭・庭銭等を取る仕来りを申し上げて謝ったが、口上ではわからぬ、書付にして差し出すようにと命ぜられた。そこで早速問屋は、河岸の由来を書上げた。それは、安永年中勘定奉行石谷備後守の関東河岸々々改めの節、利根川通りの他の河岸は「荷物河岸」であったが、木下は諸荷物の他に旅人運送も請け負い、その分として永三〇〇文の運上金を差し出すこととなった。利根川通りで「旅人河岸」というのは境河岸より下流では木下河岸のみである。それゆえ、乗船の旅人はここで乗り継ぐか、それが迷惑な場合は、乗客の人数、国所、名前、人躰等を改め、船頭の国所・名前と共に「日締帳」に記し、規定の庭銭を旅人より、口銭・村船代銭を船頭より請け取って出船させるのが古来よりの仕来りである、と述べている。

森熊三郎は、そのような確かな事柄であれば致し方がないが、今後は、番船に問屋の責任者が乗らず船頭ばかりで漕ぎ出し、手違い等のないようにせよと言い、問屋七之助は一昨日に取った河岸役銭を返し、この一行を布佐村まで継立てて見送り、この事件は終わった。

この一件にもみられるように、中利根川境河岸より下流では、この木下河岸が「旅人河岸」といって、旅人船出船の独占権を握っていた。そして他の河岸や村の船の自由な営業は許さなかった。このような特権を背にして、この河岸から出船する旅人船、それが「木下茶船」のもう一つの顔であったのである。

第八章　河岸の衰退

新河岸・新道の出現

新問屋現われる

宝永三年（一七〇六）八月、銚子川口に近い利根川下流の野尻河岸で一つの事件がおこった。それは、この河岸の中で「古問屋」と称する七軒の河岸問屋が、新しく仕事を始めた三軒の河岸問屋を相手取って代官所へ訴え出たのである。

この「古問屋」とは、当時この村の名主役を勤める藤兵衛と組頭の彦右衛門・彦兵衛等の七人であった。その内でも藤兵衛と六兵衛は、宝永六年の村差出帳の中で、「御城米御運送問屋」と肩書されている問屋で、近世初期から城米・年貢米輸送の特権を持つ河岸問屋である。これに対して、この頃から源太夫等の三人が、この河岸で荷物を引き受けて船積みする河岸問屋稼業を新たに始めた。

これを見て古問屋たちは、自分たちの権域を侵害するものとして訴え出たのであるが、そうは言ってもまだ古問屋側にも確固たる独占権を主張する根拠は弱かった。それゆえ、新問屋の強硬な抵抗にあい、なかなかこの訴訟は決着がつかなかった。しかし、古問屋側は名主・組頭等の村役人を含むという有利さがあり、代官も古問屋側に味方し、新問屋に対してこの訴訟が決着するまで荷物取扱の停止を命ずるという圧力をかけた。そこで、ついに新問屋側も屈し、近村岩井村の滝不動別当慈仙を扱人《あつかいにん》（仲裁人）として、翌宝永四年二月に内済（和解）が成立した。

この時取り交わされた内済の「扱《あつかい》証文」を見ると、まず新問屋三軒は、本年分の問屋役金として金五両二分を出し、これを扱人慈仙に「扱之印」として渡す。そして翌年からは一ヶ年一軒につき金三分と銀五匁を問屋役金として永久に村方へ差出す。一方古問屋は、これまで通り問屋稼業を続け、役金等は一切出さない、となっている。この結末をみると、新規に営業を始めた問屋に経済的負担を負わせて、その発展を押さえ、古問屋の既得権を守ろうとしたものであることは明白である。しかし結果は古問屋たちが真に希望したように、新問屋の営業停止・問屋稼業への参入を阻止することはできなかった。

では、このような古問屋の圧迫にもかかわらず、どうして新問屋が出現してくるのであろうか。さきの「扱証文」の中に、今後また、「新旅人之荷物出テ、問屋仕度と申者御座候ハヽ、右之古問屋七軒之相談ニ可レ被レ成候」と、新しい商人荷物の出現によって新規に問屋稼業を希望する者の現われた場合は、古問屋が相談して決めるという一項があることは注目される。すなわち、新しい商人荷物が河岸に出てくることが、新問屋成立の原因なのである。ではこの時、野尻河岸に現われた新しい商人荷物とは一体何であったのだろうか。

九十九里浜の干鰯荷物

野尻河岸の荷受地・後背地は、南方の東総農村と、その先に広がる九十九里浜である。九十九里浜の漁業は、当時全国一といわれた鰯網漁と、それを原料とする干鰯《ほしか》・〆粕《しめかす》の生産であった。この鰯漁業・干鰯生産は、最初は摂津・紀州等の関西漁民の出漁によって始まった。関西漁民は春に廻船と漁船をかねた船でやって来て、主に四艘張網と八手《やつで》網を使用して鰯漁を行ない、できた干鰯は同じ船で国許へ送り、大坂や堺の問屋の手を通して畿内棉作地帯の肥料となっていた。

はじめはこの関西漁民の季節的な出漁を見ていた九十九里浜沿岸の地元民も、ようやくこれを見習うようになり、特に砂浜という地の利をいかして、一挙に大量の漁獲ができる地引網を始めるようになってくる。地引網漁業は、鰯の回游を待って行なう不定期な漁業であり、また漁の時には一時に多数の労働力を必要とするため、本来は出稼ぎ漁民にとって不向きな漁業であった。そのため地引網が一般化し普及するに従って関西出稼漁民は後退する。この関西漁民と地元漁民との交替は、元禄の大津波が契機であったと言われているが、必ずしもそれのみではなく、地元村の地先漁業権をめぐる争論等を通して地元民が優位に立ってくるのである。

地引網で漁獲し、砂浜でつくられた干鰯は、こんどは馬の背による陸送や利根川の水運によって江戸や下総関宿の干鰯問屋に送られるようになってくる。江戸の干鰯《ほしか》問屋仲間が、問屋役金を上納して、幕府の公認を得るのは、元禄十年（一六九七）であったが、これは江戸に多くの干鰯荷物が集荷されるようになる生産および流通の変化に対応するものであった。

このような九十九里浜の干鰯《ほしか》生産・流通に大きな変化がおこってきた元禄期、それに続く宝永年間に起こるのが、この野尻河岸の事件である。この河岸に現われた新しい商荷物、そして新問屋を押し出して古問屋と対決させた商人荷物とは、この九十九里浜産の干鰯荷物以外にはなかった。この事件の六年後の正徳三年（一七一三）に、この河岸の新問屋・古問屋と、九十九里浜の東端、飯岡浜・平松浜・横根浜の網商人との間で、江戸までの船賃・瀬取賃等について覚書が取り交わされており、この時期に九十九里浜の漁獲物が大量にこの河岸を通っていたことが確かめられる。

おそらく古問屋二軒は、この河岸で年貢米輸送を担当する問屋として最初に成立し、その後、一般商荷物の出現によって続いて五軒の問屋が現われ、この元禄・宝永期に九十九里浜荷物の出現によって、またまた三軒の問屋が現われたのであろう。そして新問屋出現のたびごとに、河岸内部での摩擦はくりかえし起こったことであろう。そして新しい荷物の出現を背景に新・旧問屋の抗争は激化していくのである。

これは、河岸内部での新・旧勢力の抗争だが、また河岸の外部にあっても、同じような性格の抗争が展開していった。それは、旧来の河岸に対する「新河岸」の出現であり、既成の流通路に対する「新しい輸送ルート」の出現によるものであった。それが、当時「新河岸・新道一件」と一般的に呼ばれた事件である。次に、その一例として、利根川中流域を舞台として展開した、鬼怒川下り荷物をめぐる抗争をみてみよう。

下り荷物の争奪戦

北関東あるいは奥州方面から江戸へ向かう諸荷物は、奥州道中と鬼怒川が交差する氏家宿と白沢宿の間で街道を離れ、鬼怒川の河岸である阿久津・板戸河岸などへ向かい、そこから船積みされて鬼怒川を下る。そして鬼怒川下流右岸の久保田・中村・上山川・山王等の河岸に水揚げされ、それより陸路を送られて、境河岸に着いていたことは前にも述べた。

この陸路の部分は、上山川・山王から大木宿・諸川宿・仁連宿・谷貝宿、それに境河岸を含めて「境通り七ヶ宿」と呼ばれていた。この輸送ルートがいつ成立したかは明らかではないが、鬼怒川上流の河岸が元和から寛永期にはできているので、近世の初期から始まったルートであることは確かである。そしてこのルートを通って多くの荷物が江戸へ送られた。たとえば、天和二年(一六八二)には、磐城《いわき》松川や竹貫(福島県)で生産された煙草荷物が一七六〇俵もこのルートで送られている。

同じ天和二年の十一月に、このルートに一つの異変がおこった。鬼怒川を下る荷物が上山川や山王の河岸に着かず、そのまま下って利根川に出、鬼怒川・利根川合流点近くの利根川右岸にある木野崎村に着くようになったのである。

これは、鬼怒川吉田河岸の市郎左衛門と木野崎村半兵衛・今上新田作左衛門が相談し、鬼怒川を下ってくる荷物を木野崎村に新河岸を取り立てて水揚げし、それより陸上を馬でわずか一里半ばかりの江戸川の左岸今上新田に送り、そこで再び船積みして、江戸川を下り江戸へ送ることにしたためである。これは、従来の上山川等の河岸から境河岸を経由するルートに比べると、陸上を送る距離が約三分の一に短縮され、その上宿々の継替《つぎかえ》もないために、迅速で輸送費も大幅に少なくてすむという利点があった（図67）。

ではどうして、この段階にこのルートが現われてきたのであろうか。既成の上山川付近で陸揚げし、境河岸へ継《つぎ》送るルートは、鬼怒川がまだ竜ヶ崎の南で常陸川に流入していた頃に、江戸への最短ルートとして成立したのであろう。その後、寛永六年（一六二九）に鬼怒川は付け替えられて、合流点は約三〇キロメートルばかり常陸川上流に移る。この段階で、鬼怒川を合流点まで下り木野崎村辺に陸揚げするルートができてもよいような気がする。しかし、寛永の段階ではまだ目立つほどこのルートを荷物が通った様子がない。鬼怒川付替えのための河道開削部に、何か船の航行を妨げる事情があったのだろうか。まったくわからないが、一つ考えられることは、このような航行の技術的問題ばかりではなく、この天和期に何か新しい輸送荷物（農民的商品荷物か）が、このルートに現われたのではないかということである。しかし、それが何であったかは今後の調査にまたなければならない。

この輸送ルートの開始を知って、境通り七ヶ宿は驚いた。これでは旧ルートを通る荷物はまったくなくなってしまい、宿場の死活に関わる問題だった。そこで境通り七ヶ宿は、新輸送ルートの禁止を代官所に願い出た。その訴えの根拠は、旧来の境通りは奥州から江戸へ上下する大名や武家の荷物輸

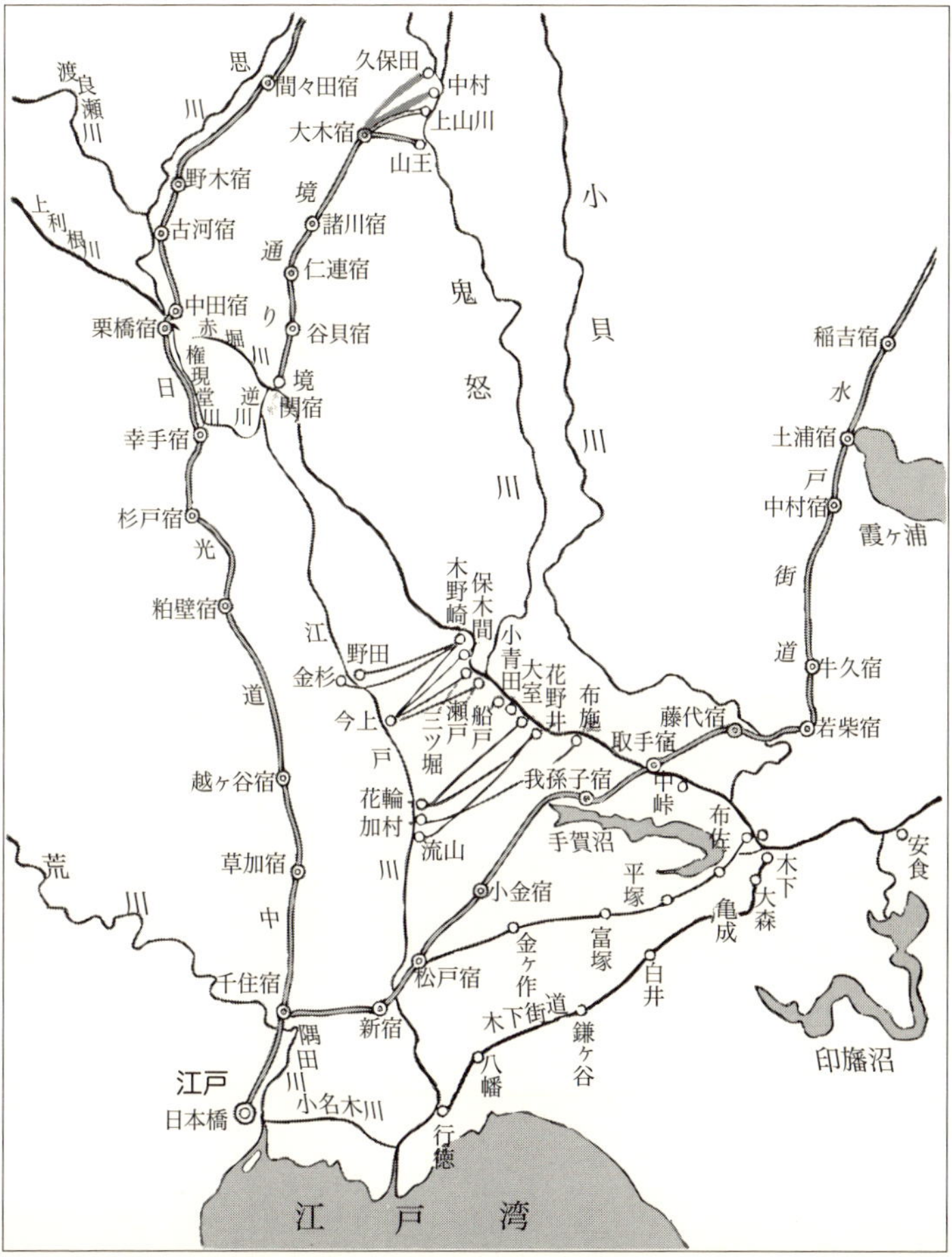

図 67　新河岸・新道争論関係図

送の人馬役を勤める奥州・日光道中の脇往還であり、一般荷物輸送の利益をもって役儀を勤めているので、これが通らなくなっては役儀も勤められない、というのである。

この訴訟の結果、幕府は旧来のルートを保護し、新規のルートは「新河岸・新道」であるという理由で、全面的にその輸送を禁止した。しかし、禁止されたとはいえ、このような有利なルートを商荷物がだまって見ているはずがなかった。新道・新河岸全面禁止という幕府評定所の裁許が出た翌天和三年（一六八三）九月には、また木野崎村およびその隣村の保木間村から、江戸川付の金杉村へ荷物が送られ、境通り宿・河岸が訴えて禁止された（図67）。それでも止まらず翌天和四年にも同じ事件がおきている。

そして二年後の貞享三年（一六八六）には、木野崎村より少し下流の大室村に鬼怒川下り荷物が水揚げされ、江戸川付の花輪村へ送られ始めたので、翌貞享四年には境通り四ヶ宿がこれを訴えた。大室村は八〇余年以前より花輪村へ荷物を馬で送り、江戸川で船積みしてきたので、決して「新道」ではないと反論したが、結局この主張は認められず、「新道」と断定されて、今後は「大室村より花輪村へ付越一切不可」という幕府評定所の裁許が下っている。

しかし、それでもこの鬼怒川・利根川合流点付近から江戸川中流への輸送ルートは止まらなかった（表15）。脇往還とはいえ、幕府支配機構である「宿駅制」の一端を担う「境通り」を、農民の中から生まれた商品は、できるだけ避けて通ろうとしたのであろう。

宝永五年（一七〇八）には、木野崎村の名主が水戸藩の荷物を同村より水揚げして、今上村へ馬で付け送りたいと願い出た（図67）。これは、利根川下流から江戸へ向かう荷物を、関宿を迂回せずに、陸上ではあるが江戸川付河岸へ付け通す近道である。

このような道ができるのは、鬼怒川合流点付近から関宿までの間が、常に水不足で大船の航行に困難が多かったことにも原因がある。この区間の水不足解消のために赤堀川が掘られ、利根川本流が移されたのだが、それでもまだ十分ではなかった。それゆえ、鬼怒川合流点付近と江戸川中流を結ぶルートが考えられたのだが、これは「境通り」との関係で禁止された。そこで、御三家の一つ水戸藩の権威を隠れ蓑として、利根川・江戸川間を駄送で結ぶ新ルート公認の突破口を開こうとしたのである。しかし、これも許可されなかった。

禁止されても、禁止されても

享保五年（一七二〇）には、木野崎より少し下流の三ッ堀村の作兵衛が、鬼怒川下りの荷物を引き請けて、江戸川付の村へ送ることを計画した。自村三ッ堀村は船着場が悪いので、隣村瀬戸村の名主平内を仲間に入れ、利益を折半にする約束で平内所持の馬草場に新堀を掘り、鬼怒川船を引き入れて荷物の水揚げをはじめた。

これを察知した境通り六ヶ宿は、代表を送って仕送りの現場を押さえ、評定所へ訴える旨を両村の名主に通告した。瀬戸村の名主は驚いて、新河岸は潰すからと内々で詫証文を入れた。三ッ堀村作兵衛も詫証文を書いたが結局代官所へ訴えられた。役所からの召喚に驚いた作兵衛父子は、村内の円福寺に駆け込み、かくまってくれと頼んでいる。結局作兵衛父子は「手鎖」、名主は組下百姓の監督不十分という理由で「遠慮」という処罰を受けた。

この一件の間に、隣村木野崎村の内蔵之助など三人が、鬼怒川通りの荷物を水揚げしていることが発覚した。この者たちも、今後は近在の荷物ばかりを付け送り、奥州筋の荷物は一切扱わないという詫証文を出している。

ところが享保六年（一七二一）、瀬戸村名主平内が新道を取り立てて諸荷物輸送をしていると、今度は下流の布施村から訴え出た。布施村は利根川の右岸で、水戸街道の脇往還的な道が利根川を渡る「七里ヶ渡」の渡し場のある村である。

この渡し場に、利根川下流の銚子や水戸から江戸に向かう荷物が水揚げされ、江戸川付の流山・加村へ駄送されていた。木野崎辺へ水揚げできなくなった奥州筋荷主の要請を背景に、前年、鬼怒川中流中里河岸の問屋の依頼で、奥州からの商人荷物を水揚げし、加村河岸まで送ることを引き請けた矢先であった。三里の駄賃を、同じ三里の距離にある水戸街道小金宿までの規定駄賃（本馬一疋につき一二六文、引荷九五文、軽尻八二文）より引き下げ、江戸川での積船の手配も加村河岸平八との間で相談ができていた。

布施村は同じ領主のよしみで木野崎村と連名で瀬戸村を訴えた。その要旨は、「布施村は古来よりの往還で、平日は人足四人・馬四疋を用意し、公儀・武家方往還御用を勤めている。それ故、脇道新道ができては迷惑」というのである。これに対する瀬戸村の返答は、「当村も河岸銭を領主に上納し、

表 15　明和期以前，中利根川新道新河岸等争論一覧

年　月　日	争論・事件
天和 2（1682）11	今上新田作左衛門，木野崎村半兵衛新道新問屋一件。境通り 7 ヶ宿訴訟。
3（1683） 9	金杉村，木野崎村，保木間村新道新河岸一件。境通り 7 ヶ宿訴訟。
4（1684）春	木野崎，保木間，今上，金杉新道新河岸一件。境通り 7 ヶ宿訴訟。
貞享 3（1686）12	吉田河岸，大室村奥筋荷物付越一件。境通り宿訴訟。
4（1687） 7	大室村，花輪村鬼怒川荷物付越一件，裁許。境通り 4 ヶ宿訴訟。
元禄 15（1702）	小堀，布川艀下場出入。
16（1703）	江戸町人，布施村川端町屋取立願。境通り宿訴訟。
宝永 5（1708） 5	木野崎，今上付送請負願。
正徳 3（1713）	高野村守谷へ横渡一件。境，関宿艀下稼出入一件。
6（1716）閏 2	布佐村鮮魚付送鎌ヶ谷村差障出入一件，裁許。
享保 5（1720）	木野崎村内蔵助等，今上村付越一件。境通り 6 ヶ宿訴訟。
5（1720）10	三ツ堀村作兵衛，瀬戸村に新河岸取立一件。境通り宿訴訟。
6（1721）	瀬戸村新道新河岸一件。布施村・木野崎村訴訟。境通り 6 ヶ宿追訴。
8（1723）10	船形村，三ヶ尾村新河岸一件。布施村訴訟。
9（1724） 6．20	境通り 6 ヶ宿議定。
17（1732） 8	花野井村新河岸一件。布施村訴訟。
18（1733） 2	三ツ堀村新河岸一件。布施村，木野崎村訴訟。瀬戸村新河岸一件。布施村訴訟。
18（1733） 3	木野崎村，三ツ堀村新河岸一件。布施村訴訟。
18（1733） 6	瀬戸村裁許破り一件内済。布施村訴訟。
20（1735） 8	中野台村，木野崎村付越願一件。
20（1735） 9	境通り 3 ヶ宿，新道新河岸付送禁止につき議定。
元文 3（1738）12	布佐村荷物付送一件，裁許。木下河岸訴訟。
5（1740）11	江戸町人，瀬戸村，今上村付越願。
寛保 2（1742） 7	瀬戸，今上間荷物付越願。
2（1742）12	三ヶ尾村新道一件。布施村訴訟。
延享 2（1745）11	三ツ堀，今上間荷物付越願。
宝暦 12（1762） 3	木野崎村新河岸一件，内済。境通り 6 ヶ宿訴訟。
13（1763） 7	布佐，松戸鮮魚荷付送一件。本行徳村訴訟。
明和 1（1764）11	三ツ堀，今上間荷物付越願。
2（1765） 7	瀬戸村新河岸一件，内済。布施村訴訟。
2（1765）12	小堀河岸，問屋船持争論。
6（1769） 3	三ツ堀，今上間荷物付越願。
6（1769） 7	布施村惣百姓，問屋争論裁許。
8（1771）11	大室村，花輪村荷物付越一件。

近在荷物の付け送りを行ってきた。これを止められては迷惑である」と反論した。

ここで問題になったのは「近在」という言葉の示す範囲であった。木野崎村と瀬戸村は常陸・水戸から那須辺までを指すといい、布施村は常識的にみて村より二〜三里の範囲であるとし、出訴側同士である布施村と木野崎村の間でも対立した。

このように複雑な対立は、鬼怒川下り荷物が境通り宿継を避けようとし、鬼怒川・利根川合流点付近に並ぶ村々が、それを独占的に引き請けようとして、互いに特権を振りかざして争っているのである。

それゆえ、隣村同士の利害は対立し、この訴訟もなかなか解決されず長引いた。その内享保八年（一七二三）には、三ヶ尾村の七郎兵衛という者が瀬戸村の堤内に長さ五間・横二間の家屋を建て、瀬戸村地内の悪水堀をさらって堤外土置場を船付場とし、諸荷物の水揚げ・仕送りを始めることもおこり、これを含めての訴訟に発展した。その上翌享保九年正月には、境通り六ヶ宿が訴訟方布施村・木野崎村と相手方瀬戸村の両者をまとめて相手にし、追訴をするなど、複雑な事件に発展したが、閏四月にようやく幕府評定所の裁許が下った。

そこでは布施村の主張と境通り六ヶ宿の追訴は認められず、瀬戸村は新河岸・新道ではないとされた。ただし木野崎村・瀬戸村は出羽・奥州より出る荷物は一切取り扱わず、近在荷物のみ水揚げ付送りをすること、三ヶ尾村七郎兵衛はまったくの新河岸であるのでこれは禁止するという判決であった。

この事件を機会に、境通り六ヶ宿は、仲間議定を取り交わし、脇道の禁止、駄賃・船賃の値下げ、荷物取扱の注意等を定め、荷主の要請に対応しようとしている。しかし、それでも利根川と江戸川を最短距離で結ぶ新ルートの出現はあとを絶たなかった（表15）。

このように禁止されてもなお絶えない事件の発生は、その背後に、より低廉・迅速な輸送ルートを選ぼうとする北関東・奥州筋荷主の強い要望があったからに他ならない。また、表面には顔を出さないが、農民の手許で、新しい形で生産され商品化された荷物が、自由な道を選ぼうとしていたのではなかろうか。さらにまた、これらの要請に対応して、陸上の付け通し（積み替えなしの輸送）を担当した利根川付村々の中の農間駄賃馬稼ぎの成立も、見落とすことができないであろう。

鮮魚荷物は付け通し

「なま船」とは

銚子湊に水揚げされた鮮魚は、利根川の川船に積まれた。これを「鮮船《なまぶね》」といったという。『利根川図志』に、「銚子浦より鮮魚《なまうお》を積み上《のぼ》するを鮮船《なまぶね》といふ。舟子三人にて日暮に彼処《かしこ》を出で、夜間《よのま》に二十里余《あまり》の水路を泝《さかのぼ》り、未明に布佐・布川に至る」とある。

生魚は鮮度が生命なので、夏は「活船《いけぶね》」（船中に生簀《いけす》のある船）で関宿を廻って日本橋魚市場に送られたが、これは積載量に限りがあるので、普通は竹籠に詰められ、でき得る限り短距離・短時間のルートが選ばれた。

銚子を出航した「なま船」は、利根川中流の木下《きおろし》・布佐辺で荷物を揚げ、陸上を付け通し馬で江戸川付きの松戸河岸や行徳河岸に送り、再び川船に積んで江戸日本橋に着いた。これは陸路駄送を使うので輸送費は高くつくが、関宿を迂回するよりも時間はずっと短縮された。

このような鮮魚輸送ルートが、いつ頃成立したかは不明だが、江戸での鮮魚消費量の増大との関係を考えると、元禄期頃ではなかったかと思われる。それは、このルートをめぐる最初の事件が正徳五年（一七一五）であったこととも考え合わせられる。

正徳五年九月、布佐村から市川・行徳へ付け通しで送っていた鮮魚荷物を、木下《きおろし》街道の一宿場である鎌ヶ谷宿の者が差し押さえるという事件がおこった。鎌ヶ谷宿の申し立ては、木下街道の荷物付け通しは禁止されているというのである。

木下街道は、行徳から八幡宿、鎌ヶ谷宿、白井宿、大森宿を通って木下河岸までの六宿で、水戸・佐倉道の脇往還であった。これもいつ成立したか明らかではないが、元禄期以前から存在したことは確かである。貞享四年（一六八七）、松尾芭蕉はこの街道を通って鹿島へ向かっている。

この鎌ヶ谷宿の鮮魚荷物差し押さえを布佐村が訴え出たのに対し、幕府は正徳六年（一七一六）閏二月に裁許を下し、東海道での駿州府中・清水や相州鎌倉浦の例に倣って、鮮魚荷物は付け通しを許可し、その他の荷物は宿継とした。この裁許によって布佐村は、鮮魚荷物付け通し輸送権を確立したのである。

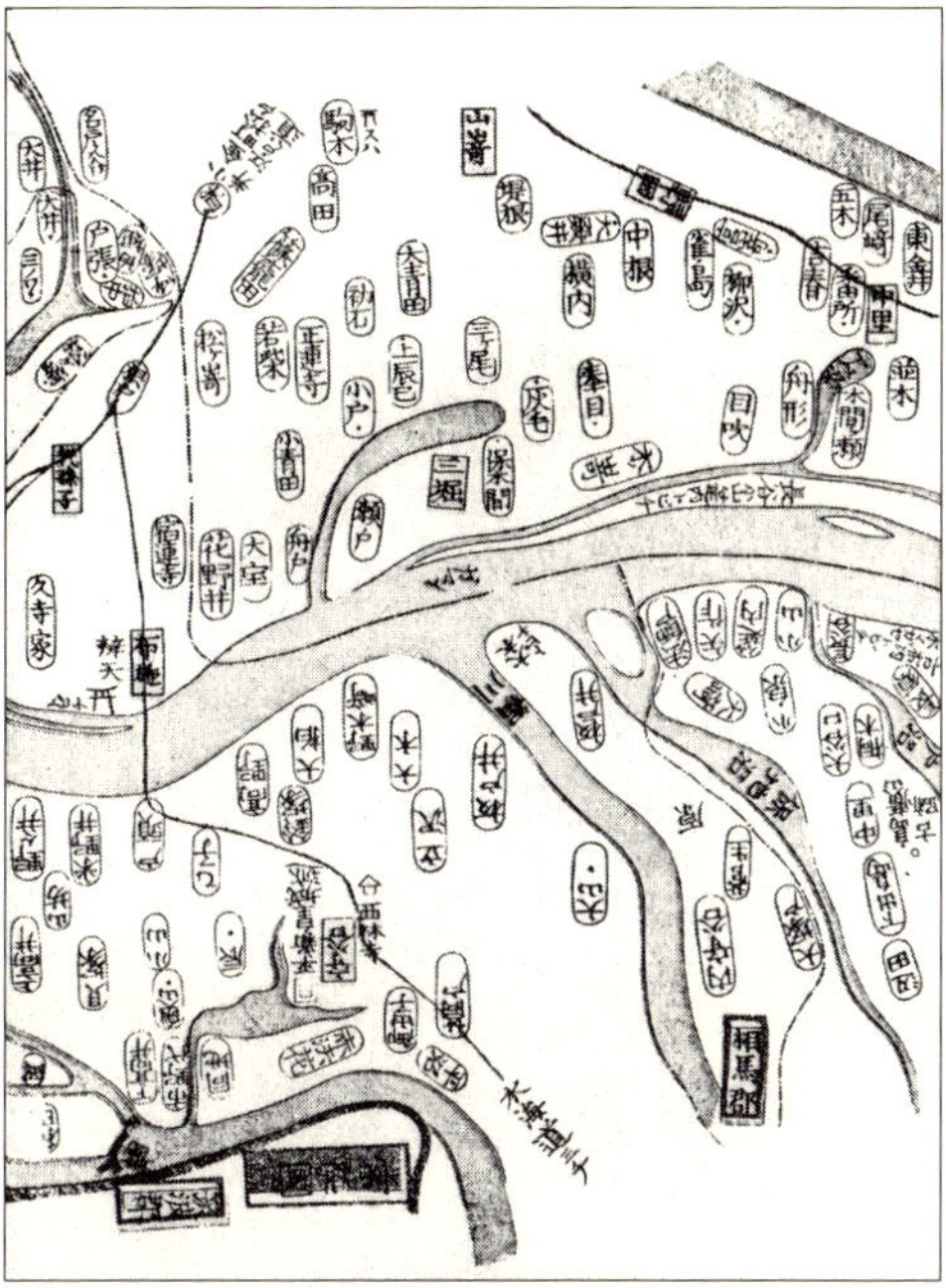

図 68　鬼怒川合流点（『利根川図志』）

その後、手賀沼の新田開発により新道ができ、布佐村は鮮魚荷を松戸河岸へ送るようになり、今度は水戸道中の我孫子宿・小金宿と対立した。これは鮮魚荷が水戸道中を通る時は両宿へ駒口銭を支払うことで解決したが、普通は自村や隣村から集められた農間駄賃馬によって布佐から堀作―亀成―平塚―富塚―金ヶ作を通り松戸河岸へ送られていた。

ところが元文三年（一七三八）、隣村の木下《きおろし》河岸より布佐村が諸荷物および旅人の輸送をしているとして訴えられた。おそらく、布佐村は鮮魚荷輸送権を核として一般荷物や旅人の輸送まで拡大しようとしていたのであろう。この時の幕府の裁許では、布佐村は河岸としては認められず、自村年貢の津出《つだし》等と鮮魚を除いて、一般荷物・旅人の輸送は禁止された。

ついで宝暦十三年（一七六三）、今度は本行徳村より訴えられた。それは、銚子浦々よりの鮮魚荷物は木下《きおろし》河岸で船揚げし、木下街道を本行徳に来るべき筈《はず》のところ、布佐村より松戸河岸に送られては難渋するというのである。これは木下街道宿々が鮮魚輸送を独占しようとの試みであったが、結果は布佐村の鮮魚輸送権が守られた。

しかし、その後、布佐より少し上流の中峠《なかびょう》村でも鮮魚荷の船揚げを行ない、自村の馬で陸送した。また木下の下流の安食卜杭《あじきぼっくい》新田、布鎌《ふかま》新田、下和田新田、請方《うけかた》新田など利根川付の村々は、たまたま風雨などで布佐・木下まで船が着かず、止むなく船揚げした荷を、村内農間稼馬で陸送した。それを契機に鮮魚荷物の船揚げを始め、既得権を持つ木下・布佐を脅かし、安永八年（一七七九）には訴訟事件にまで発展している。

このように、鬼怒川下り荷物といい、この鮮魚荷物といい、より低廉・迅速な輸送ルートを求める荷主と、農間駄賃馬稼が結合した時、多くの新河岸・新道が生まれた。既成の河岸や街道は、この新河岸・新道の一つ一つと訴訟をくり返さねばならなかった。このような時期に行なわれたのが、幕府による河岸の確定・河岸問屋株の設定であったのである。

問屋・船持の困窮

夜逃げする町人

関東のほぼ中央に位置し、上・下利根川・鬼怒川水運の結節点で、江戸川を通して江戸とも直結していた下総国境河岸には、古くから銚子・鹿島・九十九里浜、それに水戸・岩城・南部・仙台等から多くの荷物が集まり、河岸にはこれを扱う問屋・仲買が居住していたことは前にも述べた。また近在の幸手《さって》宿・栗橋宿・小山宿・結城町・下館町・下妻町や近隣の村々から大小の商人が入り込み、小揚人足から馬持や船持・水主・船頭が多く住み、江戸との間を往来する旅人相手の茶屋や旅籠屋が軒を並べ、それに呉服・日用雑貨を商う商店、船頭たちの衣類の洗濯をする稼ぎまであって、大変な活況を呈していたことも、これまで見てきたところである。

ところが、天保四年（一八三三）にこの境河岸から出された歎願書によると、

近年各方面からの出荷物がにわかに減少し、河岸問屋二軒の手船に積むほどの量もなく、特に二〇ヶ年以来、四度の大火に町内が類焼して、その復興も思うにまかせず、生計が成り立たなくなって夜逃げをする者まであって、家数はおよそ一三〇軒余も減少し、これでは今後どれほど衰

微するかわからない。

と、河岸の衰退する様子を訴えている。このような境河岸の衰微の状況は、幕府役人の目にも明らかであったようで、天保十三年（一八四二）に廻村して来た普請役小野貢左衛門は、河岸問屋および名主役を呼び出して、近年当河岸は衰微したというが、何故に不繁昌になったのか、という問いを発している。

このような現象は、単にこの境河岸のみではなく、程度の差こそあれ化政期から天保期以後の関東の河岸に、一般的に見られた状況であった。では、このような河岸の衰微は一体何によっておこったのであろうか。

積荷の減少

境河岸の訴状にも見られるように、河岸の衰勢は、まず輸送荷物の減少からはじまる。境河岸では、安永四年（一七七五）にこの河岸を上下した荷物輸送の年間の総数が、四万七一四六駄であったが、幕末に近づくに従って約半分以下に減少している（表16）。

このような河岸取扱いの荷物輸送量の減少は、その輸送荷物からの口銭・庭銭・蔵敷等手数料を収入の基礎とする河岸問屋の経営を、当然ながら困難にした。

上州那波郡五料河岸の問屋佐次右衛門は、天保六年（一八三五）に船問屋株を質物売りしており、

図 69　利根川高瀬船（『富嶽三十六景』北斎画）

表 16　境河岸経由荷物・旅人数一覧

年　　代	江戸行 船積高	水揚高	上下荷 高合計	江戸行 乗船者
安永 4 年（1775）	30,193 駄	6,952 駄	37,146 駄	6,422 人
5 年（1776）	24,083	7,336	31,419	7,746
6 年（1777）	29,567	7,813	37,338	7,641
7 年（1778）	29,450	9,135	38,586	8,239
8 年（1779）	25,442	7,938	34,780	8,442
嘉永 5 年（1852）	15,042	3,819	18,861	11,622
安政 2 年（1855）	17,358			9,734
4 年（1857）	14,066			7,306
万延 1 年（1860）	13,848			8,885
文久 4 年（1864）			17,445	576
慶応 1 年（1865）			17,543	9,141
2 年（1866）			16,776	9,293
3 年（1867）			16,152	9,619
明治 7 年（1874）	18,073			22,861

中利根川の下総国木野崎村太郎兵衛は、天保十年に河岸場船問屋株二株を代金一〇〇〇両で売り渡している。また、下利根川の下総国小見川河岸では、以前からあった二軒の河岸問屋の内、一軒は天保三年に、もう一軒は弘化元年（一八四四）につぶれ、問屋株を手離して問屋が交替した。武州一本木河岸では、船問屋三右衛門が先祖から持来った問屋株を経営に行きづまって文政九年（一八二六）に永代貸にしており、上利根川藤ノ木河岸では、河岸問屋久右衛門は安政六年（一八五九）の年の暮、困窮に迫られて欠落ちしてしまった。そして鬼怒川上流の板戸河岸では、河岸問屋が寛政十二年（一八〇〇）に問屋株および船三艘を担保に金子五〇両を借用し、さらに文政五年（一八二二）には問屋株を譲渡せざるを得ないという苦境に立ち、問屋株は転々として人手に渡るという状況であったといわれる。

また、前述の境河岸でも、問屋五右衛門は嘉永四年（一八五一）に高瀬船三艘を書入れて金九八両を借用し、翌五年には小高瀬船二艘を代金三〇両で売り払い、安政二年（一八五五）には持船のすべてである高瀬船五艘を書入れて金四五両を借り、万延元年（一八六〇）にも高瀬船を書入れて金一〇両を借りている。また、この同じ年には、これまで持ってきた干鰯《ほしか》仲買株・穀問屋株も他人に貸して営業を止めている。境河岸のもう一軒の河岸問屋である兵庫家も、安政七年（一八六〇）には先祖代々持ってきた船積問屋株を代金三五〇両で東山田村の吉左衛門に売り渡し、その吉左衛門から株を借りるという形で、毎年金八両二分の借賃を払って営業を続けることとなり、万延元年（一八六〇）には持船の高瀬船も手離してしまった。また、河岸問屋ばかりではなく、慶応二年（一八六六）には、境河岸の惣船持が高瀬船四〇艘を書入れて一〇〇両を借り、慶応三年には境河岸の馬持たちは、往来荷物の減少と物価上昇で生計が立たないので、なんとか方策を考えて欲しいと村役人に歎願している。

このような河岸の衰退、河岸問屋経営の不振、船持・馬持の困窮という現象は、化政期頃からその兆候が現われ、天保期には深刻な問題となってくるのであるが、では、その原因となる荷物輸送量の減少とは、どうしておこってきたのであろうか。

農間稼の馬と船

一般的に関東内の商品流通は幕末に近づくにつれて活発化したと思われ、総体としての荷物の移動は減少したとは考えられない。もし、総体としての荷物輸送量は減少していないとすれば、河岸を通る荷物輸送量の減少とは、河川交通がその特性から、この時期の商品流通を、もはや担いきれなくなったのであろうか。

もし、仮にそうであるとすれば、この河岸に現われなくなった荷物は、一体どこへ行ったのであろうか。この時期にはまだ馬車輸送は考えられず、やはり馬背輸送以外にはないであろう。しかし、旧来の街道を通る限り、河川交通を衰退させるほどの発展は考えられない。

そこで考えられることは、街道ではなく間道・脇道であり、そこを通る農間駄賃馬であり、それと結ぶ新河岸・新問屋である。

河川においては、田船・耕作船が農間に荷物輸送に従事し、所によっては専業化して小船持となり、

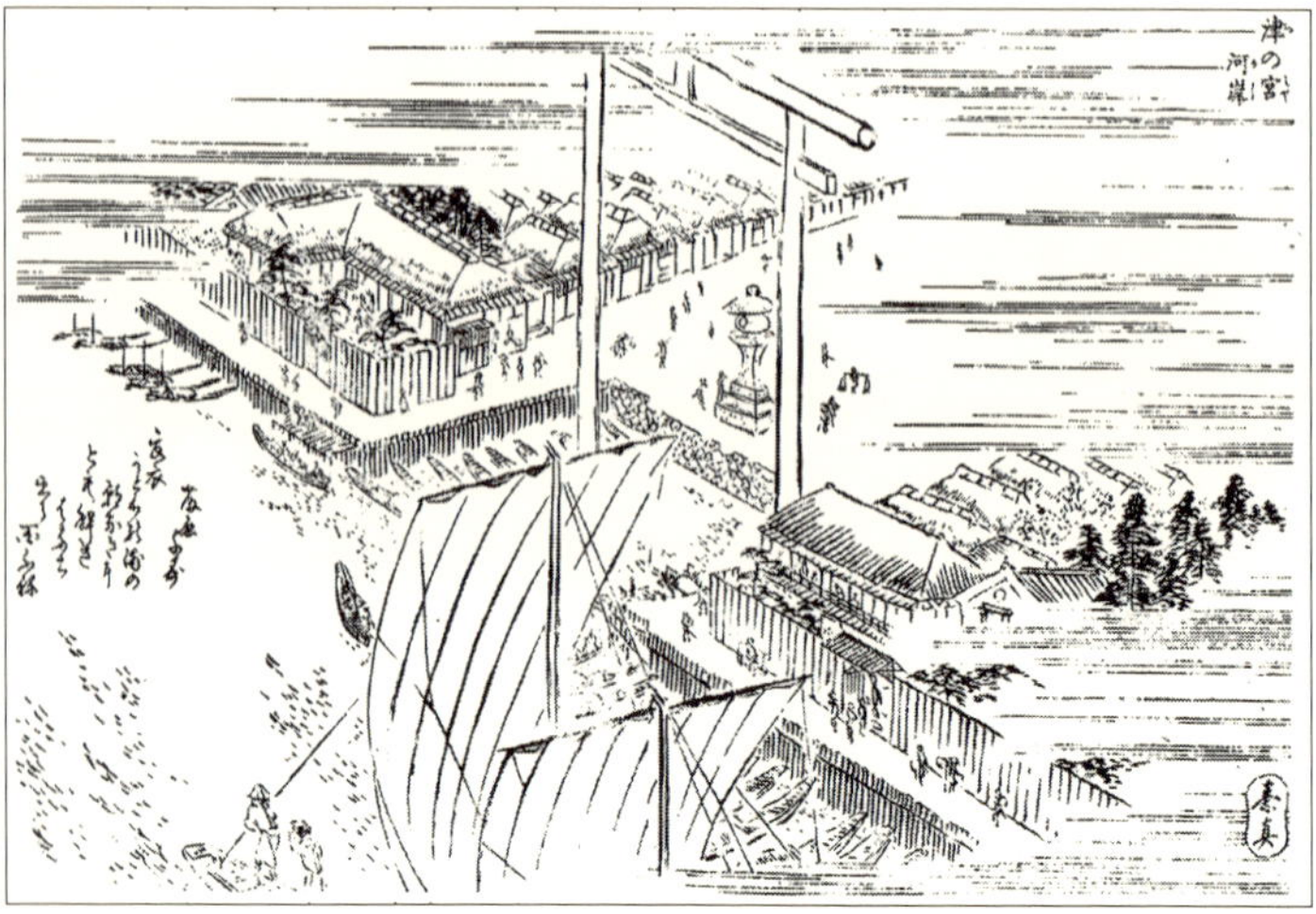

図 70　津之宮河岸（『利根川図志』）

これらの結合による新輸送ルートの出現である。これは河川水運の衰退ではなく、旧来の河岸の衰退である。

天保十三年（一八四二）、境河岸に廻村してきた幕府普請役は、「最寄新河岸・新問屋同様之もの出来候由も、承り及候ニ付」と、河岸衰微の一因として「新河岸・新問屋同様之もの」の出現を指摘している。

たしかに、境河岸は以前から新河岸・新問屋の出現には悩まされ、天保八年には境河岸が独占権をもつ江戸行乗合船出船に対し、関宿内河岸の次郎兵衛等が乗合船を仕立てて乗客を横取りし、再三再四にわたる差留命令でも容易に止めなかったことは、前述の通りである。

また、渡良瀬川上流の猿田河岸でも、天保三年（一八三二）に「無極印船」による、河岸問屋を通さぬ荷物輸送が行なわれ、問屋より訴えられている。武州川越の新河岸川でも、天保四年に無株の者が勝手に荷物運送に従事して、既成の河岸問屋から訴えられるという事件があり、利根川下流の下総国木下《きおろし》河岸では、天保三年に、少し下流で利根川付の安食《あじき》村より旅人を乗せた船を捕え、河岸以外で船頭・船持が客と相対で乗船させ、また河岸問屋送状のない荷物を積み入れることは違法であるとして、旅人および荷物輸送の独占権を主張してこれを訴え、差留めさせている。

このように、既成の河岸以外での「新河岸」の出現、河岸問屋を通さぬ荷物輸送の新ルートの出現は、当然ながら既成の河岸および河岸問屋にかかる荷物量を減少させ、問屋の経営を困難にしたであろうことはまちがいない。しかし、河岸・河岸問屋を圧迫したものは既成河岸以外に現われる「新河岸・新ルート」や、それを支える「農間小船持」や「農間馬稼」ばかりではない。河岸問屋の下に従属している船持・船頭・水主・馬士等の動きもまた、見のがすことができないものであった。

船乗り・馬士の闘争と地域市場

船賃値上げと船乗りの不足

上利根川・烏川通りの藤ノ木河岸・平塚河岸など上州・武州の一四の河岸の船持は、文化五年（一八〇八）に横に連合して組合仲間を結成し、河岸問屋に対して船賃の値上げをはじめ、種々の要求を

表 17　下総野尻河岸の値上げ船賃額（単位，魚油・醤油は 100 本，他は 100 俵につき）

品目	季節	江戸行	関宿揚	地廻り
御蔵米	9 月より	金 1 両 2 分 2 朱		
	10 月より	金 1 両 3 分		
	11 月,12 月	金 1 両 3 分 2 朱		
町米	9 月より	金 1 両 3 分		
	10 月より	金 1 両 3 分 2 朱		
	11 月，12 月	金 1 両 4 分		
〆粕		銀 100 匁	銀 90 匁	銀 50 匁
直し粕		銀 110 匁	銀 95 匁	
干鰯		銀 80 匁	銀 70 匁	銀 40 匁
入梅干鰯		銀 85 匁	銀 75 匁	
魚油		金 3 両	金 2 両 2 分 2 朱	
醤油		金 3 両		

提出した。その後文政十一年（一八二八）にも、この「川筋拾四箇河岸船持一同」は、近年諸色が高値になり川筋諸入用も多くかかり、渡世もできかね難渋するとして、江戸船積問屋を通して荷主方へ船賃を銀目に直す要求を提出したが、満足な回答が得られなかったため、天保二年（一八三一）に再び強い要求が回答の日限を切って荷主に対して出されている。利根川中流の稲子・長宮・龍蔵三河岸の船持は結束して、弘化二年（一八四五）に利根川の渇水を理由に諸運賃の増額を要求し、元運賃に対して一割増の増額をかち取った。また年代不明であるが、上州嶋村・前島河岸等の船持中より、塩荷物の運賃値上げ願いが出され、藤ノ木河岸他一二の河岸問屋はこれを認めている。

このような動きは、下利根川においてもみられた。天保三年（一八三二）に下総国野尻河岸では、船持より問屋・荷主に対して上の表（表17）のような運賃値上げの要求が出された。

河岸問屋の下にいる船持ばかりでなく、船から揚げた荷物を陸送する馬持・馬士もまた結束して河岸問屋・荷主に対して運賃値上げ等を要求した。

天保六年、江戸川沿いの野田中ノ台河岸では、この河岸の荷物輸送に従事する上花輪村・中ノ台村・野田町の「駄賃付仲間惣代」より駄賃銭値上げの要求が出され、いったんは荷主たちから拒否されたが、ついには値上げを認めさせている。また、利根川付の武州稲子河岸等三河岸では、文久二年（一八六二）九月、「馬士之衆、川岸々々江寄合、市中之荷物一切附送不レ申」と、駄賃銭の値上げを要求して各河岸で集会を開き、一切の荷物輸送を拒否するというストライキを行なって問屋・荷主に値上げを迫った。驚いた問屋・荷主側は、急いで主だった荷主と問屋が協議して、結局、馬士衆の要求を認めることとなった。

このように、既成の特権的河岸内部にあって河岸問屋の支配下にあった船持や馬持も、仲間（組合）を結成し、また近隣の河岸の仲間と横に連帯して、問屋や荷主に対して種々の要求を出し、河岸の外に出現する小船持と同じように、河岸問屋に対して自らの相対的独立性を強めていった。

また、このような動きは、船持の下に雇われて働いている船頭や水主についても認められる。文化五年（一八〇八）の烏川・利根川通り一四河岸船持惣代よりの船賃値上げ要求の中で、その値上げの理由として、天明三年（一七八三）の浅間山噴火以来、上利根川では所々に浅瀬ができて、大型船の航行が困難になり、荷物の艀下《はしけ》船輸送が不可欠となり、臨時に農間稼ぎとして出た耕作船・猟船による輸送が、ついには常稼ぎのごとくとなって、壮年の者は皆その方におもむくので、舟乗・水主が不足し、船持は互いに糶《せり》合って舟乗・水主を雇うので、その賃金は上昇し、酒代・増銭まで出す始末となっているとして、船持たちはこれを運賃値上げの最大の理由の一つとしてあげている。

また、野州壬生《みぶ》河岸でも、水主等が「船主から賃銭を前借りし、それが累積して返却できなくなると、無断で他の船主に乗り替えたり、運送の途中で頼まれた荷物を舟小屋に隠しておいてこっそり積み込んだり、あるいは中請積換河岸である乙女・網戸・友沼の三河岸で、船主に隠して艀《はしけ》舟の部賀《べか》船から元船への積み換えをしたりする者が少なくなかった」と指摘されている。

このように、船乗・水主《かこ》の雇用難や賃金の上昇等から、河岸問屋・船持の統制に服さぬ水主・雇船頭の出現は、既成の特権的河岸問屋の心胆を寒からしめるに十分であったであろう。

このような事態に対応して、河岸問屋は河岸内部で各種の議定を定めて、水主・船頭・船持の統制支配を強化しようとした。

渡良瀬川上流の越名《こいな》・馬門《まかど》河岸では、文政十二年（一八二九）に規定書を作成し、その中で、最近不実の働き方や勝手我儘《わがまま》の働き方をする者が多く、これはついには河岸の衰微の基にもなるという認識から、今後は古来の仕来りを守るようにと、水主・船頭への統制を強化しようとしている。しかし、この後もこの議定を破る者が続出し、天保七年（一八三六）、安政六年（一八五九）とこの議定がくり返し定められている。

また、下総国境河岸でも、天保十年（一八三九）に、近年船持・船頭・水主の風紀が悪く、船中の荷物の窃盗・抜荷等をする者がいるとして、町役人である河岸問屋は船持・船頭・水主を一堂に集めて一〇ヶ条からなる議定を定めている。それをみると、船持による船頭・水主雇用についての強い規制が前面に押し出されているところに特徴がある。これはとりもなおさず、この時期に、河岸問屋・船持の目からみれば不埒・不正の船頭・水主が横行していたことを示すものであり、この議定書には、河岸問屋—船持—雇船頭・水主という支配体制の崩壊をくい止めようとする意図が明白である。

しかし、このように一河岸内部で、仲間議定等により規制を強めるだけでは限界があり、このような河岸体制の危機への対応としては不十分であった。そこで問屋は近隣の河岸問屋と連合して、これに対処しようとした。上利根川・烏川両岸の河岸問屋が連合した一四河岸問屋組合や、下利根川の野尻・高田・小舟木の三河岸組合などはその例である。しかし、このように河岸問屋が種々の方策をつくして統制を維持強化しようとしたにもかかわらず、勝手不埒な船持・水主は跡を絶たなかったのである。

農間商業の発展

河岸内部における問屋の統制に服さぬ船持・船頭・水主の増大は、当然ながら河岸の外における新道・新河岸の出現を一層助長し、既成河岸への荷物集荷を困難にし、輸送量を減少させたであろうことは間違いない。しかし、幕末の商品流通の発展の中で、河岸に現われなくなった荷物のすべてを、これらの新河岸・新輸送ルートが担ったと考えることには疑問がある。

下総国境河岸から江戸方面に向けて送られた荷物の輸送量を示す表16（二五七頁）を見ると、幕末に近づくに従って輸送荷物は減少の一途をたどっている。しかし、同じく江戸へ運んだ乗合旅人・荷主宰領の数をみると、これは必ずしも減少していない。前に述べたように境河岸では、江戸への乗合船出船・旅人輸送の独占権をおかす新船持・新問屋による「乗合船一件」が化政期から幕末に至るまで続発し、強い差留命令にもかかわらず、なかなか絶えなかった。このことは、境河岸の問屋を通らぬ乗合旅人が多数あったことを示すものである。

そのような状況の中においても、河岸問屋を経由した江戸行の乗合旅人数が、絶対数においてあまり減少していないことを考えると、江戸行の荷物数の減少は、すべて新輸送ルートへの回避としてのみ考えることは困難であろう。やはり、関東在方より江戸へ向かう諸荷物の総数が、減少あるいは少なくとも増加はしなかったと考えられるふしが多い。そうであるならば、商品流通は発展しているにもかかわらず、江戸行荷物のみが減少するということは、何を意味するのであろうか。

天保四年（一八三三）に野州北猿田河岸の問屋がその窮状を訴えた訴状に、荷物輸送量の減少した理由として、

足利郡村々より納めていた年貢米や売米は、これまで当河岸に積送って来ていたが、この頃村々で織物渡世が始まり、機織下女を多く召抱え、その人数は多く、その食料として米が買われ、年貢米も金納となり、その上、上州や桐生辺への売米も少なくなく、そのため米相場も上がり、河岸を通して江戸への売米輸送が一切なくなった。

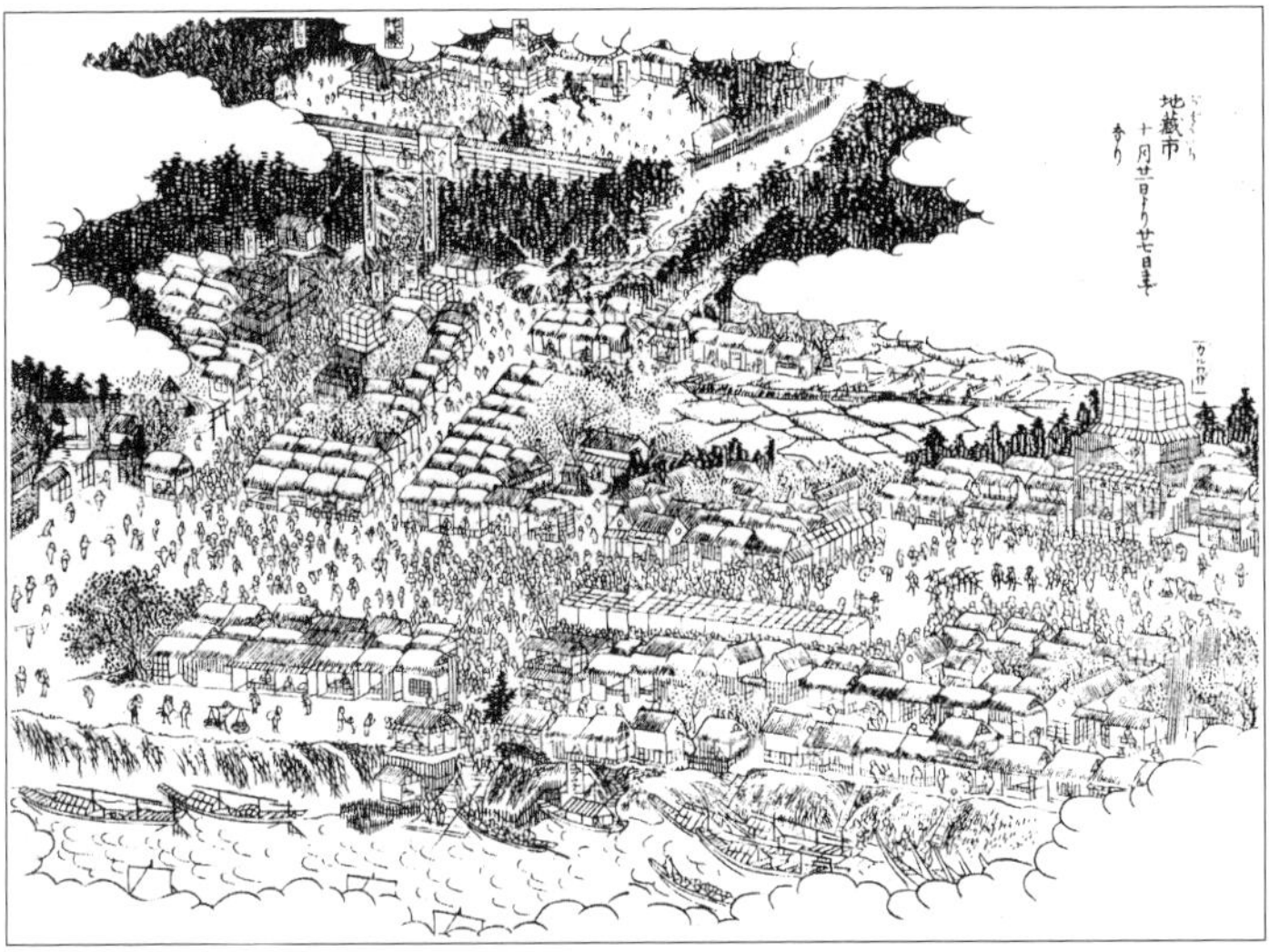

図 71　布川河岸（『利根川図志』）

と、機織業発展による夫食米需用の増大、年貢の金納化、在方町・市における米相場の上昇等を指摘している。

これは北関東機業地帯に顕著に現われた現象であろうが、一般的にみても関東水運の後背地農村において、年貢米の地払い・金納化が進んだことは認められる。このことは年貢米の江戸輸送を減少せしめ、それを基礎として発展してきた既成河岸の特権問屋を圧迫したことは想像に難くない。

では、年貢米・地払い米以外の荷物についてはどうであったろうか。

天保四年、境河岸から提出された願書には、河岸衰微の原因として、

近来、在方の村々に諸商人の店が多く出来、特に商物は荒物・小間物・酒・

表 18　猿島・結城・岡田郡 51 ヶ村の農間渡世一覧

村名	江戸への距離	家数	農間商い・諸職人	比率	村名	江戸への距離	家数	農間商い・諸職人	比率
	里	軒	軒	%		里	軒	軒	%
恩名	16	115	18	16	伊左衛門新田	14	29	5	17
恩名新田	16	6			五郎兵衛新田	13	33	6	18
尾崎新田	16	0			笹塚新田		23	3	13
平塚	16	97	9	9	庄右衛門新田	13	50	13	26
平塚新田	16	8	1	13	猫実	12	75	8	11
佐兵衛新田	16	1			猫実新田	13	19	2	11
芦ヶ谷	16	75	7	9	神田山	12	137	16	12
芦ヶ谷新田	16	18	2	11	神田山新田	12	33	5	15
逆谷新田	16	1			幸田	12	63	7	11
崎房	16	82	16	20	幸田新田	12	34	10	29
孫兵衛新田	16	32	14	44	勘助新田	13	24	3	13
大間木	18	11	1	9	大浜新田	13	25	7	28
尾崎	16	15	5	33	平八新田	13	33	3	9
左平太新田	16	26	6	23	馬立	12	66	11	17
栗山	16	21	7	33	馬立新田	12	18	2	11
馬場	16	49	3	6	弓田	12	124	14	11
馬場新田	16	8	2	25	弓田新田	12	7	1	14
栗山新田	16	22	3	14	沓掛・新田共	13	258	49	19
鴻野山	16	48	18	38	沓掛内野山新田	13	88	10	11
鴻野山新田	16	16	7	44	山村・新田共	14	86	12	14
古間木	16	61	7	11	生子	13	152	19	13
古間木沼新田	16	10	2	20	生子新田	13	26	4	15
古間木村新田	16	33	12	36	逆井	16	194	26	13
大生郷	14	95	14	15	長左衛門新田	16	25	2	8
大生郷天神領	14	36	20	56	東山田・新田共	16	191	27	14
大生郷新田	16	82	19	23	計　51		2781	458	16.4

酢・醤油・水油・魚油・鉄物・塗物、呉服物・太物類その他下り糠・魚粕・干鰯《ほしか》・塩物・五十集《いさば》等まで手広に商い、万事自由となって、堺町へ買物に出て来る者が一向にない。

と、在方における商業の発展、特に農村内部における農間商業の発展を指摘し、また、「年々地借・店借・水呑等まで、追々に幸手《さって》宿・栗橋宿・古河・間々田宿などへ引越す者も見える。」と、在方への諸商人・職人の移動をも指摘している。このような事実は、また他の史料からも確認できる。

下総国猿島郡・結城郡・岡田郡に属する五一ヶ村は、江戸を離れること一二里から一八里、平均して一四、五里の距離に位置し、下総国猿島郡にある境河岸の後背地農村であった。この村々の天保九年（一八三八）の「農間渡世書上」によってみると、表18のように五一ヶ村の内、村内に「農間商い」のいない村はわずかに三ヶ村のみであり、ほとんどの村に数軒から数十軒の農間諸商人・職人がいたことが知られる。その数を各村の戸数と対比してみると、全戸数の一〇％から二〇％を占める村が多く、中には五〇％を越える村もあるが、平均してみると一六％強で、もし仮に戸数一〇〇軒の村であるならば、一六軒の「農間商い」即ち商店が存在していたことになる。

では、このように多くの農間諸商人・職人は一体いつ頃から農村の中に現われてくるのであろうか。それら諸商人の開業年代を調べてみると、最も古くは元禄二年（一六八九）というものもいるが、これを除けば大体は宝暦・明和・安永期から現れ、特に文政期末から天保初年にかけて急激に増加している様子が読みとれる（表19）。すなわち化政期から天保期にかけて、村内に農間諸商人・職人

表 19　農間余業開始件数一覧

元禄	2 年	1	享和	1 年	6
(19 年間なし)				2 年	3
宝暦	6 年	2		3 年	1
	7 年		文化	1 年	8
	8 年	1		2 年	4
	9 年	1		3 年	
(6 年間なし)				4 年	5
明和	3 年	2		5 年	7
(2 年間なし)				6 年	8
	6 年	1		7 年	4
	7 年	1		8 年	6
	8 年			9 年	7
安永	1 年	6		10 年	3
	2 年	4		11 年	10
	3 年	4		12 年	2
(3 年間なし)				13 年	9
	7 年	1		14 年	12
	8 年	5	文政	1 年	15
(2 年間なし)				2 年	15
天明	2 年	1		3 年	5
	3 年			4 年	1
	4 年	3		5 年	6
	5 年	2		6 年	4
	6 年	1		7 年	10
	7 年	6		8 年	14
	8 年	2		9 年	12
寛政	1 年	5		10 年	9
	2 年			11 年	31
	3 年	1		12 年	25
	4 年	1	天保	1 年	13
	5 年			2 年	16
	6 年	1		3 年	17
	7 年	1		4 年	18
	8 年	2		5 年	27
	9 年	2		6 年	21
	10 年	3		7 年	33
	11 年	7		8 年	41
	12 年	1		9 年	22

が大量に出現したといえるであろう。

このような事実は、まさに境河岸よりの願書にみられる「近来、在方村々諸商人見世《(店)》沢山ニ出来《しったい》いたし」「町内誠ニ必至と極窮仕候時節」という状況を裏付けるものとして十分であろう。そしてこのことは、「此上町内何程衰微仕るべきやもはかり難い」という河岸役人・河岸問屋の危機感となって現われてくるのである。

そしてこの「衰微」とは、これまでみてきたように在方市・町を中心とする地域市場の発展により、江戸送り荷物量が減少したためであるが、それはまた、関東の河川水運の持つ特性とも深いかかわりがある。

前に述べた河岸成立の事情と、利根川改流工事を思いおこしていただきたい。近世初期の河岸は、江戸への年貢米輸送を最大の契機として成立した。そのための水運路は、長年月にわたる利根川水系改流工事として、すべて江戸へ集結する形で形成された。それにともない一般荷物の輸送組織も、関東各地の河岸問屋と、江戸で荷受けをする艀下《はしけ》船宿、船積みする奥川筋船積問屋との結合によって形成されていた。

このように、地理的にも機構的にも、江戸を中心に収束する形で形成されていた関東の特権的河川水運は、江戸との関係を縦とすれば、地域市場の発展によるいわば横の流通には、十分に対応することができなかったのである。

以上みてきたように、「河岸の衰微」とは既成河岸の衰微であり、それは、特権的河岸問屋の統制下を離れて自由な稼ぎにおもむこうとする小船持・船頭・水主、それと結ぶ農間駄賃馬稼ぎ等の執拗な闘争の結果であると共に、地域市場の発展、江戸地廻り経済の変質に十分対応することができなかった結果でもあったのである。

明治期の河岸と水運

河岸問屋のゆくえ

前章でみたように、幕末の河岸の衰退は、特権的な河岸・河岸問屋の衰退であって、必ずしも河川水運全体の衰退とは結びつかない。しかし、明治維新を迎え、特権的河岸のバックにあった幕府権力が崩壊すると、河岸はどうなっていったのであろうか。

特に特権的河岸の重要な輸送であった年貢米輸送が、明治六年（一八七三）より地租改正以後、地租金納となってどうなったかなど、幕末―明治期の河岸については、まだ十分に解明されていない部分が多い。

ただ言えることは、幕府権力が崩壊しても河岸・河岸問屋はすぐさま消滅することはなかったし、荷物輸送も止まることがなかった。たとえば境河岸では、明治期に入っても河岸問屋を経由する荷物が急激に減少した様子もみられない。むしろ増加しているのである。

この明治期の水運を支えたものは、「船持」であったと私は思っているのであるが、現実には「大船持」はまた「河岸問屋」である場合が多かった。そこで、幕末から明治期にかけての河川水運の変化を、この「河岸問屋」の動きで追ってみよう。

中利根川境河岸には、近世初期から運送業に関係していた兵庫家と、五右衛門家という二軒の問屋があった。これらは共に、明和・安永期の河岸吟味には「河岸問屋」として公認され、幕府権力をバックに河岸の支配を確立した。そののち五右衛門家は、問屋と同時に船持としての性格を強め、天明二年（一七八二）には高瀬船・艜《ひらた》船など八艘、天保十三年（一八四二）には一〇艘、明治八年（一八七五）には一二艘と、境河岸第一の大船持となる。一方兵庫家は船持としては成長せず、むしろ衰え、

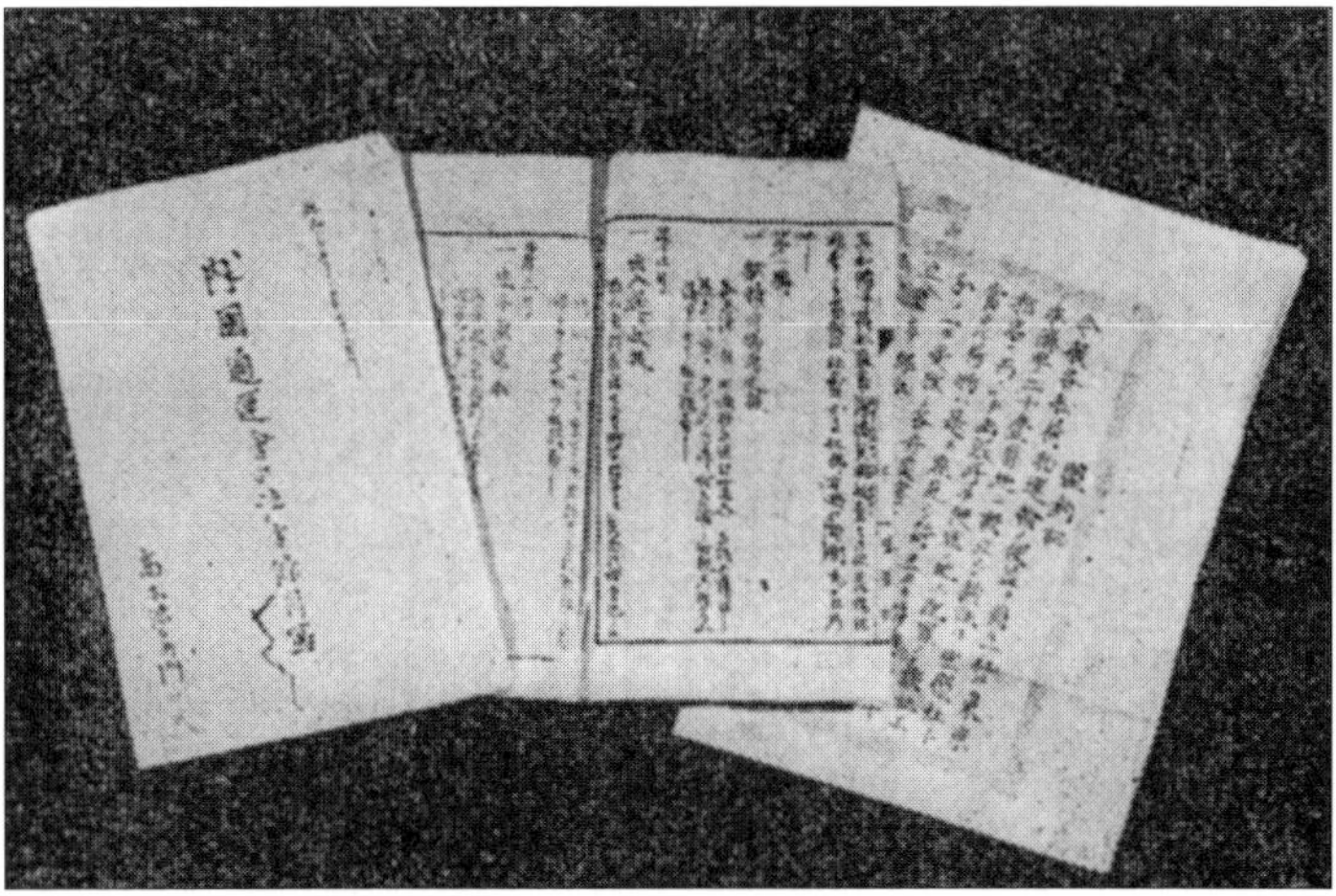

図 72　内国通運会社関係書類（野尻・滑藤家所蔵）

一時は問屋株を人手に渡すようにもなった。

明治期に入ると、はじめ明治政府は旧幕府と同じように、「河岸問屋株」をそのまま認めた。しかしその後、政府は近世宿駅制を全廃し、民設の陸運会社をもってこれに代わらせようとする新しい交通政策を打ちだした。明治四年には東海道陸運会社規則案を作成して、沿道各県に通達すると共に、駅逓司は官吏を派遣して各宿駅を巡廻させ、陸運会社の設立を勧誘した。

このような動きの中にあって、境河岸は早くも明治五年に陸羽街道および関街道の宿々と共に、陸運会社取締規則および社中申合せをもって、陸運会社取建願を印旛県役所に提出した。そして同年九月、境町陸運会社が発足している。この境町陸運会社の設立人であり会社惣代であったのは五右衛門家で、前述のこの河岸最大の大船持であり河岸問屋であった。

この陸運会社は、政府の制定した規則によって川船ばかりでなく近隣村々の農間駄賃稼ぎの稼ぎ人をも、鑑札を交付することで把握していく。しかし、明治六年、五右衛門家は境町陸運会社をやめ、政府の保護の厚い陸運元会社に入社し、分社として営業することとなる。これにより陸運元会社は、東京―境河岸間の河川航路を持つこととなった。そして五右衛門は明治七年六月には二株の株主となり、七年十月には陸運会社が内国通運会社へと発展解消するにあたり、いち早く元会社惣代と議定書を交換し、翌八年七月には内国通運会社へ入社し、分社となっている。また明治七年より、陸運元会社が各地の旅館を組織して作った真誠講休泊所の、この地方の惣代も任せられていた。

下利根川の野尻河岸では、どうであったろうか。この河岸の河岸問屋であった藤兵衛家は、享保期より寛政五年（一七九三）まで高瀬船三艘を持つ、この河岸最大の船持であったが、文化三年（一八〇六）には二艘、明治五年（一八七二）には一艘と、船持としてはむしろ後退しながら明治期を迎えた。そして明治三年より宮谷《みやざく》県へ、宮谷県解体後は新治《にいはり》県へ免許税を上納して、近世とほとんど変わらぬ「荷物船積問屋渡世」を営んでいた。

しかし、明治八年（一八七五）に政府によって各地陸運会社の解散が命ぜられたので、同年に一応内国通運会社に入社し、一〇〇円の地券を預けて分社となったが、開業はしなかった。そして東京本湊町に本社を持つ船持の同盟である「宏盟社」に加入したりするが、翌明治九年三月に新治県より許可された営業年限が切れたので、再び従来通りの船積問屋営業の願を千葉県に提出する。しかし、この願いは、内国通運会社と連合するか、別に規則を立てて出願すべしと却下され、暗に内国通運会社

図 73　大正期に利根運河を航行する外輪船

との連合を強制される。そこで明治十年（一八七七）再び内国通運会社へ接近するが、八年の入社以来開業もせず、株金も払い込まなかったので、一〇〇円の地券証書は返され、分社を改めて運漕所とされた。

こうして、近世以来の大船持・河岸問屋を、分社あるいは運漕所として包摂した内国通運会社によって、明治十年五月はじめて河川水運の飛躍的発展である「蒸気船」が採用され、利根川航路に「川蒸気」と呼ばれた蒸気船「第一通運丸」が就航したのである。

蒸気船と利根運河

明治に入ると鉄道ができて、河川舟運は衰退したであろうと一般には考えられている。しかし必ずしもそうではない。明治の初めにはまだ舟運の持つ意義は非常に大きかった。前述の通り内国通運会社は、明治十年に政府の認可を得て江戸川・利根川の浅

表 20　利根運河通船筏数表（川名晴雄『中利根川の治水史』より）

年　代	和船	汽船	筏	年　代	和船	汽船	筏
明治 23 年	23,854	2	1,220	大正 3 年	15,537	2,186	235
24 年	37,590	4	1,339	4 年	14,543	2,614	220
25 年	33,285	15	1,397	5 年	13,783	2,108	492
26 年	32,711	551	1,670	6 年	14,860	1,745	608
27 年	29,688	723	1,822	7 年	15,017	1,667	619
28 年	31,162	1,383	1,929	8 年	14,029	1,618	435
29 年	33,959	1,352	2,055	9 年	12,211	1,553	343
30 年	35,587	1,325	1,650	10 年	11,313	1,995	260
31 年	27,765	1,238	941	11 年	11,161	2,008	310
32 年	28,499	1,447	1,186	12 年	10,478	1,880	439
33 年	31,823	1,477	1,582	13 年	9,576	1,329	674
34 年	29,361	1,472	1,297	14 年	7,915	1,375	267
35 年	29,797	1,323	1,294	昭和 1 年	7,869	1,515	286
36 年	27,808	1,439	1,276	2 年	7,948	1,537	250
37 年	29,280	1,434	1,013	3 年	7,194	1,703	333
38 年	30,849	2,194	1,522	4 年	6,540	1,881	319
39 年	29,404	2,100	1,543	5 年	5,737	2,058	411
40 年	29,538	2,178	1,481	6 年	5,028	2,197	309
41 年	29,936	2,372	858	7 年	5,125	2,248	274
42 年	26,022	2,346	485	8 年	4,506	2,030	246
43 年	23,694	2,176	585	9 年	4,471	2,570	234
44 年	23,416	2,246	617	10 年	4,481	2,969	164
大正 1 年	21,324	2,341	478	11 年	4,135	3,000	79
2 年	19,330	2,265	386	12 年	3,547	2,969	35

図 74　大正期の境河岸

瀬を浚渫《しゅんせつ》し、東京深川から小名木川・江戸川・利根川・渡良瀬川を経て、古河の上流思川・生井河岸まで、洋式蒸気船「通運丸」の航路を開いたが、その後、上利根川北河原河岸や霞ヶ浦高浜河岸、荒川筋を中山道戸田河岸等まで航路を延ばした。

また下利根川では、明治十四年（一八八一）に銚子汽船会社が設立され、翌十五年から銚子―木下《きおろし》河岸間に蒸気船「銚子丸」が就航した。十六年には内国通運会社と同盟して航路を三ッ堀河岸まで延長し、ここより江戸川沿いの野田まで陸行によって結び、それよりは「通運丸」で東京に入るという、銚子・東京間連絡輸送路を完成した。しかし、この利根川水系汽船就航の成功をみて、多くの同業者が現われ、熾烈な競争が展開された。

このように蒸気船の就航が盛んになると、

近世以来の高瀬船・艜《ひらた》船等の輸送はだんだんと圧迫されてくる。汽船の寄港地となった河岸は賑わいをみせたが、その間にはさまれた小さな河岸は衰退する。しかし利根川では、明治二十年代はまだまだ高瀬船の時代であった。

かつて銚子より江戸に向かう鮮魚荷物が争って通った中利根川と江戸川を結ぶ最短ルートには、両川を結ぶ運河開削が計画され、オランダ技師ムルデルの設計により、明治二十一年（一八八八）に着工、同二十三年に「利根運河」が完成した。この運河開通と同時に、多くの高瀬船・艜船等の川船がこれを利用し、明治二十四年には年間延べ通船数三万七五九〇艘と最高の数に達するという盛況を呈した。また、明治二十八年（一八九五）からは銚子汽船・内国通運とも、この利根運河を通航し、東京―銚子間の汽船直行航路が開かれた。それゆえ、この年から利根運河の汽船通船数は年間一三〇〇艘以上になり、明治三十年代は減少する様子はなかった（表20参照）。

ヨーロッパ、特にイギリスの歴史を見ると、産業革命の時代は「運河時代」といわれるように、非常に多くの運河が造られた時期である。産業革命に対応する交通機関は実は運河であり、一歩遅れて鉄道が現われる。ところが日本では、鉄道が先に入ってきたので、「運河時代」というものはなかったと考えられている。しかし、実はほんの短期間ではあるが、日本にも「運河時代」は存在した。その時期を経て、鉄道が急速に普及していくと、長い航路はやはり鉄道に代わっていく。しかし逆に、鉄道と結んで発展する河川水運も現われてくるのである。

千葉県君津市から、内陸部へ小糸川という小さな川が入っている。この川には近世から水運があ

図 75　佐原駅付近の川船（米約 700 俵を積む．昭和 33 年 8 月）

り、主に内陸部の米・薪・炭を積み出して来て、川口で海船に積み替え、海上を江戸に送っていた。ところが、大正四年（一九一五）に現在のJR内房線が開通し、ここに周西《すさい》駅（現、君津駅）ができ、この鉄道と結んだ水運は非常に大きな意味を持った。この当時、この小さな小糸川に、小は長さ二間半（四・五メートル）から大は七間（一二・六メートル）くらいまでの川船が、四七〇〇余艘も上下していたという。鉄道が開通したからといって、すぐに水運が衰えないという例証である。

しかし、大きな河道では、鉄道が細かく普及していけばいくほど舟運の役割は減退していく。特に明治三十年代以後の日本の河川治水工事の方向が、堤防を高くし、流路を直線にして、河水を速く海に落とす高水工事に傾いたことが、川船の航行を一層困難にした。しかし、利根川下流地域の「水郷」と呼ばれるような所では、後まで水運の持つ意味は大きかった。ＪＲ成田線佐原駅では、線路のすぐそばまで水路を入れて、水郷地帯の米穀を船に乗せて駅に運び、貨車に積み替えて鉄道で運んだ（図75）。このような状態は太平洋戦争後まで続き、昭和三十年代にはまだ約五、六〇〇俵の米を積んだ船が数多く往復していた。

河岸の終わり

このような河川水運を決定的に終わらせたのは、日本の高度経済成長の中で出てきた大型トラック輸送である。これが内陸水運に最終的なとどめをさした。それはつい最近のことであった。

水運のおわりは、河岸のおわりでもある。運輸機能を失った河岸は、もう河岸ではありえない。かつて交通の町として繁栄をほこった「河岸」は、地方の商業的な都市へと変貌していくか、再び静かな農村に戻っていった。

かって境河岸であった境町は、町の中央を走る一本の街道が利根川に突き当って終わり、その両側に河岸であった時代からの商店が軒を連ねていた。しかし今や、近くにできたバイパス道に沿って大商店が進出し、商業の中心はそちらに移ろうとしている。利根川の堤防の上に立ってみると、昔の河岸場はあの辺りかと思われる所は河中となり、何の面影も残していない。ただ近くに「河岸跡」と書かれた標柱が一本あるのみである。

あとがき

近世河川水運史の研究は、戦後の一九五〇年代から本格的に始まり、全国各地の大小の河川を対象として、数多くの成果を上げてきた。しかし、そこでの関心の中心は、商品流通史との関連であった。一方、河川水運の拠点であり中心でもある「河岸」についての研究は、必ずしも十分に進展しなかった。特に、河岸の持つ交通運輸機構の解明や、それを支える人びと、例えば河岸問屋、船持、船頭、水主、馬持、馬士など、またそれを取り巻く人びとの生活等に関する解明は、必ずしも進んだとは言えない。それは「河岸」に関する基礎的な研究が不足していたということであろう。たとえば、川の湊をさす「河岸」という呼び方についても、関東地方内においてはほとんど同じ呼び方だが、それ以外の地域にあっては、同じものを必ずしも「河岸」とは呼んでいない。では、関東以外では別の言葉ですべて呼ぶかというとそうでもなく、種々の呼び方が存在するし、関東以外でも「河岸」と呼ぶ所もないわけではない。たとえば、九州では筑後川上流部、中国地方では吉井川とその支流、東北地方では最上川流域である。ではどうして、そこでは「河岸」と呼ぶのであろうか。そのようなことさえ、まだわかっていないのである。

筆者も、二十五年以前に『河岸に生きる人びと』という一書を書いて、少しばかり河岸の様相に触れたが十分ではなかったし、今度幸いにも「河岸」を見直す機会を与えられたが、新しい研究が間に合わず、前書と同じことを書いたところも少なくない。しかし、そこに書かれた事件等は、学友・後輩・学生たちと共に、五十年近くにわたって毎年夏期に続けてきた農村調査で発見した史料・拝見した文書によって知ることのできた事実である。これなくしては本書はできなかった。炎天下を共に歩いて汗を流した同志に、心より感謝したい。

また、本書をまとめる機会を与えていただいた畏友・田辺悟氏、編集を担当し、大変な努力をしていただいた法政大学出版局の松永辰郎氏に深甚なる感謝の意を表したい。

二〇〇七年初夏

川名　登

著者略歴

川名　登（かわな　のぼる）

1934 年千葉県生まれ．千葉大学文理学部卒業．明治大学大学院博士課程満期退学．千葉経済大学名誉教授，文学博士．著書に『近世日本水運史の研究』（雄山閣），『河川水運の文化史』（雄山閣），『近世日本の川船研究』上・下（日本経済評論社）など．

ものと人間の文化史　139・河岸（かし）

2007 年 8 月 6 日　　初版第 1 刷発行

著　者 ©川　名　　登

発行所　財団法人　法政大学出版局

〒102–0073 東京都千代田区九段北 3–2–7
電話 03(5214)5540　振替 00160–6–95814
組版・こおろ社 / 印刷・平文社 / 製本・鈴木製本所

Printed in Japan

ISBN978–4–588–21391–5

ものと人間の文化史

★第9回梓会出版文化賞受賞

人間が〈もの〉とのかかわりを通じて営々と築いてきた暮らしの足跡を具体的に辿りつつ文化・文明の基礎を問いなおす。手づくりの〈もの〉の記憶が失われ、〈もの〉離れが進行する危機の時代におくる豊穣な百科叢書。

1 船　須藤利一編

海国日本では古来、漁業・水運・交易はもとより、大陸文化も船によって運ばれた。本書は造船技術、航海の模様の推移を中心に、漂流、船霊信仰、伝説の数々を語る。四六判368頁 '68

2 狩猟　直良信夫

人類の歴史は狩猟から始まった。本書は、わが国の遺跡に出土する獣骨、猟具の実証的考察をおこないながら、狩猟をつうじて発展した人間の知恵と生活の軌跡を辿る。四六判272頁 '68

3 からくり　立川昭二

〈からくり〉は自動機械であり、驚嘆すべき庶民の技術的創意がこめられている。本書は、日本と西洋のからくりを発掘・復元・遍歴し、埋もれた技術の水脈をさぐる。四六判410頁 '69

4 化粧　久下司

美を求める人間の心が生みだした化粧—その手法と道具に語らせた人間の欲望と本性、そして社会関係。歴史を遡り、全国を踏査して書かれた比類ない美と醜の文化史。四六判368頁 '70

5 番匠　大河直躬

番匠はわが国中世の建築工匠。地方・在地を舞台に開花した彼らの造型・装飾・工法等の諸技術、さらに信仰と生活等、職人以前の独自で多彩な工匠的世界を描き出す。四六判288頁 '71

6 結び　額田巌

〈結び〉の発達は人間の叡知の結晶である。本書はその諸形態および技法を作業・装飾・象徴の三つの系譜に辿り、〈結び〉のすべてを民俗学的・人類学的に考察する。四六判264頁 '72

7 塩　平島裕正

人類史に貴重な役割を果たしてきた塩をめぐって、発見から伝承・製造技術の発展過程にいたる総体を歴史的に描き出すとともに、その多彩な効用と味覚の秘密を解く。四六判272頁 '73

8 はきもの　潮田鉄雄

田下駄・かんじき・わらじなど、日本人の生活の礎となってきた伝統的はきものの成り立ちと変遷を、二〇年余の実地調査と細密な観察・描写によって辿る庶民生活史　四六判280頁 '73

9 城　井上宗和

古代城塞・城柵から近世代名の居城として集大成されるまでの日本の城の変遷を辿り、文化の各領野で果たしてきたその役割を再検討。あわせて世界城郭史に位置づける。四六判310頁 '73

10 竹　室井綽

食生活、建築、民芸、造園、信仰等々にわたって、竹と人間との交流史は驚くほど深く永い。その多岐にわたる発展の過程を個々に辿り、竹の特異な性格を浮彫にする。四六判324頁 '73

11 海藻　宮下章

古来日本人にとって生活必需品とされてきた海藻をめぐって、その採取・加工法の変遷、商品としての流通史および神事・祭事での役割に至るまでを歴史的に考証する。四六判330頁 '74

12 **絵馬** 岩井宏實

古くは祭礼における神への献馬にはじまり、民間信仰と絵画のみごとな結晶として民衆の手で描かれ祀り伝えられてきた各地の絵馬を豊富な写真と史料によってたどる。四六判３０２頁 '74

13 **機械** 吉田光邦

畜力・水力・風力などの自然のエネルギーを利用し、幾多の改良を経て形成された初期の機械の歩みを検証し、日本文化の形成における科学・技術の役割を再検討する。四六判２４２頁 '74

14 **狩猟伝承** 千葉徳爾

狩猟には古来、感謝と慰霊の祭祀がともない、人獣交渉の豊かで意味深い歴史があった。狩猟用具、巻物、儀式具、またけものたちの生態を通して語る狩猟文化の世界。四六判３４６頁 '75

15 **石垣** 田淵実夫

採石から運搬、加工、石積みに至るまで、石垣の造成をめぐって積み重ねられてきた石工たちの苦闘の足跡を掘り起こし、その独自な技術の形成過程と伝承を集成する。四六判２２４頁 '75

16 **松** 高嶋雄三郎

日本人の精神史に深く根をおろした松の伝承に光を当て、食用、薬用等の実用の松、祭祀・観賞用の松、さらに文学・芸能・美術に表現された松のシンボリズムを説く。四六判３４２頁 '75

17 **釣針** 直良信夫

人と魚との出会いから現在に至るまで、釣針がたどった一万有余年の変遷を、世界各地の遺跡出土物を通して実証しつつ、漁撈によって生きた人々の生活と文化を探る。四六判２７８頁 '76

18 **鋸** 吉川金次

鋸鍛冶の家に生まれ、鋸の研究を生涯の課題とする著者が、出土遺品や文献・絵画により各時代の鋸を復元・実験し、庶民の手仕事にみられる驚くべき合理性を実証する。四六判３６０頁 '76

19 **農具** 飯沼二郎／堀尾尚志

鍬と犂の交代・進化の歩みとして発達したわが国農耕文化の発展経過を世界史的視野において再検討しつつ、無名の農民たちによる驚くべき創意のかずかずを記録する。四六判２２０頁 '76

20 **包み** 額田巖

結びとともに文化の起源にかかわる〈包み〉の系譜を人類史的視野において捉え、衣・食・住をはじめ社会・経済史、信仰、祭事などにおけるその実際と役割とを描く。四六判３５４頁 '77

21 **蓮** 阪本祐二

仏教における蓮の象徴的位置の成立と深化、美術・文芸等に見る人間とのかかわりを歴史的に考察。また大賀蓮はじめ多様な品種とその来歴を紹介しつつその美を語る。四六判３０６頁 '77

22 **ものさし** 小泉袈裟勝

ものをつくる人間にとって最も基本的な道具であり、数千年にわたって社会生活を律してきたその変遷を実証的に追求し、歴史の中で果たしてきた役割を浮彫りにする。四六判３１４頁 '77

23-I **将棋I** 増川宏一

その起源を古代インドに、我国への伝播の道すじを海のシルクロードに探り、また伝来後一千年におよぶ日本将棋の変化と発展を盤、駒、ルール等にわたって跡づける。四六判２８０頁 '77

23-Ⅱ 将棋Ⅱ 増川宏一

わが国伝来後の普及と変遷を貴族や武家・豪商の日記等に博捜し、遊戯者の歴史をあとづけると共に、中国伝来説の誤りを正し、将棋宗家の位置と役割を明らかにする。四六判３４６頁 '85

24 湿原祭祀 第2版 金井典美

古代日本の自然環境に着目し、各地の湿原聖地を稲作社会との関連において捉え直して古代国家成立の背景を浮彫にしつつ、水と植物にまつわる日本人の宇宙観を探る。四六判４１０頁 '77

25 臼 三輪茂雄

臼が人類の生活文化の中で果たしてきた役割を、各地に遺る貴重な民俗資料・伝承と実地調査にもとづいて解明。失われゆく道具のなかに、未来の生活文化の姿を探る。四六判４１２頁 '78

26 河原巻物 盛田嘉徳

中世末期以来の被差別部落民が生きる権利を守るために偽作し護り伝えてきた河原巻物を全国にわたって踏査し、そこに秘められた最底辺の人びとの叫びに耳を傾ける。四六判２２６頁 '78

27 香料 日本のにおい 山田憲太郎

焼香供養の香から趣味としての薫物へ、さらに沈香木を焚く香道へと変遷した日本の「匂い」の歴史を豊富な史料に基づいて辿り、我国風俗史の知られざる側面を描く。四六判３７０頁 '78

28 神像 神々の心と形 景山春樹

神仏習合によって変貌しつつも、常にその原型＝自然を保持してきた日本の神々の造型を図像学的方法によって捉え直し、その多彩な形象に日本人の精神構造をさぐる。四六判３４２頁 '78

29 盤上遊戯 増川宏一

祭具・占具としての発生を『死者の書』をはじめとする古代の文献にさぐり、形状・遊戯法を分類しつつその〈進化〉の過程を考察。〈遊戯者たちの歴史〉をも跡づける。四六判３２６頁 '78

30 筆 田淵実夫

筆の里・熊野に筆づくりの現場を訪ねて、筆匠たちの境涯と製筆の由来を克明に記録しつつ、筆の発生と変遷、種類、製筆法、さらには筆塚、筆供養にまで説きおよぶ。四六判２０４頁 '78

31 ろくろ 橋本鉄男

日本の山野を漂移しつづけ、高度の技術文化と幾多の伝説とをもたらした特異な旅職集団＝木地屋の生態を、その呼称、地名、伝承、文書等をもとに生き生きと描く。四六判４６０頁 '79

32 蛇 吉野裕子

日本古代信仰の根幹をなす蛇巫をめぐって、祭事におけるさまざまな蛇の「もどき」や各種の蛇の造型・伝承に鋭い考証を加え、忘れられたその呪性を大胆に暴き出す。四六判２５０頁 '79

33 鋏（はさみ） 岡本誠之

梃子の原理の発見から鋏の誕生に至る過程を推理し、日本鋏の特異な歴史的位置を明らかにするとともに、刀鍛冶等から転進した鋏職人たちの創意と苦闘の跡をたどる。四六判３９６頁 '79

34 猿 廣瀬鎮

嫌悪と愛玩、軽蔑と畏敬の交錯する日本人とサルとの関わりあいの歴史を、狩猟伝承や祭祀・風習、美術・工芸や芸能のなかに探り、日本人の動物観を浮彫りにする。四六判２９２頁 '79

35 **鮫** 矢野憲一

神話の時代から今日まで、津々浦々につたわるサメの伝承とサメをめぐる海の民俗を集成し、神饌、食用、薬用等に活用されてきたサメと人間のかかわりの変遷を描く。四六判292頁 '79

36 **枡** 小泉袈裟勝

米の経済の枢要をなす器として千年余にわたり日本人の生活の中に生きてきた枡の変遷をたどり、記録・伝承をもとにこの独特な計量器が果たした役割を再検討する。 四六判322頁 '80

37 **経木** 田中信清

食品の包装材料として近年まで身近に存在した経木の起源を、こけら経や塔婆、木簡、屋根板等に遡って明らかにし、その製造・流通に携った人々の労苦の足跡を辿る。四六判288頁 '80

38 **色** 染と色彩 前田雨城

わが国古代の染色技術の復元と文献解読をもとに日本色彩史を体系づけ、赤・白・青・黒等におけるわが国独自の色彩感覚を探りつつ日本文化における色の構造を解明。四六判320頁 '80

39 **狐** 陰陽五行と稲荷信仰 吉野裕子

その伝承と文献を渉猟しつつ、中国古代哲学＝陰陽五行の原理の応用という独自の視点から、謎とされてきた稲荷信仰と狐との密接な結びつきを明快に解き明かす。 四六判232頁 '80

40-Ⅰ **賭博Ⅰ** 増川宏一

時代、地域、階層を超えて連綿と行なわれてきた賭博。――その起源を古代の神判、スポーツ、遊戯等の中に探り、抑圧と許容の歴史を物語る。全Ⅲ分冊の〈総説篇〉。 四六判298頁 '80

40-Ⅱ **賭博Ⅱ** 増川宏一

古代インド文学の世界からラスベガスまで、賭博の形態・用具・方法の時代的特質を明らかにし、夥しい禁令に賭博の不滅のエネルギーを見る。全Ⅲ分冊の〈外国篇〉。 四六判456頁 '82

40-Ⅲ **賭博Ⅲ** 増川宏一

聞香、闘茶、笠附等、わが国独特の賭博を中心にその具体例を網羅し、方法の変遷に賭博の時代性を探りつつ禁令の改廃に時代の賭博観を追う。全Ⅲ分冊の〈日本篇〉。 四六判388頁 '83

41-Ⅰ **地方仏Ⅰ** むしゃこうじ・みのる

古代から中世にかけて全国各地で作られた無銘の仏像を訪ね、素朴で多様なノミの跡に民衆の祈りと地域の願望を探る。宗教の伝播、文化の創造を考える異色の紀行。 四六判256頁 '80

41-Ⅱ **地方仏Ⅱ** むしゃこうじ・みのる

紀州や飛騨を中心に草の根の仏たちを訪ねて、その相好と像容の魅力を探り、技法を比較考証して仏像彫刻史に位置づけつつ、中世地域社会の形成と信仰の実態に迫る。四六判260頁 '97

42 **南部絵暦** 岡田芳朗

田山・盛岡地方で「盲暦」として古くから親しまれてきた独得の絵解き暦を詳しく紹介しつつその全体像を復元する。その無類の生活暦は、南部農民の哀歓をつたえる。四六判288頁 '80

43 **野菜** 在来品種の系譜 青葉高

蕪、大根、茄子等の日本在来野菜をめぐって、その渡来・伝播経路、品種分布と栽培のいきさつを各地の伝承や古記録をもとに辿り、畑作文化の源流とその風土を描く。 四六判368頁 '81

44 **つぶて**　中沢厚
弥生投弾、古代・中世の石戦と印地の様相、投石具の発達を展望しつつ、願かけの小石、正月つぶて、石こづみ等の習俗を辿り、石塊に託した民衆の願いや怒りを探る。　四六判３３８頁　'81

45 **壁**　山田幸一
弥生時代から明治期に至るわが国の壁の変遷を壁塗＝左官工事の側面から辿り直し、その技術的復元・考証を通じて建築史・文化史における壁の役割を浮き彫りにする。　四六判２９６頁　'81

46 **簞笥**（たんす）　小泉和子
近世における簞笥の出現＝箱から抽斗への転換に着目し、以降近現代に至るその変遷を社会・経済・技術の側面からあとづける。著者自身による簞笥製作の記録を付す。　四六判３７８頁　'82

47 **木の実**　松山利夫
山村の重要な食糧資源であった木の実をめぐる各地の記録・伝承を集成し、その採集・加工における幾多の試みを実地に検証しつつ、稲作農耕以前の食生活文化を復元。　四六判３８４頁　'82

48 **秤**（はかり）　小泉袈裟勝
秤の起源を東西に探るとともに、わが国律令制下における中国制度の導入、近世商品経済の発展に伴う秤座の出現、明治期近代化政策による洋式秤受容等の経緯を描く。　四六判３２６頁　'82

49 **鶏**（にわとり）　山口健児
神話・伝説をはじめ遠い歴史の中の鶏を古今東西の伝承・文献に探り、特に我国の信仰・絵画・文学等に遺された鶏の足跡を追って、鶏をめぐる民俗の記憶を蘇らせる。　四六判３４６頁　'83

50 **燈用植物**　深津正
人類が燈火を得るために用いてきた多種多様な植物との出会いと個々の植物の来歴、特性及びはたらきを詳しく検証しつつ「あかり」の原点を問いなおす異色の植物誌。　四六判４４２頁　'83

51 **斧・鑿・鉋**（おの・のみ・かんな）　吉川金次
古墳出土品や文献・絵画をもとに、古代から現代までの斧・鑿・鉋を復元・実験し、労働体験によって生まれた民衆の知恵と道具の変遷を蘇らせる異色の日本木工具史。　四六判３０４頁　'84

52 **垣根**　額田巌
大和・山辺の道に神々と垣との関わりを探り、各地に垣の伝承を訪ねて、寺院の垣、民家の垣、露地の垣など、風土と生活に培われた生垣の独特のはたらきと美を描く。　四六判２３４頁　'84

53-Ⅰ **森林Ⅰ**　四手井綱英
森林生態学の立場から、森林のなりたちとその生活史を辿りつつ、産業の発展と消費社会の拡大により刻々と変貌する森林の現状を語り、未来への再生のみちをさぐる。　四六判３０６頁　'85

53-Ⅱ **森林Ⅱ**　四手井綱英
森林と人間との多様なかかわりを包括的に語り、人と自然が共生するための森や里山をいかにして創出するか、森林再生への具体的な方策を提示する21世紀への提言。　四六判３０８頁　'98

53-Ⅲ **森林Ⅲ**　四手井綱英
地球規模で進行しつつある森林破壊の現状を実地に踏査し、森と人が共存する日本人の伝統的自然観を未来へ伝えるために、いま何が必要なのかを具体的に提言する。　四六判３０４頁　'00

54 海老（えび）　酒向昇

人類との出会いからエビの科学、漁法、さらには調理法を語り、めでたい姿態と色彩にまつわる多彩なエビの民俗を、地名や人名、詩歌・文学、絵画や芸能の中に探る。四六判４２８頁 '85

55-Ⅰ 藁（わら）Ⅰ　宮崎清

稲作農耕とともに二千年余の歴史をもち、日本人の全生活領域に生きてきた藁の文化を日本文化の原型として捉え、風土に根ざしたそのゆたかな遺産を詳細に検討する。四六判４００頁 '85

55-Ⅱ 藁（わら）Ⅱ　宮崎清

床・畳から壁・屋根にいたる住居における藁の製作・使用のメカニズムを明らかにし、日本人の生活空間における藁の役割を見なおすとともに、藁の文化の復権を説く。四六判４００頁 '85

56 鮎　松井魁

清楚な姿態と独特な味覚によって、日本人の目と舌を魅了しつづけてきたアユ――その形態と分布、生態、漁法等を詳述し、古今のアユ料理や文芸にみるアユにおよぶ。四六判２９６頁 '86

57 ひも　額田巌

物と物、人と物とを結びつける不思議な力を秘めた「ひも」の謎を追って、民俗学的視点から多角的なアプローチを試みる。『結び』、『包み』につづく三部作の完結篇。四六判２５０頁 '86

58 石垣普請　北垣聰一郎

近世石垣の技術者集団「穴太」の足跡を辿り、各地城郭の石垣遺構の実地調査と資料・文献をもとに石垣普請の歴史的系譜を復元しつつ石工たちの技術伝承を集成する。四六判４３８頁 '87

59 碁　増川宏一

その起源を古代の盤上遊戯に探ると共に、定着以来二千年の歴史を時代の状況や遊び手の社会環境との関わりにおいて跡づける。逸話や伝説を排して綴る初の囲碁全史。四六判３６６頁 '87

60 日和山（ひよりやま）　南波松太郎

千石船の時代、航海の安全のために観天望気した日和山――多くは忘れられ、あるいは失われた船舶・航海史の貴重な遺跡を追って、全国津々浦々におよんだ調査紀行。四六判３８２頁 '88

61 篩（ふるい）　三輪茂雄

臼とともに人類の生産活動に不可欠な道具であった篩、箕（み）、笊（ざる）の多彩な変遷を豊富な図解入りでたどり、現代技術の先端に再生するまでの歩みをえがく。四六判３３４頁 '89

62 鮑（あわび）　矢野憲一

縄文時代以来、貝肉の美味と貝殻の美しさによって日本人を魅了し続けてきたアワビ――その生態と養殖、神饌としての歴史、漁法、螺鈿の技法からアワビ料理に及ぶ。四六判３４４頁 '89

63 絵師　むしゃこうじ・みのる

日本古代の渡来画工から江戸前期の菱川師宣まで、時代の代表的絵師の列伝で辿る絵画制作の文化史。前近代社会における絵画の意味や芸術創造の社会的条件を考える。四六判２３０頁 '90

64 蛙（かえる）　碓井益雄

動物学の立場からその特異な生態を描き出すとともに、和漢洋の文献資料を駆使して故事・習俗・神事・民話・文芸・美術工芸にわたる蛙の多彩な活躍ぶりを活写する。四六判３８２頁 '89

65—Ⅰ 藍（あい）Ⅰ 風土が生んだ色 竹内淳子
全国各地の〈藍の里〉を訪ねて、藍栽培から染色・加工のすべてにわたり、藍とともに生きた人々の伝承を克明に描き、風土と人間が生んだ〈日本の色〉の秘密を探る。四六判４１６頁 '91

65—Ⅱ 藍（あい）Ⅱ 暮らしが育てた色 竹内淳子
日本の風土に生まれ、伝統に育てられた藍が、今なお暮らしの中で生き生きと活躍しているさまを、手わざに生きる人々との出会いを通じて描く。藍の里紀行の続篇。四六判４０６頁 '99

66 橋 小山田了三
丸木橋・舟橋・吊橋から板橋・アーチ型石橋まで、人々に親しまれてきた各地の橋を訪ねて、その来歴と築橋の技術伝承を辿り、土木文化の伝播・交流の足跡をえがく。四六判３１２頁 '91

67 箱 宮内悊
日本の伝統的な箱（櫃）と西欧のチェストを比較文化史の視点から考察し、居住・収納・運搬・装飾の各分野における箱の重要な役割とその多彩な文化を浮彫りにする。四六判３９０頁 '91

68—Ⅰ 絹Ⅰ 伊藤智夫
養蚕の起源を神話や説話に探り、伝来の時期とルートを跡づけ、記紀・万葉の時代から近世に至るまで、それぞれの時代・社会・階層が生み出した絹の文化を描き出す。四六判３０４頁 '92

68—Ⅱ 絹Ⅱ 伊藤智夫
生糸と絹織物の生産と輸出が、わが国の近代化にはたした役割を描くと共に、養蚕の道具、信仰や庶民生活にわたる養蚕と絹の民俗、さらには蚕の種類と生態におよぶ。四六判２９４頁 '92

69 鯛（たい） 鈴木克美
古来「魚の王」とされてきた鯛をめぐって、その生態・味覚から漁法、祭り、工芸、文芸にわたる多彩な伝承文化を語りつつ、鯛と日本人とのかかわりの原点をさぐる。四六判４１８頁 '92

70 さいころ 増川宏一
古代神話の世界から近現代の博徒の動向まで、さいころの役割を各時代・社会に位置づけ、木の実や貝殻のさいころから投げ棒型や立方体のさいころへの変遷をたどる。四六判３７４頁 '92

71 木炭 樋口清之
炭の起源から炭焼、流通、経済、文化にわたる木炭の歩みを歴史・考古・民俗の知見を総合して描き出し、独自で多彩な文化を育んできた木炭の尽きせぬ魅力を語る。四六判２９６頁 '93

72 鍋・釜（なべ・かま） 朝岡康二
日本をはじめ韓国、中国、インドネシアなど東アジアの各地を歩きながら鍋・釜の製作と使用の現場に立ち会い、調理をめぐる庶民生活の変遷とその交流の足跡を探る。四六判３２６頁 '93

73 海女（あま） 田辺悟
その漁の実際と社会組織、風習、信仰、民具などを克明に描くとともに海女の起源・分布・交流を探り、わが国漁撈文化の古層としての海女の生活と文化をあとづける。四六判２９４頁 '93

74 蛸（たこ） 刀禰勇太郎
蛸をめぐる信仰や多彩な民間伝承を紹介するとともに、その生態・分布・捕獲法・繁殖と保護・調理法などを集成し、日本人と蛸との知られざるかかわりの歴史を探る。四六判３７０頁 '94

75 曲物（まげもの） 岩井宏實

桶・樽出現以前から伝承され、古来最も簡便・重宝な木製容器として愛用された曲物の加工技術と機能・利用形態の変遷をさぐり、手づくりの「木の文化」を見なおす。四六判318頁 '94

76-Ⅰ 和船Ⅰ 石井謙治

江戸時代の海運を担った千石船（弁才船）について、その構造と技術、帆走性能を綿密に調査し、通説の誤りを正すとともに、海難と信仰、船絵馬等の考察にもおよぶ。四六判436頁 '95

76-Ⅱ 和船Ⅱ 石井謙治

造船史から見た著名な船を紹介し、遣唐使船や遣欧使節船、幕末の洋式船における外国技術の導入について論じつつ、船の名称と船型を海船・川船にわたって解説する。四六判316頁 '95

77-Ⅰ 反射炉Ⅰ 金子功

日本初の佐賀鍋島藩の反射炉と精練方＝理化学研究所、島津藩の反射炉と集成館＝近代工場群を軸に、日本の産業革命の時代における人と技術を現地に訪ねて発掘する。四六判244頁 '95

77-Ⅱ 反射炉Ⅱ 金子功

伊豆韮山の反射炉をはじめ、全国各地の反射炉建設にかかわった有名無名の人々の足跡をたどり、開国か攘夷かに揺れる幕末の政治と社会の悲喜劇をも生き生きと描く。四六判226頁 '95

78-Ⅰ 草木布（そうもくふ）Ⅰ 竹内淳子

風土に育まれた布を求めて全国各地を歩き、木綿普及以前に山野の草木を利用して豊かな衣生活文化を築き上げてきた庶民の知られざる知恵のかずかずを実地にさぐる。四六判282頁 '95

78-Ⅱ 草木布（そうもくふ）Ⅱ 竹内淳子

アサ、クズ、シナ、コウゾ、カラムシ、フジなどの草木の繊維から、どのようにして糸を採り、布を織っていたのか――聞書きをもとに忘れられた技術と文化を発掘する。四六判282頁 '95

79-Ⅰ すごろくⅠ 増川宏一

古代エジプトのセネト、ヨーロッパのバクギャモン、中近東のナルド、中国の双陸などの系譜に日本の盤雙六を位置づけ、遊戯・賭博としてのその数奇なる運命を辿る。四六判312頁 '95

79-Ⅱ すごろくⅡ 増川宏一

ヨーロッパの鵞鳥のゲームから日本中世の浄土双六、近世の華麗な絵双六、さらには近現代の少年誌の附録まで、絵双六の変遷を追って時代の社会・文化を読みとる。四六判390頁 '95

80 パン 安達巖

古代オリエントに起ったパン食文化が中国・朝鮮を経て弥生時代の日本に伝えられたことを史料と伝承をもとに解明し、わが国パン食文化二〇〇〇年の足跡を描き出す。四六判260頁 '96

81 枕（まくら） 矢野憲一

神さまの枕・大嘗祭の枕から枕絵の世界まで、人生の三分の一を共に過す枕をめぐって、その材質の変遷を辿り、伝説と怪談、俗信と民俗、エピソードを興味深く語る。四六判252頁 '96

82-Ⅰ 桶・樽（おけ・たる）Ⅰ 石村真一

日本、中国、朝鮮、ヨーロッパにわたる厖大な資料を集成してその豊かな文化の系譜を探り、東西の木工技術史を比較しつつ世界史的視野から桶・樽の文化を描き出す。四六判388頁 '97

82-II　桶・樽（おけ・たる）II　石村真一
多数の調査資料と絵画・民俗資料をもとにその製作技術を復元し、東西の木工技術を比較考証しつつ、技術文化史の視点から桶・樽製作の実態とその変遷を跡づける。　四六判372頁　'97

82-III　桶・樽（おけ・たる）III　石村真一
樹木と人間とのかかわり、製作者と消費者とのかかわりを通じて桶樽と生活文化の変遷を考察し、木材資源の有効利用という視点から桶樽の文化史的役割を浮彫にする。　四六判352頁　'97

83-I　貝I　白井祥平
世界各地の現地調査と文献資料を駆使して、古来至高の財宝とされてきた宝貝のルーツとその変遷を探り、貝と人間とのかかわりの歴史を「貝貨」の文化史として描く。　四六判386頁　'97

83-II　貝II　白井祥平
サザエ、アワビ、イモガイなど古来人類とかかわりの深い貝をめぐって、その生態・分布・地方名、装身具や貝貨としての利用法などを豊富なエピソードを交えて語る。　四六判328頁　'97

83-III　貝III　白井祥平
シンジュガイ、ハマグリ、アカガイ、シャコガイなどをめぐって世界各地の民族誌を渉猟し、それらが人類文化に残した足跡を辿る。参考文献一覧／総索引を付す。　四六判392頁　'97

84　松茸（まつたけ）　有岡利幸
秋の味覚として古来珍重されてきた松茸の由来を求めて、稲作文化と里山（松林）の生態系から説きおこし、日本人の伝統的生活文化の中に松茸流行の秘密をさぐる。　四六判296頁　'97

85　野鍛冶（のかじ）　朝岡康二
鉄製農具の製作・修理・再生を担ってきた農鍛冶の歴史的役割を探り、近代化の大波の中で変貌する職人技術の実態をアジア各地のフィールドワークを通して描き出す。　四六判280頁　'98

86　稲　品種改良の系譜　菅　洋
作物としての稲の誕生、稲の渡来と伝播の経緯から説きおこし、明治以降主として庄内地方の民間育種家の手によって飛躍的発展をとげたわが国品種改良の歩みを描く。　四六判332頁　'98

87　橘（たちばな）　吉武利文
永遠のかぐわしい果実として日本の神話・伝説に特別の位置を占めて語り継がれてきた橘をめぐって、その育まれた風土とかずかずの伝承の中に日本文化の特質を探る。　四六判286頁　'98

88　杖（つえ）　矢野憲一
神の依代としての杖や仏教の錫杖に杖と信仰とのかかわりを探り、人類が突きつつ歩んだその歴史と民俗を興味ぶかく語る。多彩な材質と用途を網羅した杖の博物誌。　四六判314頁　'98

89　もち（糯・餅）　渡部忠世／深澤小百合
モチイネの栽培・育種から食品加工、民俗、儀礼にわたってそのルーツと伝承の足跡をたどり、アジア稲作文化という広範な視野からこの特異な食文化の謎を解明する。　四六判330頁　'98

90　さつまいも　坂井健吉
その栽培の起源と伝播経路を跡づけるとともに、わが国伝来後四百年の経緯を詳細にたどり、世界に冠たる育種と栽培・利用法を築いた人々の知られざる足跡をえがく。　四六判328頁　'99

91 珊瑚（さんご） 鈴木克美

海岸の自然保護に重要な役割を果たす岩石サンゴから宝飾品として知られる宝石サンゴまで、人間生活と深くかかわってきたサンゴの多彩な姿を人類文化史として描く。 四六判370頁 '99

92-I 梅I 有岡利幸

万葉集、源氏物語、五山文学などの古典や天神信仰に表れた梅の足跡を克明に辿りつつ日本人の精神史に刻印された梅を浮彫にし、梅と日本人の二〇〇〇年史を描く。 四六判274頁 '99

92-II 梅II 有岡利幸

その植生と栽培、伝承、梅の名所や鑑賞法の変遷から戦前の国定教科書に表れた梅まで、梅と日本人との多彩なかかわりを探り、桜との対比において梅の文化史を描く。 四六判338頁 '99

93 木綿口伝（もめんくでん） 第2版 福井貞子

老女たちからの聞書を経糸とし、厖大な遺品・資料を緯糸として、母から娘へと幾代にも伝えられた手づくりの木綿文化を掘り起し、近代の木綿の盛衰を描く。増補版 四六判336頁 '00

94 合せもの 増川宏一

「合せる」には古来、一致させるの他に、競う、闘う、比べる等の意味があった。貝合せや絵合せ等の遊戯・賭博を中心に、広範な人間の営みを「合せる」行為に辿る。 四六判300頁 '00

95 野良着（のらぎ） 福井貞子

明治初期から昭和四〇年までの野良着を収集・分類・整理し、それらの用途と年代、形態、材質、重量、呼称などを精査して、働く庶民の創意にみちた生活史を描く。 四六判292頁 '00

96 食具（しょくぐ） 山内昶

東西の食文化に関する資料を渉猟し、食法の違いを人間の自然に対するかかわり方の違いとして捉えつつ、食具を人間と自然をつなぐ基本的な媒介物として位置づける。 四六判290頁 '00

97 鰹節（かつおぶし） 宮下章

黒潮からの贈り物・カツオの漁法から鰹節の製法や食法、商品としての流通までを歴史的に展望するとともに、沖縄やモルジブ諸島の調査をもとにそのルーツを探る。 四六判382頁 '00

98 丸木舟（まるきぶね） 出口晶子

先史時代から現代の高度文明社会まで、もっとも長期にわたり使われてきた刳り舟に焦点を当て、その技術伝承を辿りつつ、森や水辺の文化の広がりと動態をえがく。 四六判324頁 '01

99 梅干（うめぼし） 有岡利幸

日本人の食生活に不可欠の自然食品・梅干をつくりだした先人たちの知恵に学ぶとともに、健康増進に驚くべき薬効を発揮する、その知られざるパワーの秘密を探る。 四六判300頁 '01

100 瓦（かわら） 森郁夫

仏教文化と共に中国・朝鮮から伝来し、一四〇〇年にわたり日本の建築を飾ってきた瓦をめぐって、発掘資料をもとにその製造技術、形態、文様などの変遷をたどる。 四六判320頁 '01

101 植物民俗 長澤武

衣食住から子供の遊びまで、幾世代にも伝承された植物をめぐる暮らしの知恵を克明に記録し、高度経済成長期以前の農山村の豊かな生活文化を愛惜をこめて描き出す。 四六判348頁 '01

102 箸（はし） 向井由紀子／橋本慶子

そのルーツを中国、朝鮮半島に探るとともに、日本人の食生活に不可欠の食具となり、日本文化のシンボルとされるまでに洗練された箸の文化の変遷を総合的に描く。 四六判334頁 '01

103 採集 ブナ林の恵み 赤羽正春

縄文時代から今日に至る採集・狩猟民の暮らしを復元し、動物の生態系と採集生活の関連を明らかにしつつ、民俗学と考古学の両面から山に生かされた人々の姿を描く。 四六判298頁 '01

104 下駄 神のはきもの 秋田裕毅

古墳や井戸等から出土する下駄に着目し、下駄が地上と地下の他界を結ぶ聖なるはきものであったという大胆な仮説を提出、日本の神々の忘れられた側面を浮彫にする。 四六判304頁 '02

105 絣（かすり） 福井貞子

膨大な絣遺品を収集・分類し、絣産地を実地に調査して絣の技法と文様の変遷を地域別・時代別に跡づけ、明治・大正・昭和の手づくりの染織文化の盛衰を描き出す。 四六判310頁 '02

106 網（あみ） 田辺悟

漁網を中心に、網に関する基本資料を網羅して網の変遷と網をめぐる民俗を体系的に描き出し、網の文化を集成する。「網に関する小事典」「網のある博物館」を付す。 四六判316頁 '02

107 蜘蛛（くも） 斎藤慎一郎

「土蜘蛛」の呼称で畏怖される一方「クモ合戦」など子供の遊びとしても親しまれてきたクモと人間との長い交渉の歴史をその深層に遡って追究した異色のクモ文化論。 四六判320頁 '02

108 襖（ふすま） むしゃこうじ・みのる

襖の起源と変遷を建築史・絵画史の中に探りつつその用と美を浮彫にし、衝立・障子・屏風等と共に日本建築の空間構成に不可欠の建具となるまでの経緯を描き出す。 四六判270頁 '02

109 漁撈伝承（ぎょろうでんしょう） 川島秀一

漁師たちからの聞き書きをもとに、寄り物、船霊、大漁旗など、漁撈にまつわる〈もの〉の伝承を集成し、海の道によって運ばれた習俗や信仰の民俗地図を描き出す。 四六判334頁 '03

110 チェス 増川宏一

世界中に数億人の愛好者を持つチェスの起源と文化を、欧米における膨大な研究の蓄積を渉猟しつつ探り、日本への伝来の経緯から美術工芸品としてのチェスにおよぶ。 四六判298頁 '03

111 海苔（のり） 宮下章

海苔の歴史は厳しい自然とのたたかいの歴史だった——採取から養殖、加工、流通、消費に至る先人たちの苦難の歩みを史料と実地調査によって浮彫にする食物文化史。 四六判172頁 '03

112 屋根 檜皮葺と柿葺 原田多加司

屋根葺師一〇代の著者が、自らの体験と職人の本懐を語り、連綿として受け継がれてきた伝統の手わざを体系的にたどりつつ伝統技術の保存と継承の必要性を訴える。 四六判340頁 '03

113 水族館 鈴木克美

初期水族館の歩みを創始者たちの足跡を通して辿りなおし、水族館をめぐる社会の発展と風俗の変遷を描き出すとともにその未来像をさぐる初の〈日本水族館史〉の試み。 四六判290頁 '03

114 **古着**（ふるぎ）　朝岡康二
仕立てと着方、管理と保存、再生と再利用等にわたり衣生活の変容を近代の日常生活の変化として捉え直し、衣服をめぐるリサイクル文化が形成される経緯を描き出す。　四六判２９２頁　'03

115 **柿渋**（かきしぶ）　今井敬潤
染料・塗料をはじめ生活百般の必需品であった柿渋の伝承を記録し、文献資料をもとにその製造技術と利用の実態を明らかにして、忘れられた豊かな生活技術を見直す。　四六判２９４頁　'03

116-Ⅰ **道Ⅰ**　武部健一
道の歴史を先史時代から説き起こし、古代律令制国家の要請によって駅路が設けられ、しだいに幹線道路として整えられてゆく経緯を技術史・社会史の両面からえがく。　四六判２４８頁　'03

116-Ⅱ **道Ⅱ**　武部健一
中世の鎌倉街道、近世の五街道、近代の開拓道路から現代の高速道路網までを通観し、道路を拓いた人々の手によって今日の交通ネットワークが形成された歴史を語る。　四六判２８０頁　'03

117 **かまど**　狩野敏次
日常の煮炊きの道具であるとともに祭りと信仰に重要な位置を占めてきたカマドをめぐる忘れられた伝承を掘り起こし、民俗空間の壮大なコスモロジーを浮彫りにする。　四六判２９２頁　'04

118-Ⅰ **里山Ⅰ**　有岡利幸
縄文時代から近世までの里山の変遷を人々の暮らしと植生の変化の両面から跡づけ、その源流を記紀万葉に描かれた里山の景観や大和・三輪山の古記録・伝承等に探る。　四六判２７６頁　'04

118-Ⅱ **里山Ⅱ**　有岡利幸
明治の地租改正による山林の混乱、相次ぐ戦争による山野の荒廃、エネルギー革命、高度成長による大規模開発など、近代化の荒波に翻弄される里山の見直しを説く。　四六判２７４頁　'04

119 **有用植物**　菅　洋
人間生活に不可欠のものとして利用されてきた身近な植物たちの来歴と栽培・育種・品種改良・伝播の経緯を平易に語り、植物と共に歩んだ文明の足跡を浮彫にする。　四六判３２４頁　'04

120-Ⅰ **捕鯨Ⅰ**　山下渉登
世界の海で展開された鯨と人間との格闘の歴史を振り返り、「大航海時代」の副産物として開始された捕鯨業の誕生以来四〇〇年にわたる盛衰の社会的背景をさぐる。　四六判３１４頁　'04

120-Ⅱ **捕鯨Ⅱ**　山下渉登
近代捕鯨の登場により鯨資源の激減を招き、捕鯨の規制・管理のための国際条約締結に至る経緯をたどり、グローバルな課題としての自然環境問題を浮き彫りにする。　四六判３１２頁　'04

121 **紅花**（べにばな）　竹内淳子
栽培、加工、流通、利用の実際を現地に探訪して紅花とかかわってきた人々からの聞き書きを集成し、忘れられた〈紅花文化〉を復元しつつその豊かな味わいを見直す。　四六判３４６頁　'04

122-Ⅰ **もののけⅠ**　山内昶
日本の妖怪変化、未開社会の〈マナ〉、西欧の悪魔やデーモンを比較考察し、名づけ得ぬ未知の対象を指す万能のゼロ記号〈もの〉をめぐる人類文化史を跡づける博物誌。　四六判３２０頁　'04

122-Ⅱ ものの けⅡ 山内昶
日本の鬼、古代ギリシアのダイモン、中世の異端狩り・魔女狩り等々をめぐり、自然＝カオスと文化＝コスモスの対立の中で〈野生の思考〉が果たしてきた役割をさぐる。 四六判280頁 '04

123 染織（そめおり） 福井貞子
自らの体験と厖大な残存資料をもとに、糸づくりから織り、染めにわたる手づくりの豊かな生活文化を見直す。創意にみちた手わざのかずかずを復元する庶民生活誌。 四六判294頁 '05

124-Ⅰ 動物民俗Ⅰ 長澤武
神として崇められたクマやシカをはじめ、人間にとって不可欠の鳥獣や魚、さらには人間を脅かす動物など、多種多様な動物たちと交流してきた人々の暮らしの民俗誌。 四六判264頁 '05

124-Ⅱ 動物民俗Ⅱ 長澤武
動物の捕獲法をめぐる各地の伝承を紹介するとともに、全国で語り継がれてきた多彩な動物民話・昔話を渉猟し、暮らしの中で培われた動物フォークロアの世界を描く。 四六判266頁 '05

125 粉（こな） 三輪茂雄
粉体の研究をライフワークとする著者が、粉食の発見からナノテクノロジーまで、人類文明の歩みを〈粉〉の視点から捉え直した壮大なスケールの〈文明の粉体史観〉 四六判302頁 '05

126 亀（かめ） 矢野憲一
浦島伝説や「兎と亀」の昔話によって親しまれてきた亀のイメージの起源を探り、古代の亀卜の方法から、亀にまつわる信仰と迷信、鼈甲細工やスッポン料理におよぶ。 四六判330頁 '05

127 カツオ漁 川島秀一
一本釣り、カツオ漁場、船上の生活、船霊信仰、祭りと禁忌など、カツオ漁にまつわる漁師たちの伝承を集成し、黒潮に沿って伝えられた漁民たちの文化を掘り起こす。 四六判370頁 '05

128 裂織（さきおり） 佐藤利夫
木綿の風合いと強靭さを生かした裂織の技と美をすぐれたリサイクル文化として見なおす。東西文化の中継地・佐渡の古老たちからの聞書をもとに歴史と民俗をえがく。 四六判308頁 '05

129 イチョウ 今野敏雄
「生きた化石」として珍重されてきたイチョウの生い立ちと人々の生活文化とのかかわりの歴史をたどり、この最古の樹木に秘められたパワーを最新の中国文献にさぐる。 四六判312頁〔品 切〕 '05

130 広告 八巻俊雄
のれん、看板、引札からインターネット広告までを通観し、いつの時代にも広告が人々の暮らしと密接にかかわって独自の文化を形成してきた経緯を描く広告の文化史。 四六判276頁 '06

131-Ⅰ 漆（うるし）Ⅰ 四柳嘉章
全国各地で発掘された考古資料を対象に科学的解析を行ない、縄文時代から現代に至る漆の技術と文化を跡づける試み。漆が日本人の生活と精神に与えた影響を探る。 四六判274頁 '06

131-Ⅱ 漆（うるし）Ⅱ 四柳嘉章
遺跡や寺院等に遺る漆器を分析し体系づけるとともに、絵巻物や文学作品の考証を通じて、職人や産地の形成、漆工芸の地場産業としての発展の経緯などを考察する。 四六判216頁 '06

132 まな板　石村眞一
日本、アジア、ヨーロッパ各地のフィールド調査と考古・文献・絵画・写真資料をもとにまな板の素材・構造・使用法を分類し、多様な食文化とのかかわりをさぐる。　四六判372頁　'06

133-Ⅰ 鮭・鱒（さけ・ます）Ⅰ　赤羽正春
鮭・鱒をめぐる民俗研究の前史から現在までを概観するとともに、原初的な漁法から商業的漁法にわたる多彩な漁法と用具、漁場と社会組織の関係などを明らかにする。　四六判292頁　'06

133-Ⅱ 鮭・鱒（さけ・ます）Ⅱ　赤羽正春
鮭漁をめぐる行事、鮭捕り衆の生活等を聞き取りによって再現し、人工孵化事業の発展とそれを担った先人たちの業績を明らかにするとともに、鮭・鱒の料理におよぶ。　四六判352頁　'06

134 遊戯　その歴史と研究の歩み　増川宏一
古代から現代まで、日本と世界の遊戯の歴史を概説し、内外の研究者との交流の中で得られた最新の知見をもとに、研究の出発点と目的を論じ、現状と未来を展望する。　四六判296頁　'06

135 石干見（いしひみ）　田和正孝編
沿岸部に石垣を築き、潮汐作用を利用して漁獲する原初的漁法を日・韓・台に残る遺構と伝承の調査・分析をもとに復元し、東アジアの伝統的漁撈文化を浮彫りにする。　四六判332頁　'07

136 看板　岩井宏實
江戸時代から明治・大正・昭和初期までの看板の歴史を生活文化史の視点から考察し、多種多様な生業の起源と変遷を多数の図版をもとに紹介する〈図説商売往来〉。　四六判266頁　'07

137-Ⅰ 桜Ⅰ　有岡利幸
そのルーツと生態から説きおこし、和歌や物語に描かれた古代社会の桜観から「花は桜木、人は武士」の江戸の花見の流行まで、日本人と桜のかかわりの歴史をさぐる。　四六判382頁　'07

137-Ⅱ 桜Ⅱ　有岡利幸
明治以後、軍国主義と愛国心のシンボルとして政治的に利用されてきた桜の近代史を辿るとともに、日本人の生活と共に歩んだ「咲く花、散る花」の栄枯盛衰を描く。　四六判400頁　'07

138 麹（こうじ）　一島英治
日本の気候風土の中で稲作と共に育まれた麹菌のすぐれたはたらきの秘密を探り、醸造化学に携わった人々の足跡をたどりつつ醱酵食品と日本人の食生活文化を考える。　四六判244頁　'07

139 河岸（かし）　川名登
近世初頭、河川水運の隆盛と共に物流のターミナルとして賑わい、船旅や遊廓などをもたらした河岸（川の港）の盛衰を河岸に生きる人々の暮らしの変遷としてえがく。　四六判300頁　'07

140 神饌（しんせん）　岩井宏實／日和祐樹
土地に古くから伝わる食物を神に捧げる神饌儀礼に祭りの本義を探り、近畿地方主要神社の伝統的儀礼をつぶさに調査して、豊富な写真と共にその実際を明らかにする。　四六判374頁　'07